세/계/중/재/법/규/총/서

세계중재법규
제1권

2010년 7,000억 원 상당이던 한국 기업의 국제 중재 분쟁금액이 2013년에는 18조 5,000억 원 상당으로 증가하였습니다.

FTA 등으로 국제분쟁이 증가하는 상황에서 중재는 '각국 법원의 자국 기업 편들 기'를 피할 수 있는 효율적인 분쟁해결 수단이기 때문에, 국제거래에서 중재의 활용 도는 계속 높아질 것으로 예상됩니다.

그런데 이와 같이 국제 중재계약이 늘어나고 있지만, 우리 기업 및 로펌이 중재지 를 선정함에 있어서, 외국의 중재법규를 파악하고, 장·단점을 비교하기에는 어려움 이 많은 상황입니다.

이에 법무부는 국제 계약을 하는 기업 및 로펌에 도움을 주고, 중재 활성화에도 기 여하기 위해 미국, 중국, 영국, 프랑스, 싱가포르 등 18개 국제 중재 중심지 중재법규 와 UNCITRAL 모델법 등을 번역·감수하였습니다.

책자가 나오기까지 바쁜 일정에도 감수에 힘써주신 성균관대 오원석, 숭실대 허해 관 교수님께 감사의 마음을 전합니다.

아무쪼록 「세계 중재법규 총서」 시리즈가 우리 기업들의 이익보호에 기여하고, 우 리나라가 아시아의 중재허브로 발전하는 데 도움이 될 수 있기를 기대해 봅니다.

2014. 12.

법무부 법무실장 **정 인 창**

　종래 국제거래에서 발생하는 분쟁은 중재로써 해결하도록 국제적으로 권장되고 있는데, 이는 중재가 소송에 비하여 많은 장점이 있고 무엇보다도 중재판정은 1958년 뉴욕협약에 의하여 그 체약국인 153개국 사이에서 국제적 승인과 집행이 널리 보장되기 때문입니다. 근래에는 우리나라 기업도 국제중재를 이용하여 분쟁을 해결하는 사례가 점증하고 있습니다.

　중재법은 중재절차를 규율하는 법률을 말하는데, 중재지가 있는 국가의 중재법이 그 중재절차에 적용됩니다. 이러한 중재법은 중재절차의 골격을 제공하면서 그와 함께 그 골격 내에서 각 절차의 세부적 사항들을 규정합니다. 예컨대 중재법은 중재의 제기와 중재판정부의 구성, 임시적 처분, 변론의 진행, 중재판정의 요건과 효력, 중재판정의 취소 기타 그에 대한 불복, 중재판정의 국내적 또는 국제적 승인과 집행에 관하여 규정하면서 아울러 그러한 각 절차의 세부적 사항을 규정합니다. 물론 각국의 중재법은 중재절차에서 당사자자치를 널리 허용하므로, 당사자들은 예컨대 중재인의 수나 그 선정방법, 중재에 사용할 언어, 변론진행의 일정·장소·방법 등에 관하여 합의로 정할 수 있습니다.

　한편 다른 법률분야와 비교되는 특징의 하나로 중재법은 범세계적으로 통일되어 있습니다. 그 이유로는 여러 가지가 있겠지만 특히 UNCITRAL이 1985년에 제정한 국제상사중재에 관한 모델법(Model Law on International Commercial Arbitration)을 들지 않을 수 없습니다. 이 모델법은 근 40개국에 이르는 국가에서 국내법으로 전부 또는 일부 수용되었다고 보고되고 있습니다. 우리나라도 이를 수용하여 1999년에 중재법을 전면적으로 개정한 바 있습니다. 이 모델법은 중재합의의 서면요건을 완화하고 임시적 처분에 관한 규정을 보강하기 위하여 2006년에 개정되었고, 그 후 이 개정법은 서구의 중재법분야 선진국들을 포함한 많은 국가에서 수용되고 있습니다. 그러한 국제적 추세에 발맞추어 우리 법무부도 2013년 3월에 법무자문위원회 중재법 개정 특별분과위원회를 발족하여 2년여에 걸쳐 운영하는 등 중재법 개정을 위하여 많은 노력을 기울이고 있는데, 참으로 바람직한 일이라 하겠습니다.

이러한 배경에서 현재 중재법의 비교법적 연구는 학문적으로나 실무상으로 매우 중요한데, 우리 법무부가 이와 같이 세계중재법규집을 발간하는 것도 이러한 이유 때문이라고 생각됩니다. 특히 이번 법규집에서는 뉴욕협약과 UNCITRAL 개정 모델중재법 외에도 비교법적 연구에 중요한 미국, 영국, 독일, 프랑스 및 일본의 중재법을 한 권으로 묶어 제공할 뿐만 아니라 그 밖에 중국이나 러시아 중재법이나 캐나다, 호주, 이탈리아 중재법과 같이 그 동안 크게 관심을 받지 못하였던 국가의 중재법까지 방대하게 포함시키고 있어 학계와 실무에 큰 도움이 될 것으로 보입니다. 아무쪼록 이 법규집이 널리 활용되어 이와 같은 목적을 달성하고, 우리 중재법의 개정작업에 일조할 수 있기를 염원합니다.

2014. 12.

감수자 일동

CONTENTS

UNCITRAL

세 | 계 | 중 | 재 | 법 | 령

UNCITRAL MODEL LAW ON INTERNATIONAL COMMERCIAL ARBITRATION
UNCITRAL 모델중재법

01

UNCITRAL MODEL LAW ON INTERNATIONAL COMMERCIAL ARBITRATION

(As adopted by the United Nations Commission on International Trade Law on 21 June 1985, and as amended by the United Nations Commission on International Trade Law on 7 July 2006)

CHAPTER I GENERAL PROVISIONS

Article 1 Scope of application*

(1) This Law applies to international commercial** arbitration, subject to any agreement in force between this State and any other State or States.

(2) The provisions of this Law, except articles 8, 9, 17 H, 17 I, 17 J, 35 and 36, apply only if the place of arbitration is in the territory of this State.

(Article 1(2) has been amended by the Commission at its thirty-ninth session, in 2006)

> (2) The provisions of this Law, except articles 8, 9, 35 and 36, apply onlyif the place of arbitration is in the territory of this State.

(3) An arbitration is international if:

    (a) the parties to an arbitration agreement have, at the time of the conclusion of that agreement, their places of business in different States; or

    (b) one of the following places is situated outside the State in which the parties have their places of business:

        (i) the place of arbitration if determined in, or pursuant to, the arbitration agreement;

        (ii) any place where a substantial part of the obligations of the commercial relationship

---

* Article headings are for reference purposes only and are not to be used for purposes of interpretation.

** The term "commercial" should be given a wide interpretation so as to cover matters arising from all relationships of a commercial nature, whether contractual or not. Relationships of a commercial nature include, but are not limited to, the following transactions: any trade transaction for the supply or exchange of goods or services; distribution agreement; commercial representation or agency; factoring; leasing; construction of works; consulting; engineering; licensing; investment; financing; banking; insurance; exploitation agreement or concession; joint venture and other forms of industrial or business co-operation; carriage of goods or passengers by air, sea, rail or road.

UNCITRAL 모델중재법

(1985. 6. 21. 제정)

(2006. 7. 7. 개정)

제1장　총 칙

제1조　적용 범위*

① 이 법은 당국과 타국간에 시행중인 모든 협정의 제한하에 국제상사** 중재에 적용된다.

② 이 법의 규정은 제8조, 제9조, 제17조의 H, 제17조의 I, 제17조의 J, 제35조 및 제36조를 제외하고, 중재지가 해당국의 영역 내에 있는 경우에 한하여 적용한다. <개정 2006. 7. 7.>

> ② 이 법의 규정은 제8조, 제9조, 제35조 및 제36조를 제외하고, 중재지가 해당국의 영역 내에 있는 경우에 한하여 적용한다. [2006. 7. 7. 개정 전 제1조 제2항]

③ 국제중재는 다음에 해당하는 경우이다.

1. 중재합의의 당사자가 중재합의 체결시 상이한 국가 내에 영업소를 두고 있는 경우
2. 다음 중 어느 한 장소가 당사자의 영업소 소재지국 외에 있는 경우
    (1) 중재합의에서 결정되어 있거나 또는 그에 따라 결정되는 중재지
    (2) 상거래상 의무의 실질적인 부분이 이행되어야 할 장소 또는 분쟁의 본안사항과 가장 밀접하게 연결되어 있는 장소

---

* 조문제목은 참조를 위한 것일 뿐이며, 해석시 고려 대상이 아니다.

** "상사"라는 용어는 계약 또는 기타 관계를 불문하고 상업적 성격의 모든 관계에서 발생하는 사안을 다루기 위하여 광범위하게 해석된다. 상업적 성격의 관계는 상품이나 서비스의 공급 또는 교환을 위한 여하한 거래, 유통판매계약, 상업적 대리나 에이전시, 팩터링, 리스, 건설, 자문, 기술, 라이선싱, 투자, 금융, 은행, 보험, 개발계약 또는 양허, 합작사업 및 기타 형태의 산업적 또는 사업적 협력, 항공, 해상, 철도 또는 도로를 이용한 물품이나 승객의 운송 등의 거래를 포함하나 이에 국한되지 아니한다.

is to be performed or the place with which the subject-matter of the dispute is most closely connected; or

(c) the parties have expressly agreed that the subject-matter of the arbitration agreement relates to more than one country.

(4) For the purposes of paragraph (3) of this article:

(a) if a party has more than one place of business, the place of business is that which has the closest relationship to the arbitration agreement;

(b) if a party does not have a place of business, reference is to be made to his habitual residence.

(5) This Law shall not affect any other law of this State by virtue of which certain disputes may not be submitted to arbitration or may be submitted to arbitration only according to provisions other than those of this Law.

Article 2   Definitions and rules of interpretation

For the purposes of this Law:

(a) "arbitration" means any arbitration whether or not administered by a permanent arbitral institution;

(b) "arbitral tribunal" means a sole arbitrator or a panel of arbitrators;

(c) "court" means a body or organ of the judicial system of a State;

(d) where a provision of this Law, except article 28, leaves the parties free to determine a certain issue, such freedom includes the right of the parties to authorize a third party, including an institution, to make that determination;

(e) where a provision of this Law refers to the fact that the parties have agreed or that they may agree or in any other way refers to an agreement of the parties, such agreement includes any arbitration rules referred to in that agreement;

(f) where a provision of this Law, other than in articles 25(a) and 32(2) (a), refers to a claim, it also applies to a counter-claim, and where it refers to a defence, it also applies to a defence to such counter-claim.

Article 2A   International origin and general principles

(As adopted by the Commission at its thirty-ninth session, in 2006)

(1) In the interpretation of this Law, regard is to be had to its international origin and to the need to promote uniformity in its application and the observance of good faith.

(2) Questions concerning matters governed by this Law which are not expressly settled in it are to be settled in conformity with the general principles on which this Law is based.

Article 3   Receipt of written communications

(1) Unless otherwise agreed by the parties:

   3. 중재합의의 본안사항이 2개국 이상과 관련되어 있다고 당사자들이 명시적으로 합의한 경우
④ 제3항의 적용상
   1. 일방당사자가 2개 이상의 영업소를 두고 있는 경우에는 중재합의와 가장 밀접한 관계가 있는 영업소를 지칭하고
   2. 일방당사자가 영업소를 두고 있지 아니하는 경우에는 상거소를 참조하는 것으로 한다.
⑤ 해당국가의 법령에 의하면 특정 분쟁이 중재에 회부될 수 없거나 이 법 이외의 규정에 따라서만 중재에 회부되어야 하는 경우에 이 법은 해당 국가의 타 법령에 영향을 미치지 아니한다.

제2조　정의와 해석의 원칙

이 법의 적용상
1. "중재"라 함은 상설중재기관에 의하여 관리되거나 아니 되거나를 불문하고 모든 중재를 말한다.
2. "중재판정부"라 함은 단독중재인 또는 수인의 중재인단을 말한다.
3. "법원"이라 함은 한 국가의 사법기관을 말한다.
4. 제28조를 제외한 이 법의 규정이 당사자로 하여금 일정한 쟁점을 자유롭게 결정하도록 허용하고 있는 경우에는, 어떤 기관을 포함한 제3자에게 당해 결정을 내릴 권한을 부여하는 당사자의 권리가 포함된다.
5. 이 법의 규정에서 당사자가 합의하였거나 합의할 수 있다고 정하거나 또는 기타 방법으로 당사자의 합의에 관하여 언급한 경우에 그러한 합의는 그 합의 속에 언급된 모든 중재규칙을 포함한다.
6. 제25조 제1호 및 제32조 제2항 제1호를 제외하고 청구에 관한 이 법의 규정은 반대청구에도 적용된다. 방어에 관한 규정은 그러한 반대청구의 항변에도 적용된다.

제2조의 A　국제성 및 일반원칙 〈개정 2006. 7. 7.〉

① 이 법을 해석할 때에는 이 법의 국제적 성격, 그리고 법 적용의 통일성과 신의칙 준수를 증진할 필요성을 함께 고려하여야 한다.
② 이 법이 규율하는 사안으로써 이 법의 규정으로 명확히 해결할 수 없는 문제는 이 법이 기초하는 일반원칙에 따라 해결하여야 한다.

제3조　서면통지의 수령

① 당사자간에 달리 합의가 없는 한

    (a) any written communication is deemed to have been received if it is delivered 6 to the addressee personally or if it is delivered at his place of business, habitual residence or mailing address; if none of these can be found after making a reasonable inquiry, a written communication is deemed to have been received if it is sent to the addressee's last-known place of business, habitual residence or mailing address by registered letter or any other means which provides a record of the attempt to deliver it;

    (b) the communication is deemed to have been received on the day it is so delivered.

(2) The provisions of this article do not apply to communications in court proceedings.

Article 4   Waiver of right to object

A party who knows that any provision of this Law from which the parties may derogate or any requirement under the arbitration agreement has not been complied with and yet proceeds with the arbitration without stating his objection to such non-compliance without undue delay or, if a time-limit is provided therefor, within such period of time, shall be deemed to have waived his right to object.

Article 5   Extent of court intervention

In matters governed by this Law, no court shall intervene except where so provided in this Law.

Article 6   Court or other authority for certain functions of arbitration assistance and supervision

The functions referred to in articles 11(3), 11(4), 13(3), 14, 16(3) and 34(2) shall be performed by ... [Each State enacting this model law specifies the court, courts or, where referred to therein, other authority competent to perform these functions.]

CHAPTER II   ARBITRATION AGREEMENT

Option I

Article 7   Definition and form of arbitration agreement

(As adopted by the Commission at its thirty-ninth session, in 2006)

(1) "Arbitration agreement" is an agreement by the parties to submit to arbitration all or certain disputes which have arisen or which may arise between them in respect of a defined legal relationship, whether contractual or not. An arbitration agreement may be in the form of an arbitration clause in a contract or in the form of a separate agreement.

(2) The arbitration agreement shall be in writing.

1. 모든 서면통지는 수신인에게 직접 교부되거나 수신인의 영업소, 상거소 또는 우편 주소지에 전달된 경우에는 수령된 것으로 본다. 또한 그러한 주소들이 합리적인 조회의 결과로써도 발견될 수 없는 경우에는 등기우편 또는 전달하려고 한 기록을 제공할 수 있는 그 밖의 다른 수단에 의하여 수신인의 최후 영업소, 상거소, 또는 우편 주소지에 발송된 경우에는 서면통지가 수령된 것으로 본다.

2. 서면통지는 1호의 방법으로 전달된 일자에 수령된 것으로 본다.

② 제1항의 규정은 소송절차상의 송달에는 적용되지 아니한다.

제4조　이의신청권의 포기

이 법의 규정에 의하여 당사자가 그 효력을 배제할 수 있다는 규정이나 중재합의의 요건이 준수되지 아니한 사실을 알았거나 알 수 있으면서 당사자가 지체없이, 또는 기한이 정해져 있는 경우에는 그 기한 내에 그러한 불이행에 대해 이의를 제기하지 아니하고 중재절차를 속행한 경우에는 자신의 이의신청권을 포기한 것으로 본다.

제5조　법원의 관여

이 법이 적용되는 사항에 대해서 법원은 이 법이 규정한 경우를 제외하고는 관여하여서는 아니 된다.

제6조　중재 지원 및 감독 기능을 수행하는 법원 또는 기타 기관

제11조 제3항, 제11조 제4항, 제13조 제3항, 제14조, 제16조 제3항 및 제34조 제2항에 규정된 기능은 … [이 모델법을 입법하는 각 국가는 법원 또는 이 기능을 수행할 수 있는 기타 기관을 명시하여야 함] … 에 의하여 수행된다.

제2장　중 재 합 의

제 Ⅰ 안

제7조　중재합의의 정의 및 방식 〈개정 2006. 7. 7.〉

① "중재합의"란 계약상 분쟁인지의 여부에 관계없이 일정한 법률관계에 관하여 당사자간에 이미 발생하였거나 장래 발생할 수 있는 분쟁의 전부 또는 일부를 중재에 회부하기로 하는 당사자간의 합의를 말한다. 중재합의는 계약에 포함된 중재조항 또는 독립된 합의 형식으로 할 수 있다.

② 중재합의는 서면으로 하여야 한다.

(3) An arbitration agreement is in writing if its content is recorded in any form, whether or not the arbitration agreement or contract has been concluded orally, by conduct, or by other means.

(4) The requirement that an arbitration agreement be in writing is met by an electronic communication if the information contained therein is accessible so as to be useable for subsequent reference; "electronic communication" means any communication that the parties make by means of data messages; "data message" means information generated, sent, received or stored by electronic, magnetic, optical or similar means, including, but not limited to, electronic data interchange (EDI), electronic mail, telegram, telex or telecopy.

(5) Furthermore, an arbitration agreement is in writing if it is contained in an exchange of statements of claim and defence in which the existence of an agreement is alleged by one party and not denied by the other.

(6) The reference in a contract to any document containing an arbitration clause constitutes an arbitration agreement in writing, provided that the reference is such as to make that clause part of the contract.

Option II

Article 7   Definition of arbitration agreement

(As adopted by the Commission at its thirty-ninth session, in 2006)
"Arbitration agreement" is an agreement by the parties to submit to arbitration all or certain disputes which have arisen or which may arise between them in respect of a defined legal relationship, whether contractual or not.

Article 7 – Definition and form of arbitration agreement

(1) "Arbitration agreement" is an agreement by the parties to submit to arbitration all or certain disputes which have arisen or which may arise between them in respect of a defined legal relationship, whether contractual or not. An arbitration agreement may be in the form of an arbitration clause in a contract or in the form of a separate agreement.

(2) The arbitration agreement shall be in writing. An agreement is in writing if it is contained in a document signed by the parties or in an exchange of letters, telex, telegrams or other means of telecommunication which provide a record of the agreement, or in an exchange of statements of claim and defence in which the existence of an agreement is alleged by one party and not denied by another. The reference in a contract to a document containing an arbitration clause constitutes an arbitration agreement provided that the contract is in writing and the reference is such as to make that clause part of the contract.

---

③ 중재합의 또는 계약이 구두, 일정한 행위 또는 그 밖의 방법에 의하여 체결되었는지 여부와 상관없이, 중재합의의 내용이 어떠한 형식으로든 기록이 된 경우에는 서면 중재합의에 해당한다.

④ 전자적 통신에 포함된 정보가 차후에 조회할 수 있는 형태로 이용 가능한 경우에는 중재합의의 서면 요건을 충족한다. "전자적 통신"이란 당사자들이 데이터 메시지 방법으로 행하는 모든 통신을 가리키며, "데이터 메시지"란 전자문서교환, 전자우편, 전보, 전신 또는 팩스를 포함한 전자적·자기적·광학적 또는 이와 유사한 수단으로 생성되거나 송달, 수령, 또는 보관된 정보를 말한다.

⑤ 또한 중재합의가 중재신청서와 답변서의 교환과정에서 포함되어 있고, 어느 한쪽 당사자가 중재합의의 존재를 주장하고 상대방이 이에 대해 다투지 않는 경우에는 서면 중재합의에 해당한다.

⑥ 계약이 중재조항을 포함한 문서를 인용하고 있는 경우에는 서면 중재합의가 있는 것으로 본다. 다만, 중재조항을 그 계약의 일부로 하고 있는 경우에 한한다.

제 Ⅱ 안

제7조 중재합의의 정의 〈개정 2006. 7. 7.〉

"중재합의"란 계약상 분쟁인지의 여부에 관계없이 일정한 법률관계에 관하여 당사자간에 이미 발생하였거나 장래 발생할 수 있는 분쟁의 전부 또는 일부를 중재에 회부하기로 하는 당사자간의 합의를 말한다.

제7조(중재합의의 정의와 방식)

① "중재합의"는 계약에 의하거나 또는 계약에 의하지 아니한 일정한 법률관계에 관하여 당사자간에 이미 발생하였거나 장래 발생할 수 있는 모든 분쟁 또는 특정한 분쟁을 중재에 부탁하는 당사자 사이의 합의이다. 중재합의는 계약상의 중재조항의 형식이나 별도의 합의형태로 할 수 있다.

② 중재합의는 서면으로 하여야 한다. 중재합의는 당사자가 서명한 서류에 포함되어 있거나 서신, 텔렉스, 전신 등 기타 중재합의를 기록한 통신 등의 교환에 포함되어 있거나 또는 신청서와 답변서의 교환 속에서 중재합의의 존재가 일방당사자에 의해서 주장되고 상대방당사자가 이를 부인하지 아니하는 경우에는 그러한 합의는 서면으로 작성한 것으로 한다. 그리고 당사자간의 계약 속에서 어떤 중재조항이 포함되어 있는 서류에 대한 언급이 있는 경우에는 이를 중재합의로 의미하고 있는 것으로 해석한다. 다만 그러한 계약이 서면으로 작성되어 있어야 하며, 당해 조항이 그러한 계약의 일부를 구성하는 것으로 볼 수 있을 경우에 한한다. [2006. 7. 7. 개정 전 제7조]

Article 8   Arbitration agreement and substantive claim before court

(1) A court before which an action is brought in a matter which is the subject of an arbitration agreement shall, if a party so requests not later than when submitting his first statement on the substance of the dispute, refer the parties to arbitration unless it finds that the agreement is null and void, inoperative or incapable of being performed.

(2) Where an action referred to in paragraph (1) of this article has been brought, arbitral proceedings may nevertheless be commenced or continued, and an award may be made, while the issue is pending before the court.

Article 9   Arbitration agreement and interim measures by court

It is not incompatible with an arbitration agreement for a party to request, before or during arbitral proceedings, from a court an interim measure of protection and for a court to grant such measure.

CHAPTER III   COMPOSITION OF ARBITRAL TRIBUNAL

Article 10   Number of arbitrators

(1) The parties are free to determine the number of arbitrators.

(2) Failing such determination, the number of arbitrators shall be three.

Article 11   Appointment of arbitrators

(1) No person shall be precluded by reason of his nationality from acting as an arbitrator, unless otherwise agreed by the parties.

(2) The parties are free to agree on a procedure of appointing the arbitrator or arbitrators, subject to the provisions of paragraphs (4) and (5) of this article.

(3) Failing such agreement,

   (a) in an arbitration with three arbitrators, each party shall appoint one arbitrator, and the two arbitrators thus appointed shall appoint the third arbitrator; if a party fails to appoint the arbitrator within thirty days of receipt of a request to do so from the other party, or if the two arbitrators fail to agree on the third arbitrator within thirty days of their appointment, the appointment shall be made, upon request of a party, by the court or other authority specified in article 6;

   (b) in an arbitration with a sole arbitrator, if the parties are unable to agree on the arbitrator, he shall be appointed, upon request of a party, by the court or other authority specified in article 6.

(4) Where, under an appointment procedure agreed upon by the parties,

제8조　중재합의와 법원에 제소

① 중재합의의 대상이 된 사건이 법원에 제소되었을 경우로서, 일방당사자가 그 분쟁의 본안에 관한 제1차 진술서를 제출하기 이전에 이에 관한 항변을 제기하면, 법원은 그 중재합의가 무효이거나, 실효하였거나, 또는 이행불능의 상태에 있는 것으로 판단되지 아니하는 한 당사자들을 중재에 회부하여야 한다.

② 제1항에서 언급한 소송이 제기된 경우에도 중재절차는 개시되거나 속행될 수 있으며, 사건이 법원에 계속 중인 경우에도 중재판정이 행해질 수 있다.

제9조　중재합의와 법원의 보전처분

일방당사자가 중재절차 전이나 진행 중에 법원에 보전처분을 신청하거나 법원이 이러한 조치를 허여하는 것은 중재합의에 반하지 아니한다.

제3장　중재판정부의 구성

제10조　중재인의 수

① 당사자는 중재인의 수를 자유로이 정할 수 있다.

② 그러한 결정이 없는 경우에는 중재인의 수는 3인으로 한다.

제11조　중재인의 선정

① 당사자가 달리 합의하지 않는 한 누구라도 자신의 국적을 이유로 중재인으로서 활동하는 데 배제되지 아니한다.

② 본조 제4항과 제5항의 제한하에 당사자는 중재인의 선정절차를 자유로이 합의할 수 있다.

③ 그러한 합의가 없는 경우에

1. 3인 중재에서 각 당사자는 1인의 중재인을 선정하고 이에 따라 선정된 2인의 중재인이 제3의 중재인을 선정한다. 일방당사자가 상대방으로부터 중재인 선정을 요구받은 후 30일 이내에 중재인을 선정하지 않거나 2인의 중재인이 그 선정된 후 30일 이내에 제3의 중재인을 선정하지 못하였을 경우에는 일방당사자의 요청에 따라 제6조에 규정된 법원이나 기타 기관이 중재인을 선정한다.

2. 단독중재의 경우에 당사자가 중재인 선정을 합의하지 못한 때에는 일방당사자의 요청이 있으면 제6조에 규정된 법원이나 기타 기관이 중재인을 선정한다.

④ 당사자가 합의한 중재인 선정절차에 따라

(a) a party fails to act as required under such procedure, or

(b) the parties, or two arbitrators, are unable to reach an agreement expected of them under such procedure, or

(c) a third party, including an institution, fails to perform any function entrusted to it under such procedure, any party may request the court or other authority specified in article 6 to take the necessary measure, unless the agreement on the appointment procedure provides other means for securing the appointment.

(5) A decision on a matter entrusted by paragraph (3) or (4) of this article to the court or other authority specified in article 6 shall be subject to no appeal. The court or other authority, in appointing an arbitrator, shall have due regard to any qualifications required of the arbitrator by the agreement of the parties and to such considerations as are likely to secure the appointment of an independent and impartial arbitrator and, in the case of a sole or third arbitrator, shall take into account as well the advisability of appointing an arbitrator of a nationality other than those of the parties.

Article 12   Grounds for challenge

(1) When a person is approached in connection with his possible appointment as an arbitrator, he shall disclose any circumstances likely to give rise to justifiable doubts as to his impartiality or independence. An arbitrator, from the time of his appointment and throughout the arbitral proceedings, shall without delay disclose any such circumstances to the parties unless they have already been informed of them by him.

(2) An arbitrator may be challenged only if circumstances exist that give rise to justifiable doubts as to his impartiality or independence, or if he does not possess qualifications agreed to by the parties. A party may challenge an arbitrator appointed by him, or in whose appointment he has participated, only for reasons of which he becomes aware after the appointment has been made.

Article 13   Challenge procedure

(1) The parties are free to agree on a procedure for challenging an arbitrator, subject to the provisions of paragraph (3) of this article.

(2) Failing such agreement, a party who intends to challenge an arbitrator shall, within fifteen days after becoming aware of the constitution of the arbitral tribunal or after becoming aware of any circumstance referred to in article 12(2), send a written statement of the reasons for the challenge to the arbitral tribunal. Unless the challenged arbitrator withdraws from his office or the other party agrees to the challenge, the arbitral tribunal shall decide on the challenge.

(3) If a challenge under any procedure agreed upon by the parties or under the procedure of

1. 일방당사자가 그 절차에서 요구하는 대로 이행하지 아니하거나,

2. 양 당사자나 2인의 중재인이 그 절차에서 기대되는 합의에 이를 수 없거나,

3. 일정 기관을 포함한 제3자가 그 절차에서 위임된 기능을 수행할 수 없는 때에 당사자는 선정절차 합의내용 속에 그 선정을 보전하는 그 밖의 다른 조치가 없는 한 제6조에 규정된 법원이나 기타 기관에 필요한 처분을 취할 것을 요청할 수 있다.

⑤ 본조 제3항과 제4항에 따라 제6조에 규정된 법원이나 기타 기관에 위임된 사항에 관한 결정에 대하여는 항고할 수 없다. 중재인을 선정할 때 법원이나 기타 기관은 당사자들의 합의에서 요구하는 중재인의 자격을 고려하여야 하며 또한 독립적이며 공정한 중재인의 선정을 보장하는 데 적절한지도 고려하여야 한다. 단독중재인이나 제3의 중재인의 경우에는 당사자들의 국적 이외의 국적을 가진 중재인을 선정하는 것이 바람직한지도 고려하여야 한다.

제12조 중재인 기피사유

① 중재인으로 직무수행의 요청을 받은 자는 그 자신의 공정성이나 독립성에 관하여 당연시되는 의심을 야기할 수 있는 모든 사정을 고지하여야 한다. 중재인은 중재인으로 선정된 때로부터 그리고 중재절차의 종료시까지 그러한 사정을 당사자에게 지체없이 고지하여야 한다. 다만, 중재인이 그러한 사정을 이미 통지한 당사자에게 대하여는 그러하지 아니하다.

② 중재인은 그 자신의 공정성이나 독립성에 관하여 당연시되는 의심을 야기할 수 있는 사정이 존재하거나 또는 당사자가 합의한 자격을 갖추지 못한 때에 한해 기피될 수 있다. 당사자는 자신이 선정하였거나 그 선정절차에 참여한 중재인에 대하여 선정 후에 비로소 알게 된 사유에 의해서만 기피할 수 있다.

제13조 중재인 기피절차

① 본조 제3항의 제한하에 당사자들은 중재인 기피절차를 자유로이 합의할 수 있다.

② 제1항의 합의가 없는 경우에 중재인을 기피하고자 하는 당사자는 중재판정부가 구성된 후 또는 제12조 제2항의 사정을 알게 된 후 15일 이내에 중재인기피사유를 진술한 서면을 중재판정부에 송부하여야 한다. 기피당한 중재인이 그 직무로부터 사퇴하지 아니하거나, 상대방당사자가 그 기피신청에 동의하지 아니하는 한 중재판정부는 그 기피신청에 관하여 결정하여야 한다.

③ 당사자가 합의한 절차나 본조 제2항의 절차에 따라 기피신청이 받아들여지지 아니하면, 기피신청한 당사자는 그 기피거절 결정의 통지를 받은 후 30일 이내에 제6조에서 정한 법원이나 기타 기관에 기피에 대한 결정을 신청할 수 있다. 그 결정에 대하여는 항고할 수 없으며 그러한 신청이 계속 중인 경우에도 기피신청의 대상이 된 중재인을 포

paragraph (2) of this article is not successful, the challenging party may request, within thirty days after having received notice of the decision rejecting the challenge, the court or other authority specified in article 6 to decide on the challenge, which decision shall be subject to no appeal; while such a request is pending, the arbitral tribunal, including the challenged arbitrator, may continue the arbitral proceedings and make an award.

Article 14   Failure or impossibility to act

(1) If an arbitrator becomes de jure or de facto unable to perform his functions or for other reasons fails to act without undue delay, his mandate terminates if he withdraws from his office or if the parties agree on the termination. Otherwise, if a controversy remains concerning any of these grounds, any party may request the court or other authority specified in article 6 to decide on the termination of the mandate, which decision shall be subject to no appeal.

(2) If, under this article or article 13(2), an arbitrator withdraws from his office or a party agrees to the termination of the mandate of an arbitrator, this does not imply acceptance of the validity of any ground referred to in this article or article 12(2).

Article 15   Appointment of substitute arbitrator

Where the mandate of an arbitrator terminates under article 13 or 14 or because of his withdrawal from office for any other reason or because of the revocation of his mandate by agreement of the parties or in any other case of termination of his mandate, a substitute arbitrator shall be appointed according to the rules that were applicable to the appointment of the arbitrator being replaced.

CHAPTER IV   JURISDICTION OF ARBITRAL TRIBUNAL

Article 16   Competence of arbitral tribunal to rule on its jurisdiction

(1) The arbitral tribunal may rule on its own jurisdiction, including any objections with respect to the existence or validity of the arbitration agreement. For that purpose, an arbitration clause which forms part of a contract shall be treated as an agreement independent of the other terms of the contract. A decision by the arbitral tribunal that the contract is null and void shall not entail ipso jure the invalidity of the arbitration clause.

(2) A plea that the arbitral tribunal does not have jurisdiction shall be raised not later than the submission of the statement of defence. A party is not precluded from raising such a plea by the fact that he has appointed, or participated in the appointment of, an arbitrator. A plea that the arbitral tribunal is exceeding the scope of its authority shall be raised as soon

함한 중재판정부는 중재절차를 속행하여 판정을 내릴 수 있다.

제14조   중재인의 불이행 또는 이행불능

① 중재인이 법률상 또는 사실상 자신의 직무를 이행할 수 없거나, 다른 사유로 인하여 적정기간에 직무를 수행하지 아니하는 경우에 그가 자진하여 사임하거나 당사자의 합의로써 중재인의 직무권한은 종료된다. 이러한 사유에 관하여 다툼이 있는 경우에 각 당사자는 제6조에 기재된 법원이나 기타 기관에 대하여 중재인의 권한종료에 관하여 결정할 것을 요청할 수 있으며 그 결정에 대하여는 항고할 수 없다.

② 본조나 제13조 제2항에 따라 중재인이 자진하여 사임하거나 당사자가 중재인의 권한종료에 합의하였다 하더라도 이러한 사실이 본조나 제12조 제2항에서 언급하고 있는 기피사유의 유효성을 인정하는 것을 의미하지는 아니한다.

제15조   보궐중재인의 선정

제13조나 제14조에 따라 또는 기타 사유로 인하여 중재인이 자진하여 사임하거나 또는 당사자의 합의로 중재인의 권한이 취소되었거나 기타 사유로 인하여 중재인의 권한이 종료되는 경우에 보궐중재인은 대체되는 중재인의 선정에 적용되었던 규칙에 따라 선정되어야 한다.

제4장   중재판정부의 관할

제16조   자신의 관할에 관한 중재판정부의 결정권한

① 중재판정부는 중재합의의 존부 또는 유효성에 관한 이의를 포함하여 자신의 관할을 결정할 권한을 가진다. 그러한 규정의 적용상 계약의 일부를 이루는 중재조항은 그 계약의 다른 조항과는 독립된 합의로 취급하여야 한다. 중재판정부에 의한 계약무효의 결정은 법률상 당연히 중재조항의 부존재 내지 무효를 의미하는 것은 아니다.

② 중재판정부가 관할권을 가지고 있지 않다는 항변은 늦어도 답변서를 제출할 때까지 제기되어야 한다. 당사자의 이러한 항변은 자신이 중재인을 선정하였거나 또는 중재인의 선정에 참여하였다는 사실 때문에 배제되지 아니한다. 중재판정부가 그 직무권한의 범위를 벗어났다는 항변은 그러한 권한유월이 주장되는 사항이 중재절차 진행 중에 제출된 즉시 제기되어야 한다. 중재판정부는 시기에 늦게 제출된 항변에 대해서도 그 지연이 정당하다고 인정하는 경우에는 이를 허용할 수 있다.

as the matter alleged to be beyond the scope of its authority is raised during the arbitral proceedings. The arbitral tribunal may, in either case, admit a later plea if it considers the delay justified.

(3) The arbitral tribunal may rule on a plea referred to in paragraph (2) of this article either as a preliminary question or in an award on the merits. If the arbitral tribunal rules as a preliminary question that it has jurisdiction, any party may request, within thirty days after having received notice of that ruling, the court specified in article 6 to decide the matter, which decision shall be subject to no appeal; while such a request is pending, the arbitral tribunal may continue the arbitral proceedings and make an award.

CHAPTER IV A   INTERIM MEASURES AND PRELIMINARY ORDERS

(As adopted by the Commission at its thirty-ninth session, in 2006)

Section 1. Interim measures

Article 17   Power of arbitral tribunal to order interim measures

(1) Unless otherwise agreed by the parties, the arbitral tribunal may, at the request of a party, grant interim measures.

(2) An interim measure is any temporary measure, whether in the form of an award or in another form, by which, at any time prior to the issuance of the award by which the dispute is finally decided, the arbitral tribunal orders a party to:

(a) Maintain or restore the status quo pending determination of the dispute;

(b) Take action that would prevent, or refrain from taking action that is likely to cause, current or imminent harm or prejudice to the arbitral process itself;

(c) Provide a means of preserving assets out of which a subsequent award may be satisfied; or

(d) Preserve evidence that may be relevant and material to the resolution of the dispute.

Article 17 A   Conditions for granting interim measures

(1) The party requesting an interim measure under article 17(2)(a), (b) and (c) shall satisfy the arbitral tribunal that:

(a) Harm not adequately reparable by an award of damages is likely to result if the measure is not ordered, and such harm substantially outweighs the harm that is likely to result to the party against whom the measure is directed if the measure is granted; and

(b) There is a reasonable possibility that the requesting party will succeed on the merits

③ 중재판정부는 본조 제2항의 항변에 관하여 선결문제로서 또는 본안에 관한 중재판정에서 결정할 수 있다. 중재판정부가 선결문제로서 자신의 관할권이 있음을 결정하는 경우에 당사자는 당해 결정의 통지를 받은 후 30일 이내에 제6조에 명시된 법원에 대하여 당해 사항을 결정해 줄 것을 신청할 수 있으며 그 결정에 대하여는 항고할 수 없다. 이러한 신청이 계속 중인 경우에도 중재판정부는 중재절차를 속행하여 중재판정을 내릴 수 있다.

제4A장　임시적 처분 및 예비적 명령 〈개정 2006. 7. 7.〉

제1절　임시적 처분

제17조　중재판정부의 임시적 처분 명령 권한

① 당사자 간에 다른 합의가 없는 경우에, 중재판정부는 어느 한쪽 당사자의 신청에 따라 임시적 처분을 내릴 수 있다.

② 임시적 처분이란 중재판정부가 중재판정의 형식 또는 기타의 방식으로 중재판정이 내려지기 전 어느 한쪽 당사자에게 다음 각호의 내용을 이행하도록 명하는 잠정적 조치를 말한다.

1. 분쟁이 종결되기 전까지 현상(現狀)의 유지 또는 복원
2. 중재절차를 훼손하는 행위를 방지하거나 금지토록 하는 조치
3. 중재판정의 이행에 필요한 자산을 보전할 수 있는 수단의 제공
4. 분쟁의 해결과 밀접한 관련이 있는 증거의 보전

제17조의 A　임시적 처분의 허용조건

① 제17조 제2항 제a호, 제b호 및 제c호에 따른 임시적 처분을 신청하는 당사자는 중재판정부에 다음의 각호를 입증하여야 한다.

1. 임시적 처분이 거부될 경우 손해배상을 명하는 중재판정부만으로는 회복할 수 없는 손해가 발생할 가능성이 있고 그러한 손해는 임시적 처분이 내려짐으로써 상대방 당사자가 입을 손해보다 크다는 점
2. 임시적 처분을 신청하는 당사자가 본 안에서 승소할 가능성이 높다는 점. 다만, 그러한 가능성에 대한 판단은, 중재판정부가 추후 다른 판단을 할 수 있는 재량에 영향을 미치지 아니한다.

of the claim. The determination on this possibility shall not affect the discretion of the arbitral tribunal in making any subsequent determination.

(2) With regard to a request for an interim measure under article 17(2)(d), the requirements in paragraphs (1)(a) and (b) of this article shall apply only to the extent the arbitral tribunal considers appropriate.

Section 2. Preliminary orders

Article 17 B   Applications for preliminary orders and conditions for granting preliminary orders

(1) Unless otherwise agreed by the parties, a party may, without notice to any other party, make a request for an interim measure together with an application for a preliminary order directing a party not to frustrate the purpose of the interim measure requested.

(2) The arbitral tribunal may grant a preliminary order provided it considers that prior disclosure of the request for the interim measure to the party against whom it is directed risks frustrating the purpose of the measure.

(3) The conditions defined under article 17A apply to any preliminary order, provided that the harm to be assessed under article 17A(1)(a), is the harm likely to result from the order being granted or not.

Article 17 C   Specific regime for preliminary orders

(1) Immediately after the arbitral tribunal has made a determination in respect of an application for a preliminary order, the arbitral tribunal shall give notice to all parties of the request for the interim measure, the application for the preliminary order, the preliminary order, if any, and all other communications, including by indicating the content of any oral communication, between any party and the arbitral tribunal in relation thereto.

(2) At the same time, the arbitral tribunal shall give an opportunity to any party against whom a preliminary order is directed to present its case at the earliest practicable time.

(3) The arbitral tribunal shall decide promptly on any objection to the preliminary order.

(4) A preliminary order shall expire after twenty days from the date on which it was issued by the arbitral tribunal. However, the arbitral tribunal may issue an interim measure adopting or modifying the preliminary order, after the party against whom the preliminary order is directed has been given notice and an opportunity to present its case.

(5) A preliminary order shall be binding on the parties but shall not be subject to enforcement by a court. Such a preliminary order does not constitute an award. Section 3. Provisions applicable to interim measures and preliminary orders

② 제17조 제2항 제d호에 따른 임시적 처분의 신청과 관련하여, 동 조 제1항 제a호 및 제b호의 요건은 중재판정부가 적절하다고 판단하는 범위 내에서만 적용된다.

제2절   예비적 명령

제17조의 B   예비적 명령의 신청 및 허용 조건

① 당사자 간에 다른 합의가 없는 경우에, 어느 한쪽 당사자는 상대방 당사자에 대한 통지 없이 임시적 처분의 신청과 함께, 당사자가 그러한 임시적 처분의 목적을 훼손시키지 못하도록 하는 예비적 명령을 신청할 수 있다.

② 임시적 처분 신청의 사실을 처분의 상대방 당사자에게 사전에 공개하면 그 목적이 훼손될 것이라 판단하는 경우 중재판정부는 예비적 명령을 내릴 수 있다.

③ 제17조의 A 제1항 제a호상의 손해가 예비적 명령의 허용 여부에 따라 발생하는 손해인 경우, 제17조의 A에 규정된 조건은 모든 예비적 명령에 적용된다.

제17조의 C   예비적 명령에 관한 특별규정

① 중재판정부는 예비적 명령 신청에 관한 결정을 내린 후 즉시, 모든 당사자에게 임시적 처분 또는 예비적 명령의 신청 사실, 예비적 명령을 허용하는 경우 그 내용 그리고 이와 관련하여 당사자와 중재판정부 간에 있었던 구두대화 내용을 포함한 모든 통신 내용을 고지하여야 한다.

② 동시에 중재판정부는 예비적 명령의 상대방 당사자에게 가능한 조속한 시일 내에 자신의 입장을 진술할 기회를 부여하여야 한다.

③ 중재판정부는 예비적 명령에 대한 이의에 관하여 즉시 결정하여야 한다.

④ 예비적 명령은 중재판정부가 명령을 내린 날로부터 20일이 경과하면 효력을 상실한다. 그러나 중재판정부는 예비적 명령의 상대방 당사자가 통지를 수령하고 자신의 입장을 진술할 기회를 부여 받은 뒤에는 예비적 명령을 인용하거나 또는 수정하는 임시적 처분을 내릴 수 있다.

⑤ 예비적 명령은 당사자들을 구속하나, 법원에 의한 집행의 대상이 되지 아니한다. 이러한 예비적 명령은 중재판정에 해당하지 아니한다.

Section 3. Provisions applicable to interim measures and preliminary orders

Article 17 D   Modification, suspension, termination

The arbitral tribunal may modify, suspend or terminate an interim measure or a preliminary order it has granted, upon application of any party or, in exceptional circumstances and upon prior notice to the parties, on the arbitral tribunal's own initiative.

Article 17 E   Provision of security

(1) The arbitral tribunal may require the party requesting an interim measure to provide appropriate security in connection with the measure.

(2) The arbitral tribunal shall require the party applying for a preliminary order to provide security in connection with the order unless the arbitral tribunal considers it inappropriate or unnecessary to do so.

Article 17 F   Disclosure

(1) The arbitral tribunal may require any party promptly to disclose any material change in the circumstances on the basis of which the measure was requested or granted.

(2) The party applying for a preliminary order shall disclose to the arbitral tribunal all circumstances that are likely to be relevant to the arbitral tribunal's determination whether to grant or maintain the order, and such obligation shall continue until the party against whom the order has been requested has had an opportunity to present its case. Thereafter, paragraph (1) of this article shall apply.

Article 17 G   Costs and damages

The party requesting an interim measure or applying for a preliminary order shall be liable for any costs and damages caused by the measure or the order to any party if the arbitral tribunal later determines that, in the circumstances, the measure or the order should not have been granted. The arbitral tribunal may award such costs and damages at any point during the proceedings.

Section 4. Recognition and enforcement of interim measures

Article 17 H   Recognition and enforcement

(1) An interim measure issued by an arbitral tribunal shall be recognized as binding and, unless otherwise provided by the arbitral tribunal, enforced upon application to the competent court, irrespective of the country in which it was issued, subject to the provisions of article 17 I.

(2) The party who is seeking or has obtained recognition or enforcement of an interim measure

제3절   임시적 처분 및 예비적 명령에 적용할 규정

제17조의 D   변경, 정지, 종료

중재판정부는 일방당사자의 신청에 따라 또는 예외적인 경우 당사자들에게 사전 고지한 후 이미 내린 임시적 처분 또는 예비적 명령을 직권으로 수정, 정지 또는 종료할 수 있다.

제17조의 E   담보의 제공

① 중재판정부는 임시적 처분을 신청하는 당사자에게 적절한 담보를 제공하도록 요구할 수 있다.

② 중재판정부는 예비적 명령의 신청인에게 당해 명령과 관련하여 담보를 제공하도록 요구할 수 있다. 다만, 중재판정부가 적절하지 않다거나 필요하지 않다고 판단하는 경우에는 그러하지 아니하다.

제17조의 F   공개

① 중재판정부는 당사자에게 임시적 처분의 신청 및 허용의 기초가 된 사정에 중대한 변경이 발생한 경우, 즉시 이를 공개하도록 요구할 수 있다.

② 예비적 명령의 신청인은 중재판정부가 이를 허용 또는 유지할지 여부를 판단하는 데 관련되는 모든 사정을 중재판정부에게 공개하여야 하며 이러한 공개 의무는 예비적 명령의 상대방 당사자가 자신의 입장을 진술할 기회를 부여 받을 때까지 지속된다. 그 이후에는 본조 제1항이 적용된다.

제17조의 G   비용 및 손해배상

중재판정부가 추후에 해당 임시적 처분과 예비적 명령을 같은 상황이라면 내려지지 않았어야 할 것이라고 판단하는 경우에는 임시적 처분 또는 예비적 명령을 신청한 당사자는 다른 당사자들이 그러한 임시적 처분 또는 예비적 명령으로 인하여 입은 제반 비용과 손해를 배상하여야 한다. 중재판정부는 그러한 비용 및 손해에 대하여 중재절차의 어느 단계에서든 판정을 내릴 수 있다.

제4절   임시적 처분의 승인 및 집행

제17조의 H   승인 및 집행

① 중재판정부가 내린 임시적 처분은 구속력 있는 것으로 승인되어야 하며 중재판정부가 달리 정하지 않은 경우, 제17조의 I 의 규정에 벗어나지 않는 한 그 처분이 어떤 국가에서 내려졌느냐에 관계 없이 관할법원에 신청하면 집행하여야 한다.

② 임시적 처분의 승인 또는 집행을 구하거나 이를 허락 받은 당사자는 그 처분의 종료, 정

shall promptly inform the court of any termination, suspension or modification of that interim measure.

(3) The court of the State where recognition or enforcement is sought may, if it considers it proper, order the requesting party to provide appropriate security if the arbitral tribunal has not already made a determination with respect to security or where such a decision is necessary to protect the rights of third parties.

Article 17 I   Grounds for refusing recognition or enforcement***

(1) Recognition or enforcement of an interim measure may be refused only:

(a) At the request of the party against whom it is invoked if the court is satisfied that:

(i) Such refusal is warranted on the grounds set forth in article 36(1)(a)(i), (ii), (iii) or (iv); or

(ii) The arbitral tribunal's decision with respect to the provision of security in connection with the interim measure issued by the arbitral tribunal has not been complied with; or

(iii) The interim measure has been terminated or suspended by the arbitral tribunal or, where so empowered, by the court of the State in which the arbitration takes place or under the law of which that interim measure was granted; or

(b) If the court finds that:

(i) The interim measure is incompatible with the powers conferred upon the court unless the court decides to reformulate the interim measure to the extent necessary to adapt it to its own powers and procedures for the purposes of enforcing that interim measure and without modifying its substance; or

(ii) Any of the grounds set forth in article 36(1)(b)(i) or (ii), apply to the recognition and enforcement of the interim measure.

(2) Any determination made by the court on any ground in paragraph (1) of this article shall be effective only for the purposes of the application to recognize and enforce the interim measure. The court where recognition or enforcement is sought shall not, in making that determination, undertake a review of the substance of the interim measure.*** The conditions set forth in article 17 I are intended to limit the number of circumstances in which the court may refuse to enforce an interim measure. It would not be contrary to the level of harmonization sought to be achieved by these model provisions if a State were to adopt fewer circumstances in which enforcement may be refused.

*** The conditions set forth in article 17 I are intended to limit the number of circumstances in which the court may refuse to enforce an interim measure. It would not be contrary to the level of harmonization sought to be achieved by these model provisions if a State were to adopt fewer circumstances in which enforcement may be refused.

지 또는 수정 사항을 즉시 관할 법원에 고지하여야 한다.

③ 임시적 처분의 승인 및 집행을 요청 받은 국가의 관할 법원은 적절하다고 판단하는 경우, 중재판정부가 담보의 제공과 관련한 결정을 내리지 않았거나 또는 제3자의 권리 보호를 위해 필요한 경우에는 신청 당사자에게 적절한 담보를 제공하도록 명할 수 있다.

제17조의I 승인 및 집행의 거부 사유***

① 임시적 처분의 승인 또는 집행은 다음의 사유에 한하여 거부될 수 있다.

1. 임시적 처분의 상대방 당사자의 신청에 따라 법원이 다음 각목을 인정하는 경우

   (1) 동 법 제36조 제1항 제a호 제1목 내지 제4목의 거절사유가 인정되는 경우

   (2) 중재판정부가 임시적 처분과 관련하여 담보제공을 결정하였으나 이행되지 않은 경우

   (3) 임시적 처분이 중재판정부에 의하여 종료 또는 중지되었거나, 중재지 법원 또는 임시적 처분의 근거가 된 법률에 의하여 종료 또는 중지된 경우

2. 법원이 다음 사실을 인정하는 경우

   (1) 법원이 임시적 처분의 실질적 내용을 수정하지는 않더라도, 당해 법원에 부여된 권한 또는 임시적 처분의 집행에 관한 절차에 맞게 임시적 처분의 형식을 조정하지 않는 한, 그 처분이 법원의 권한을 벗어난다는 점 또는,

   (2) 동 법 제36조 제1항 제b호 제1목 또는 제2목의 사유가 임시적 처분의 승인 및 집행에 적용된다는 점

② 본 조 제1항의 사유에 근거하여 법원이 내린 결정은, 임시적 처분의 승인 및 집행 신청의 목적 내에서만 유효하다. 임시적 처분의 승인 및 집행의 신청을 받은 법원은 그 임시 처분의 내용에 관한 실질심사를 할 수 없다.

*** 제17조의 I에 명시된 조건은 법원이 임시적 처분의 집행을 거부할 수 있는 경우의 수를 제한하기 위한 것이다. 국가가 집행 거부 사유를 더 제한적으로 도입하고자 할 경우 이는 동 모델 조항이 이루고자 하는 조화의 수준에 반하지 아니할 것이다.

Section 5. Court-ordered interim measures

Article 17 J   Court-ordered interim measures

A court shall have the same power of issuing an interim measure in relation to arbitration proceedings, irrespective of whether their place is in the territory of this State, as it has in relation to proceedings in courts. The court shall exercise such power in accordance with its own procedures in consideration of the specific features of international arbitration.

> Article 17
>
> Power of arbitral tribunal to order interim measures Unless otherwise agreed by the parties, the arbitral tribunal may, at the request of a party, order any party to take such interim measure of protection as the arbitral tribunal may consider necessary in respect of the subject-matter of the dispute. The arbitral tribunal may require any party to provide appropriate security in connection with such measure.

CHAPTER V   CONDUCT OF ARBITRAL PROCEEDINGS

Article 18   Equal treatment of parties

The parties shall be treated with equality and each party shall be given a full opportunity of presenting his case.

Article 19   Determination of rules of procedure

(1) Subject to the provisions of this Law, the parties are free to agree on the procedure to be followed by the arbitral tribunal in conducting the proceedings.

(2) Failing such agreement, the arbitral tribunal may, subject to the provisions of this Law, conduct the arbitration in such manner as it considers appropriate. The power conferred upon the arbitral tribunal includes the power to determine the admissibility, relevance, materiality and weight of any evidence.

Article 20   Place of arbitration

(1) The parties are free to agree on the place of arbitration. Failing such agreement, the place of arbitration shall be determined by the arbitral tribunal having regard to the circumstances of the case, including the convenience of the parties.

(2) Notwithstanding the provisions of paragraph (1) of this article, the arbitral tribunal may, unless otherwise agreed by the parties, meet at any place it considers appropriate for consultation among its members, for hearing witnesses, experts or the parties, or for

제5절   법원의 임시적 처분

제17조의 J   법원이 내리는 임시적 처분

법원은 중재지가 해당국 내에 있는지 여부와 관계없이, 중재절차와 관련하여 소송절차에서와 같은 임시적 처분 권한이 있다. 법원은 국제중재의 특수성을 고려하여 내부 규칙에 따라 그러한 권한을 행사하여야 한다.

> 제17조(중재판정부의 보전처분)
> 당사자가 달리 합의하지 않는 한 중재판정부는 일방당사자의 신청에 따라 분쟁의 본안에 관하여 필요하다고 인정하는 보전처분을 명하도록 일방당사자에게 명할 수 있다. 중재판정부는 각 당사자에게 그러한 조치와 관련하여 적절한 담보를 제공할 것을 요구할 수 있다. [2006. 7. 7. 개정 전 제17조]

제5장   중재절차의 진행

제18조   당사자의 동등한 대우

양 당사자는 동등한 대우를 받아야 하며 각 당사자는 자신의 사안을 진술할 수 있는 충분한 기회를 가져야 한다.

제19조   중재절차규칙의 결정

① 이 법의 규정에 따라 당사자는 중재판정부가 중재절차를 진행할 때 지켜야 할 절차규칙에 관하여 자유로이 합의할 수 있다.

② 제1항의 합의가 없는 경우에 중재판정부는 이 법의 규정에 따라 스스로 적절하다고 여기는 방식으로 중재를 진행할 수 있다. 중재판정부의 권한에는 증거의 채택 여부, 관련성, 중요성 및 그 경중을 결정할 권한이 포함된다.

제20조   중재지

① 당사자는 중재지에 관하여 자유로이 합의할 수 있다. 그러한 합의가 없는 경우는 중재지는 중재판정부가 당사자의 편의 등을 포함한 당해 사건의 사정을 고려하여 결정한다.

② 본조 제1항의 규정에도 불구하고 당사자의 별도 합의가 없는 한 중재판정부는 그 구성원간의 협의를 위해서나 증인, 감정인 또는 당사자의 심문을 위하여 또는 물품, 기타 재산 또는 문서의 조사를 위하여 중재판정부가 적당하다고 여기는 장소에서 회합할 수 있다.

inspection of goods, other property or documents.

Article 21   Commencement of arbitral proceedings

Unless otherwise agreed by the parties, the arbitral proceedings in respect of a particular dispute commence on the date on which a request for that dispute to be referred to arbitration is received by the respondent.

Article 22   Language

(1) The parties are free to agree on the language or languages to be used in the arbitral proceedings. Failing such agreement, the arbitral tribunal shall determine the language or languages to be used in the proceedings. This agreement or determination, unless otherwise specified therein, shall apply to any written statement by a party, any hearing and any award, decision or other communication by the arbitral tribunal.

(2) The arbitral tribunal may order that any documentary evidence shall be accompanied by a translation into the language or languages agreed upon by the parties or determined by the arbitral tribunal.

Article 23   Statements of claim and defence

(1) Within the period of time agreed by the parties or determined by the arbitral tribunal, the claimant shall state the facts supporting his claim, the points at issue and the relief or remedy sought, and the respondent shall state his defence in respect of these particulars, unless the parties have otherwise agreed as to the required elements of such statements. The parties may submit with their statements all documents they consider to be relevant or may add a reference to the documents or other evidence they will submit.

(2) Unless otherwise agreed by the parties, either party may amend or supplement his claim or defence during the course of the arbitral proceedings, unless the arbitral tribunal considers it inappropriate to allow such amendment having regard to the delay in making it.

Article 24   Hearings and written proceedings

(1) Subject to any contrary agreement by the parties, the arbitral tribunal shall decide whether to hold oral hearings for the presentation of evidence or for oral argument, or whether the proceedings shall be conducted on the basis of documents and other materials. However, unless the parties have agreed that no hearings shall be held, the arbitral tribunal shall hold such hearings at an appropriate stage of the proceedings, if so requested by a party.

(2) The parties shall be given sufficient advance notice of any hearing and of any meeting of the arbitral tribunal for the purposes of inspection of goods, other property or documents.

(3) All statements, documents or other information supplied to the arbitral tribunal by one party shall be communicated to the other party. Also any expert report or evidentiary document

제21조 중재절차의 개시

당사자간에 달리 합의하지 않는 한 특정한 분쟁에 관한 중재절차의 진행은 당해 분쟁을 중재에 부탁할 것을 요구한 서면이 피신청인에 의하여 수령된 일자에 개시된다.

제22조 언어

① 당사자는 중재절차의 진행에 사용되는 일개 또는 수개 언어에 관하여 자유로이 합의할 수 있다. 그러한 합의가 없는 경우에는 중재판정부는 중재절차에 사용되는 일개 또는 수개 언어를 결정하여야 한다. 그러한 합의 또는 결정은 그 속에 별도의 의사가 명시되어 있지 않는 한 당사자의 서면진술, 중재판정부의 심문 및 판정, 결정 또는 기타 통지에도 적용된다.

② 중재판정부는 어떤 서증에 대하여서도 당사자에 의하여 합의하거나 중재판정부가 결정한 일개 또는 수개 언어로 번역한 문서를 첨부하도록 명할 수 있다.

제23조 중재신청서와 답변서

① 당사자가 합의하였거나 또는 중재판정부가 결정한 기간 내에 신청인은 청구의 원인사실, 쟁점사항과 신청취지를 진술하여야 하고, 피신청인은 그러한 세부사항에 대한 답변내용을 진술하여야 한다. 그러나 당사자가 그러한 진술의 필요한 사항을 달리 합의하는 경우에는 그러하지 아니하다. 당사자는 직접 관계가 있다고 보는 모든 서류를 상기 진술서에 첨부하여 제출할 수 있으며 자신이 제출하고자 하는 기타 증거에 참고자료로 추가할 수도 있다.

② 당사자간에 달리 합의하지 않는 한 어느 일방 당사자가 중재절차 진행 중에 자신의 청구내용이나 답변을 수정하거나 보충할 수 있다. 다만 중재판정부가 이를 인정함으로써 야기되는 지연을 고려하여 그러한 수정을 허용하는 것이 부적절하다고 여기는 경우에는 그러하지 아니하다.

제24조 구술심리 및 서면절차

① 당사자간에 반대의 합의를 하지 않는 한, 중재판정부는 증거의 제출이나 구술변론을 위하여 구술심문을 할 것인지 아니면 서면 및 기타 자료에 근거하여 중재절차를 진행시킬 것인지를 결정하여야 한다. 그러나 당사자간에 구술심문을 개최하지 아니한다는 별단의 합의가 없는 한, 중재판정부는 당사자 일방의 요청이 있으면 중재절차 진행 중의 적절한 단계에서 그러한 구술심문을 개최하여야 한다.

② 모든 심문에 관한 통지 및 물품, 또는 기타 재산 및 문서의 조사를 위한 중재판정부의 회합의 통지는 충분한 시간적 여유를 두고 사전에 당사자들에게 발송되어야 한다.

③ 당사자의 일방에 의하여 중재판정부에 제출된 모든 진술서, 문서, 또는 기타 정보는 타

on which the arbitral tribunal may rely in making its decision shall be communicated to the parties.

Article 25   Default of a party

Unless otherwise agreed by the parties, if, without showing sufficient cause,

(a) the claimant fails to communicate his statement of claim in accordance with article 23(1), the arbitral tribunal shall terminate the proceedings;

(b) the respondent fails to communicate his statement of defence in accordance with article 23(1), the arbitral tribunal shall continue the proceedings without treating such failure in itself as an admission of the claimant's allegations;

(c) any party fails to appear at a hearing or to produce documentary evidence, the arbitral tribunal may continue the proceedings and make the award on the evidence before it.

Article 26   Expert appointed by arbitral tribunal

(1) Unless otherwise agreed by the parties, the arbitral tribunal

    (a) may appoint one or more experts to report to it on specific issues to be determined by the arbitral tribunal;

    (b) may require a party to give the expert any relevant information or to produce, or to provide access to, any relevant documents, goods or other property for his inspection.

(2) Unless otherwise agreed by the parties, if a party so requests or if the arbitral tribunal considers it necessary, the expert shall, after delivery of his written or oral report, participate in a hearing where the parties have the opportunity to put questions to him and to present expert witnesses in order to testify on the points at issue.

Article 27   Court assistance in taking evidence

The arbitral tribunal or a party with the approval of the arbitral tribunal may request from a competent court of this State assistance in taking evidence. The court may execute the request within its competence and according to its rules on taking evidence.

방 당사자에게도 통지되어야 한다. 중재판정부가 그 결정상 원용하게 될지도 모르는 감정인의 모든 보고서 또는 서증도 당사자들에게 통지되어야 한다.

제25조 일방당사자의 해태

당사자가 달리 합의하지 않는 한 충분한 이유를 제시하지 아니하고

1. 신청인이 제23조 제1항에 의하여 청구에 관한 진술서를 제출하지 않는 경우에는 중재판정부는 중재절차를 종료하여야 한다.
2. 피신청인이 제23조 제1항에 의하여 방어에 대한 진술서를 제출하지 아니하는 경우에는 중재판정부는 그러한 해태의 사실 자체가 피신청인이 신청인의 주장을 그대로 인정하는 것으로 취급함이 없이 중재절차를 속행하여야 한다.
3. 당사자의 어느 일방이 심문에 출석하지 아니하거나, 서증을 제출하지 아니하는 경우에는 중재판정부는 중재절차를 속행하고 중재판정부에 제출된 증거에 근거하여 중재판정을 내릴 수 있다.

제26조 중재판정부가 지정한 감정인

① 당사자가 달리 합의하지 않는 한 중재판정부는,
  1. 중재판정부에 의하여 결정될 특정한 쟁점에 관하여 보고할 1인 이상의 감정인을 지정할 수 있다.
  2. 일방당사자로 하여금 감정인에게 관계 정보를 주거나 감정인의 조사를 위해 관련 문서의 제출, 물품 또는 기타의 재산을 조사하거나 또는 감정인이 이용할 수 있도록 명할 수 있다.

② 당사자가 달리 합의하지 않는 한 당사자 일방의 요청이 있거나 중재판정부가 필요하다고 여기는 경우에는 그 감정인은 자신의 서면 또는 구두보고를 제출한 후에도 문제된 쟁점에 관하여 당사자들이 그 감정인에게 질문할 기회 및 타감정인들이 그 전문가적 증언을 할 기회를 갖는 심문에 참가하여야 한다.

제27조 증거조사에서 법원의 협조

중재판정부나 중재판정부의 승인을 받은 당사자는 해당국가의 관할법원에 대해 증거조사에서 협조를 요청할 수 있다. 법원은 그 권한 범위 내에서 증거조사의 규칙에 따라 그러한 요청에 응할 수 있다.

CHAPTER VI MAKING OF AWARD AND TERMINATION OF PROCEEDINGS

Article 28 Rules applicable to substance of dispute

(1) The arbitral tribunal shall decide the dispute in accordance with such rules of law as are chosen by the parties as applicable to the substance of the dispute. Any designation of the law or legal system of a given State shall be construed, unless otherwise expressed, as directly referring to the substantive law of that State and not to its conflict of laws rules.

(2) Failing any designation by the parties, the arbitral tribunal shall apply the law determined by the conflict of laws rules which it considers applicable.

(3) The arbitral tribunal shall decide ex aequo et bono or as amiable compositeur only if the parties have expressly authorized it to do so.

(4) In all cases, the arbitral tribunal shall decide in accordance with the terms of the contract and shall take into account the usages of the trade applicable to the transaction.

Article 29 Decision making by panel of arbitrators

In arbitral proceedings with more than one arbitrator, any decision of the arbitral tribunal shall be made, unless otherwise agreed by the parties, by a majority of all its members. However, questions of procedure may be decided by a presiding arbitrator, if so authorized by the parties or all members of the arbitral tribunal.

Artcle 30 Settlement

(1) If, during arbitral proceedings, the parties settle the dispute, the arbitral tribunal shall terminate the proceedings and, if requested by the parties and not objected to by the arbitral tribunal, record the settlement in the form of an arbitral award on agreed terms.

(2) An award on agreed terms shall be made in accordance with the provisions of article 31 and shall state that it is an award. Such an award has the same status and effect as any other award on the merits of the case.

Article 31 Form and contents of award

(1) The award shall be made in writing and shall be signed by the arbitrator or arbitrators. In arbitral proceedings with more than one arbitrator, the signatures of the majority of all members of the arbitral tribunal shall suffice, provided that the reason for any omitted signature is stated.

(2) The award shall state the reasons upon which it is based, unless the parties have agreed that no reasons are to be given or the award is an award on agreed terms under article 30.

제6장 중재판정문의 작성과 중재절차의 종료

제28조 분쟁의 실체에 적용할 법규

① 중재판정부는 당사자들이 분쟁의 본안에 적용하려고 선택한 법규에 따라 판정을 하여야 한다. 달리 명시하지 아니하는 한 일정한 국가의 법 또는 법률체계의 지정이 있을 때는 당해 국가의 실체법을 직접 지칭하는 것으로 해석하며, 그 국가의 국제사법원칙을 지칭하는 것으로 해석하지 아니한다.

② 당사자들에 의한 준거법의 지정이 없는 경우에는 중재판정부는 중재판정부가 적용가능하다고 보는 국제사법 규정에 따라 결정되는 법을 적용한다.

③ 중재판정부는 당사자가 명시적으로 권한을 부여하는 경우에 한하여 형평과 선에 의하여 또는 우의적 중재인으로서 판정을 내려야 한다.

④ 전 각항의 모든 경우에 있어서 중재판정부는 계약조건에 따라 결정하여야 하며, 당해 거래에 적용가능한 상관습을 고려하여야 한다.

제29조 중재판정부의 결정방법

당사자들이 달리 합의하지 않는 한, 2인 이상의 중재인에 의한 중재절차진행에 있어서는 중재판정부의 모든 결정은 전 구성원 중의 과반수 결의에 의한다. 그러나 중재절차의 문제는 당사자나 중재판정부 구성원 전원의 수권이 있으면 의장중재인이 결정할 수 있다.

제30조 화해

① 중재절차 진행 중에 당사자들 자신이 분쟁을 해결하는 경우에는 중재판정부는 그 절차를 종료하여야 하며, 당사자들의 요구가 있고 중재판정부가 이의를 제기하지 않는 한 중재판정부는 그 화해를 당사자가 합의한 내용의 중재판정문의 형식으로 기록하여야 한다.

② 당사자가 합의한 내용의 중재판정문은 제31조의 규정에 따라 작성되어야 하고 이를 중재판정으로 한다고 기재되어야 한다. 그러한 중재판정문은 당해 사건의 본안에 관한 다른 모든 중재판정과 동일한 지위와 효력을 가진다.

제31조 중재판정의 형식 및 내용

① 중재판정문은 서면으로 작성되어야 하며 중재인 또는 중재인들이 이에 서명하여야 한다. 2인 이상의 중재에 있어서는 중재판정부 구성원 중의 과반수의 서명으로 충분하다. 다만 이 경우에는 서명이 생략된 이유가 기재되어야 한다.

② 중재판정문에는 그 판정의 근거가 되는 이유를 기재하여야 한다. 다만, 당사자간에 이유의 불기재에 관하여 합의하였거나 또는 그 중재판정문이 제30조에 의하여 합의된 내

(3) The award shall state its date and the place of arbitration as determined in accordance with article 20(1). The award shall be deemed to have been made at that place.

(4) After the award is made, a copy signed by the arbitrators in accordance with paragraph (1) of this article shall be delivered to each party.

Article 32   Termination of proceedings

(1) The arbitral proceedings are terminated by the final award or by an order of the arbitral tribunal in accordance with paragraph (2) of this article.

(2) The arbitral tribunal shall issue an order for the termination of the arbitral proceedings when:

(a) the claimant withdraws his claim, unless the respondent objects thereto and the arbitral tribunal recognizes a legitimate interest on his part in obtaining a final settlement of the dispute;

(b) the parties agree on the termination of the proceedings;

(c) the arbitral tribunal finds that the continuation of the proceedings has for any other reason become unnecessary or impossible.

(3) The mandate of the arbitral tribunal terminates with the termination of the arbitral proceedings, subject to the provisions of articles 33 and 34(4).

Article 33   Correction and interpretation of award; additional award

(1) Within thirty days of receipt of the award, unless another period of time has been agreed upon by the parties:

(a) a party, with notice to the other party, may request the arbitral tribunal to correct in the award any errors in computation, any clerical or typographical errors or any errors of similar nature;

(b) if so agreed by the parties, a party, with notice to the other party, may request the arbitral tribunal to give an interpretation of a specific point or part of the award. If the arbitral tribunal considers the request to be justified, it shall make the correction or give the interpretation within thirty days of receipt of the request. The interpretation shall form part of the award.

(2) The arbitral tribunal may correct any error of the type referred to in paragraph (1)(a) of this article on its own initiative within thirty days of the date of the award.

(3) Unless otherwise agreed by the parties, a party, with notice to the other party, may request, within thirty days of receipt of the award, the arbitral tribunal to make an additional award as to claims presented in the arbitral proceedings but omitted from the award. If the arbitral tribunal considers the request to be justified, it shall make the additional award within sixty days.

용의 판정인 경우에는 그러하지 아니하다.

③ 중재판정문에는 작성일자와 제20조 제1항에 따라 정해진 중재지를 기재하여야 한다. 중재판정문은 당해 장소에서 작성된 것으로 한다.

④ 중재판정문이 작성된 후 본조 제1항에 따라 중재인들이 서명한 등본은 각 당사자에게 송부되어야 한다.

제32조 중재절차의 종료

① 중재절차는 최종판정에 의하거나 본조 제2항에 따른 중재판정부의 명령에 의하여 종료된다.

② 중재판정부는 다음의 경우에 중재절차의 종료를 명하여야 한다:

1. 신청인이 그 신청을 철회하는 경우. 다만, 피신청인이 이에 대하여 이의를 제기하고 중재판정부가 분쟁의 최종적 해결을 구하는 데에 대하여 피신청인에게 적법한 이익이 있다고 인정하는 때에는 그러하지 아니하다.

2. 당사자가 중재절차의 종료를 합의하는 경우

3. 중재판정부가 그 밖의 사유로 중재절차를 속행하는 것이 불필요하거나 불가능하다고 인정하는 경우

③ 제33조와 제34조 제4항의 제한 하에 중재판정부의 임무는 중재절차의 종료와 동시에 종결된다.

제33조 중재판정문의 정정 및 해석과 추가판정

① 당사자들이 달리 정하지 않는 한 중재판정문을 수령한 날로부터 30일 이내에,

1. 일방당사자는 상대방에게 통지함과 동시에 그 판정문의 계산상 오류, 오기나 오식 또는 이와 유사한 오류를 정정해 줄 것을 중재판정부에 요청할 수 있다.

2. 당사자간에 합의가 있는 경우에 일방당사자는 상대방당사자에게 통지함과 동시에 중재판정의 특정 사항이나 판정의 일부에 대한 해석을 중재판정부에 요청할 수 있다. 중재판정부는 그 요청이 이유가 있다고 보는 경우에는 이를 수령한 날로부터 30일 이내에 정정 또는 해석하여야 한다. 그 해석은 중재판정의 일부를 형성하는 것으로 한다.

② 중재판정부는 판정일자로부터 30일 이내에 본조 제1항 제1호에 규정된 유형의 오류도 정정할 수 있다.

③ 당사자들이 달리 합의하지 않는 한, 일방당사자는 상대방에게 통지함과 동시에 중재판정문을 수령한 날로부터 30일 이내에 중재절차 중에 제출되었으나 중재판정에서 유탈된 청구부분에 관한 추가판정을 중재판정부에 요청할 수 있다. 중재판정부는 그 요청이 정당하다고 보는 경우에 60일 이내에 추가판정을 내려야 한다.

(4) The arbitral tribunal may extend, if necessary, the period of time within which it shall make a correction, interpretation or an additional award under paragraph (1) or (3) of this article.

(5) The provisions of article 31 shall apply to a correction or interpretation of the award or to an additional award.

CHAPTER VII   RECOURSE AGAINST AWARD

Article 34   Application for setting aside as exclusive recourse against arbitral award

(1) Recourse to a court against an arbitral award may be made only by an application for setting aside in accordance with paragraphs (2) and (3) of this article.

(2) An arbitral award may be set aside by the court specified in article 6 only if:

(a) the party making the application furnishes proof that:

    i)   a party to the arbitration agreement referred to in article 7 was under some incapacity; or the said agreement is not valid under the law to which the parties have subjected it or, failing any indication thereon, under the law of this State; or

    ii) the party making the application was not given proper notice of the appointment of an arbitrator or of the arbitral proceedings or was otherwise unable to present his case; or

    iii) the award deals with a dispute not contemplated by or not falling within the terms of the submission to arbitration, or contains decisions on matters beyond the scope of the submission to arbitration, provided that, if the decisions on matters submitted to arbitration can be separated from those not so submitted, only that part of the award which contains decisions on matters not submitted to arbitration may be set aside; or

    iv) the composition of the arbitral tribunal or the arbitral procedure was not in accordance with the agreement of the parties, unless such agreement was in conflict with a provision of this Law from which the parties cannot derogate, or, failing such agreement, was not in accordance with this Law; or

(b) the court finds that:

    i)   the subject-matter of the dispute is not capable of settlement by arbitration under the law of this State; or

    ii) the award is in conflict with the public policy of this State.

(3) An application for setting aside may not be made after three months have elapsed from the date on which the party making that application had received the award or, if a request had been made under article 33, from the date on which that request had been disposed of by the

④ 중재판정부는 필요한 경우 본조 제1항 또는 제3항에 따라 정정, 해석 또는 추가판정의 기간을 연장할 수 있다.

⑤ 제31조의 규정은 중재판정문의 정정이나 해석 또는 추가판정의 경우에 이를 적용한다.

제7장 중재판정에 대한 불복

제34조 중재판정에 대한 유일한 불복방법으로서 취소신청

① 중재판정에 대하여 법원에 제기하는 불복은 본조 제2항과 제3항에 따라 취소신청을 함으로써 가능하다.

② 중재판정은 다음에 해당하는 경우에 한하여 제6조에 명시된 관할법원에 의해 취소될 수 있다.

  1. 취소신청을 한 당사자가 다음의 사실에 대한 증거를 제출하는 경우

    (1) 제7조에 규정된 중재합의의 당사자가 무능력자인 사실 또는 그 중 재합의가 당사자들이 준거법으로서 지정한 법에 의하여 무효이거나 그러한 지정이 없는 경우에는 중재판정이 내려진 국가의 법률에 의하여 무효인 사실

    (2) 취소신청을 한 당사자가 중재인의 선정 또는 중재절차에 관하여 적절한 통지를 받지 못하였거나 기타 사유로 인하여 방어할 수가 없었다는 사실

    (3) 중재판정이 중재부탁의 내용에 예정되어 있지 아니하거나 그 범위에 속하지 아니하는 분쟁을 다루었거나 또는 중재부탁합의의 범위를 유월한 사항에 관한 결정을 포함하고 있다는 사실. 다만, 중재에 부탁된 사항에 관한 결정이 부탁되지 아니한 사항에 관한 결정으로부터 분리될 수 있는 경우에는 중재에 부탁되지 아니한 사항에 관한 결정을 포함하는 중재판정 부분에 한하여 취소될 수 있다는 사실

    (4) 중재판정부의 구성이나 중재절차가 당사자간의 합의에 따르지 아니하였다는 사실 또는 그러한 합의가 없는 경우에 이 법에 따르지 아니하였다는 사실. 다만, 그 합의는 당사자에 의해 배제될 수 없는 성격을 가진 본 법의 규정에 저촉되어서는 아니된다는 사실, 또는

  2. 법원이 다음의 사실을 알았을 경우,

    (1) 분쟁의 본안이 해당국의 법령상 중재로 해결할 수 없다는 사실 또는

    (2) 중재판정이 해당국의 공서양속에 저촉되는 사실

③ 중재판정취소의 신청인이 중재판정문을 수령한 날로부터 3개월이 경과하였거나 또는 제33조에 의하여 신청을 하였을 경우에는 당해 신청이 중재판정부에 의해 처리된 날로

arbitral tribunal.

(4) The court, when asked to set aside an award, may, where appropriate and so requested by a party, suspend the setting aside proceedings for a period of time determined by it in order to give the arbitral tribunal an opportunity to resume the arbitral proceedings or to take such other action as in the arbitral tribunal's opinion will eliminate the grounds for setting aside.

CHAPTER VIII   RECOGNITION AND ENFORCEMENT OF AWARDS

Article 35   Recognition and enforcement

(1) An arbitral award, irrespective of the country in which it was made, shall be recognized as binding and, upon application in writing to the competent court, shall be enforced subject to the provisions of this article and of article 36.

(2) The party relying on an award or applying for its enforcement shall supply the original award or a copy thereof. If the award is not made in an official language of this State, the court may request the party to supply a translation thereof into such language.****

(Article 35(2) has been amended by the Commission at its thirty-ninth session, in 2006)

> (2) The party relying on an award or applying for its enforcement shall supply the duly authenticated original award or a duly certified copy thereof, and the original arbitration agreement referred to in article 7 or a duly certified copy thereof. If the award or agreement is not made in an official language of this State, the party shall supply a duly certified translation thereof into such language.

Article 36   Grounds for refusing recognition or enforcement

(1) Recognition or enforcement of an arbitral award, irrespective of the country in which it was made, may be refused only:

(a) at the request of the party against whom it is invoked, if that party furnishes to the competent court where recognition or enforcement is sought proof that:

(i) a party to the arbitration agreement referred to in article 7 was under some incapacity; or the said agreement is not valid under the law to which the parties have subjected it or, failing any indication thereon, under the law of the country where the award was made; or

---

**** The conditions set forth in this paragraph are intended to set maximum standards. It would, thus, not be contrary to the harmonization to be achieved by the model law if a State retained even less onerous conditions.

부터 3개월이 경과한 후에는 제기할 수 없다.

④ 중재판정취소신청이 있을 경우에 법원은 당사자의 신청이 있고 또한 그것이 적절한 때에는 중재판정부로 하여금 중재절차를 재개하게 하거나 중재판정부가 취소사유를 제거하는 데 필요한 기타의 조치를 취할 기회를 허여하기 위하여 일정한 기간을 정하여 정지할 수 있다.

제8장　중재판정의 승인과 집행

제35조　승인과 집행

① 중재판정은 그 판정이 어느 국가에서 내려졌는지 불문하고 구속력 있는 것으로 승인되어야 하며 관할법원에 서면으로 신청하면 본조 및 제36조의 규정에 따라 집행되어야 한다.

② 중재판정을 원용하거나 그 집행을 신청하는 당사자는 중재판정문의 원본 또는 정당하게 증명된 등본을 제출하여야 한다. 중재판정문이 해당국의 공용어로 작성되어 있지 아니한 경우에 당사자는 정당하게 증명된 해당국의 공용어 번역본을 제출하여야 한다.****
<개정 2006. 7. 7.>

> ② 중재판정을 원용하거나 그 집행을 신청하는 당사자는 정당하게 인증된 중재판정문의 원본 또는 정당하게 증명된 등본과 제7조에서 규정한 중재합의서의 원본 또는 정당하게 증명된 등본을 제출하여야 한다. 중재판정문이나 중재합의서가 해당국의 공용어로 작성되어 있지 아니한 경우에 당사자는 정당하게 증명된 해당국의 공용어 번역본을 제출하여야 한다. [2006. 7. 7. 개정 전 제35조 제2항]

제36조　승인 또는 집행의 거부사유

① 중재판정의 승인과 집행은 판정이 내려진 국가에 관계없이 다음의 경우에 한하여 거부할 수 있다.

1. 중재판정이 불리하게 원용되는 당사자의 신청이 있을 때 그 당사자가 다음의 사실에 대하여 승인 또는 집행을 신청한 관할법원에 증거를 제출하는 경우

   (1) 제7조에 규정된 중재합의의 당사자가 무능력자인 사실 또는 그 중재합의가 당사자들이 준거법으로서 지정한 법에 의하여 무효이거나 그러한 지정이 없는 경우에는 중재판정이 내려진 국가의 법에 의하여 무효인 사실

**** 본 항에 명시된 조건은 최대 기준을 정하기 위함이다. 그러므로 국가가 부담이 되는 조건을 더 적게 도입하는 경우 본 모델 법안을 통하여 이루고자 하는 조화의 수준에 반하지 아니할 것이다.

(ii) the party against whom the award is invoked was not given proper notice of the appointment of an arbitrator or of the arbitral proceedings or was otherwise unable to present his case; or

(iii) the award deals with a dispute not contemplated by or not falling within the terms of the submission to arbitration, or it contains decisions on matters beyond the scope of the submission to arbitration, provided that, if the decisions on matters submitted to arbitration can be separated from those not so submitted, that part of the award which contains decisions on matters submitted to arbitration may be recognized and enforced; or

(iv) the composition of the arbitral tribunal or the arbitral procedure was not in accordance with the agreement of the parties or, failing such agreement, was not in accordance with the law of the country where the arbitration took place; or

(v) the award has not yet become binding on the parties or has been set aside or suspended by a court of the country in which, or under the law of which, that award was made; or

(b) if the court finds that:

(i) the subject-matter of the dispute is not capable of settlement by arbitration under the law of this State; or

(ii) the recognition or enforcement of the award would be contrary to the public policy of this State.

(2) If an application for setting aside or suspension of an award has been made to a court referred to in paragraph (1)(a)(v) of this article, the court where recognition or enforcement is sought may, if it considers it proper, adjourn its decision and may also, on the application of the party claiming recognition or enforcement of the award, order the other party to provide appropriate security.

(2) 중재판정이 불리하게 원용되는 당사자가 중재인의 선정 또는 중재절차에 관하여 적절한 통지를 받지 못하였거나 기타 사유로 인하여 방어할 수 없었다는 사실

(3) 중재판정이 중재부탁의 내용에 예정되어 있지 아니하거나 그 범위에 속하지 아니하는 분쟁을 다루었거나 또는 중재부탁합의의 범위를 유월한 사항에 관한 결정을 포함하고 있다는 사실. 다만, 중재에 부탁된 사항에 관한 결정이 부탁되지 아니한 사항에 관한 결정으로부터 분리될 수 있는 경우에는 중재에 부탁되지 아니한 사항에 관한 결정을 포함하는 중재판정 부분에 한하여 취소될 수 있다는 사실

(4) 중재판정부의 구성이나 중재절차가 당사자간의 합의에 따르지 아니하였다는 사실 또는 그러한 합의가 없는 경우에 이 법에 따르지 아니하였다는 사실. 다만, 그 합의는 당사자에 의해 배제될 수 없는 성격을 가진 본 법의 규정에 저촉되어서는 아니된다는 사실, 또는

(5) 중재판정이 당사자에 대한 구속력을 아직 발생하지 않았거나 중재판정이 이루어진 국가의 법원에 의하여 또는 중재판정의 기초가 된 국가의 법률이 속하는 법원에 의하여 취소 또는 정지된 사실, 또는

2. 법원이 다음의 사실을 알았을 경우,

(1) 분쟁의 본안이 해당국의 법령상 중재로 해결할 수 없다는 사실 또는

(2) 중재판정이 해당국의 공서양속에 저촉되는 사실

② 중재판정의 취소 또는 정지신청이 본조 제1항 제1호 (5)에서 정한 법원에 제출되었을 경우에 승인 또는 집행의 청구를 받은 법원은 정당하다고 판단하는 경우에 그 결정을 연기할 수 있으며 중재판정의 승인 또는 집행을 구하는 당사자의 신청이 있으면 상대방에게 상당한 담보를 제공할 것을 명할 수 있다.

NEW YORK

세 | 계 | 중 | 재 | 법 | 령

Convention on the Recognition and
Enforcement of Foreign Arbitral Awards
외국중재판정의 승인 및 집행에 관한
UN협약(뉴욕협약)

02

Convention on the Recognition and Enforcement of Foreign Arbitral Awards

("The 1958 New York Convention")

In force as from 7 June 1959

Article I

1   This Convention shall apply to the recognition and enforcement of arbitral awards made in the territory of a State other than the State where the recognition and enforcement of such awards are sought, and arising out of differences between persons, whether physical or legal. It shall also apply to arbitral awards not considered as domestic awards in the State where their recognition and enforcement are sought.

2   The term "arbitral awards" shall include not only awards made by arbitrators appointed for each case but also those made by permanent arbitral bodies to which the parties have submitted.

3   When signing, ratifying or acceding to this Convention, or notifying extension under article X hereof, any State may on the basis of reciprocity declare that it will apply the Convention to the recognition and enforcement of awards made only in the territory of another Contracting State. It may also declare that it will apply the Convention only to differences arising out of legal relationships, whether contractual or not, which are considered as commercial under the national law of the State making such declaration.

Article II

1   Each Contracting State shall recognize an agreement in writing under which the parties undertake to submit to arbitration all or any differences which have arisen or which may arise between them in respect of a defined legal relationship, whether contractual or not, concerning a subject matter capable of settlement by arbitration.

2   The term "agreement in writing" shall include an arbitral clause in a contract or an arbitration agreement, signed by the parties or contained in an exchange of letters or telegrams.

3   The court of a Contracting State, when seized of an action in a matter in respect of which the parties have made an agreement within the meaning of this article, shall, at the request of one of the parties, refer the parties to arbitration, unless it finds that the said agreement is null and void, inoperative or incapable of being performed.

외국중재판정의 승인 및
집행에 관한 UN협약

("1958년 뉴욕협약")

1959. 6. 7. 발효

제1조

1 이 협약은 중재판정의 승인 및 집행의 요구를 받은 국가 이외의 국가의 영토 내에서 내려진 판정으로서, 자연인 또는 법인간의 분쟁으로부터 발생하는 중재판정의 승인 및 집행에 적용한다. 이 협약은 또한 그 승인 및 집행의 요구를 받은 국가에서 내국판정이라고 인정되지 아니하는 중재판정에도 적용한다.

2 "중재판정"이라 함은 개개의 사건을 위하여 선정된 중재인이 내린 판정뿐만 아니라 당사자들이 부탁한 상설 중재기관이 내린 판정도 포함한다.

3 어떠한 국가든지 이 협약에 서명, 비준 또는 가입할 때, 또는 이 제10조에 의하여 확대적용을 통고할 때에 상호주의의 기초에서 다른 체약국의 영토 내에서 내려진 판정의 승인 및 집행에 한하여 이 협약을 적용한다고 선언할 수 있다. 또한 어떠한 국가든지 계약적 성질의 것이거나 아니거나를 불문하고 이러한 선언을 행하는 국가의 국내법상 상사상의 것이라고 인정되는 법률관계로부터 발생하는 분쟁에 한하여 이 협약을 적용할 것이라고 선언할 수 있다.

제2조

1 각 체약국은 계약적 성질의 것이거나 아니거나를 불문하고 중재에 의하여 해결이 가능한 사항에 관한 일정한 법률관계에 관련하여 당사자간에 발생하였거나 또는 발생할 수 있는 전부 또는 일부의 분쟁을 중재에 부탁하기로 약정한 당사자간의 서면에 의한 합의를 승인하여야 한다.

2 "서면에 의한 중재합의"란 당사자들에 의하여 서명되었거나 서신 또는 전보 교환 속에 담긴, 주된 계약상 중재조항 또는 중재합의를 포함한다.

3 당사자들이 본 조에서 의미하는 합의를 한 사항에 관한 소송이 제기되었을 때에는, 체약국의 법원은, 전기 합의를 무효, 실효 또는 이행불능이라고 인정하는 경우를 제외하고, 일방 당사자의 청구에 따라서 중재에 부탁할 것을 당사자에게 명하여야 한다.

Article III

Each Contracting State shall recognize arbitral awards as binding and enforce them in accordance with the rules of procedure of the territory where the award is relied upon, under the conditions laid down in the following articles. There shall not be imposed substantially more onerous conditions or higher fees or charges on the recognition or enforcement of arbitral awards to which this Convention applies than are imposed on the recognition or enforcement of domestic arbitral awards.

Article IV

1 To obtain the recognition and enforcement mentioned in the preceding article, the party applying for recognition and enforcement shall, at the time of the application, supply:
   a) the duly authenticated original awards or a duly certified copy thereof;
   b) the original agreement referred to in article II or a duly certified copy thereof.
2 If the said award or agreement is not made in an official language of the country in which the award is relied upon, the party applying for recognition and enforcement of the award shall produce a translation of these documents into such language. The translation shall be certified by an official or sworn translator or by a diplomatic or consular agent.

Article V

1 Recognition and enforcement of the award may be refused, at the request of the party against whom it is invoked, only if that party furnishes to the competent authority where the recognition and enforcement is sought, proof that:
   a) the parties to the agreement referred to in article II were, under the law applicable to them, under some incapacity, or the said agreement is not valid under the law to which the parties have subjected it or, failing any indication thereon, under the law of the country where the award was made; or
   b) the party against whom the award is invoked was not given proper notice of the appointment of the arbitrator or of the arbitration proceedings or was otherwise unable to present his case; or
   c) the award deals with a difference not contemplated by or not falling within the term of the submission to arbitration, or it contains decisions on matters beyond the scope of the submission to arbitration, provided that, if the decisions on matters submitted to arbitration can be separated from those not so submitted, that part of the award which contains decisions on matters submitted to arbitration may be recognized and enforced; or
   d) the composition of the arbitral authority or the arbitral procedure was not in accordance with the agreement of the parties, or failing such agreement, was not in accordance with

제3조

각 체약국은 중재판정을 다음 조항에 규정한 조건하에서 구속력 있는 것으로 승인하고 그 판정이 원용될 영토의 절차 규칙에 따라서 그것을 집행하여야 한다. 이 협약이 적용되는 중재판정의 승인 또는 집행에 있어서는 내국중재 판정의 승인 또는 집행에 있어서 부과하는 것보다 실질적으로 엄격한 조건이나 고액의 수수료 또는 과징금을 부과하여서는 아니 된다.

제4조

1 전조에서 언급된 승인과 집행을 얻기 위하여 승인과 집행을 신청하는 당사자는 신청서에 다음의 서류를 제출하여야 한다.
   a) 정당하게 인증된 중재판정원본 또는 정당하게 증명된 그 등본
   b) 제2조에 규정된 합의의 원본 또는 정당하게 증명된 그 등본
2 전기 판정이나 합의가 원용될 국가의 공용어로 작성되어 있지 아니한 경우에는, 판정의 승인과 집행을 신청하는 당사자는 그 문서의 공용어 번역문을 제출하여야 한다. 번역문은 공적인 또는 선서한 번역관, 외교관 또는 영사관에 의하여 증명되어야 한다.

제5조

1 판정의 승인과 집행은 판정이 불리하게 원용되는 당사자의 청구에 의하여, 그 당사자가 판정의 승인 및 집행의 요구를 받은 국가의 권한 있는 기관에게 다음의 증거를 제출하는 경우에 한하여 거부될 수 있다.
   a) 제2조에 규정된 합의의 당사자가 그들에게 적용될 법률에 의하여 무능력자이었던가 또는 당사자들이 준거법으로서 지정한 법령에 의하여 또는 지정이 없는 경우에는 판정을 내린 국가의 법령에 의하여 전기 합의가 무효인 경우 또는,
   b) 판정이 불리하게 원용되는 당사자가 중재인의 선정이나 중재절차에 관하여 적절한 통고를 받지 아니하였거나 또는 기타 이유에 의하여 변론할 수 없었을 경우 또는,
   c) 판정이 중재부탁조항에 규정되어 있지 아니하거나 또는 그 조항의 범위에 속하지 아니하는 분쟁에 관한 것이거나 또는 그 판정이 중재부탁의 범위를 벗어나는 사항에 관한 규정을 포함하는 경우. 다만, 중재에 부탁한 사항에 관한 결정이 부탁하지 아니한 사항과 분리될 수 있는 경우에는 중재부탁사항에 관한 결정을 포함하는 판정의 부분은 승인되고 집행될 수 있다.
   d) 중재기관의 구성이나 중재절차가 당사자간의 합의와 합치하지 아니하거나, 또는 이러한 합의가 없는 경우에는 중재를 행하는 국가의 법령에 합치하지 아니하는 경우 또는

the law of the country where the arbitration took place; or

e) the award has not yet become binding on the parties, or has been set aside or suspended by a competent authority of the country in which, or under the law of which, that award was made.

2 Recognition and enforcement of an arbitral award may also be refused if the competent authority in the country where recognition and enforcement is sought finds that:

a) the subject matter of the difference is not capable of settlement by arbitration under the law of that country; or

b) the recognition or enforcement of the award would be contrary to the public policy of that country.

Article VI

If an application for the setting aside or suspension of the award has been made to a competent authority referred to in article V paragraph 1 (e), the authority before which the award is sought to be relied upon may, if it considers it proper, adjourn the decision on the enforcement of the award and may also, on the application of the party claiming enforcement of the award, order the other party to give suitable security.

Article VII

1 The provisions of the present Convention shall not affect the validity of multilateral or bilateral agreements concerning the recognition and enforcement of arbitral awards entered into by the Contracting States nor deprive any interested party of any right he may have to avail himself of an arbitral award in the manner and to the extent allowed by the law or the treaties of the country where such award is sought to be relied upon.

2 The Geneva Protocol on Arbitration Clauses of 1923 and the Geneva Convention of theExecution of Foreign Arbitral Awards of 1927 shall cease to have effect between Contracting States on their becoming bound and to the extent that they become bound, by this Convention.

Article VIII

1 This Convention shall be open until 31 December 1958 for signature on behalf of any Member of the United Nations and also on behalf of any other State which is or hereafter becomes a member of any specialized agency of the United Nations, or which is or hereafter becomes a party to the Statute of the International Court of Justice, or any other State to which an invitation has been addressed by the General Assembly of the United Nations.

2 This Convention shall be ratified and the instrument of ratification shall be deposited with the Secretary-General of the United Nations.

e) 판정이 당사자에 대한 구속력을 아직 발생하지 아니하였거나 또는 판정이 내려진 국가 또는 판정의 기초된 법이 속하는 국가의 권한 있는 기관에 의하여 취소 또는 정지된 경우

2 중재판정의 승인 및 집행이 요구된 국가의 권한 있는 기관이 다음의 사항을 인정하는 경우에도 중재 판정의 승인과 집행은 거부할 수 있다.

a) 분쟁의 대상인 사항이 그 국가의 법률하에서는 중재에 의한 해결을 할 수 없는 경우, 또는

b) 판정의 승인이나 집행이 그 국가의 공공의 질서에 반하는 경우

제6조

판정의 취소 또는 정지를 요구하는 신청이 제5조 제1항의 제e호에 규정된 권한 있는 기관에 제기되었을 경우에는, 판정의 원용이 요구된 기관은, 그것이 적절하다고 인정될 때에는 판정의 집행에 관한 판결을 연기할 수 있고, 또한 판정의 집행을 요구한 당사자의 신청에 의하여 타당사자에 대하여 적당한 보장을 제공할 것을 명할 수 있다.

제7조

1 이 협약의 규정은 체약국에 의하여 체결된 중재판정의 승인 및 집행에 관한 다자 또는 양자 협정의 효력에 영향을 미치지 아니하며, 또한 어떠한 관계 당사자가 중재판정의 원용이 요구된 국가의 법령이나 조약에서 인정된 방법과 한도 내에서 그 판정을 원용할 수 있는 권리를 박탈하지도 아니한다.

2 1923년 중재조항에 관한 제네바 의정서 및 1927년 외국중재판정의 집행에 관한 제네바 협약은 체약국간에 있어 이 협약에 의한 구속을 받게 되는 때부터 그 구속을 받는 한도 내에서 효력을 종료한다.

제8조

1 이 협약은 국제연합회원국, 현재 또는 장래의 국제연합 전문기구의 회원국, 현재 또는 장래의 국제사법재판소규정의 당사국, 또는 국제연합총회로부터 초청장을 받은 기타 국가의 서명을 위하여 1958년 12월 31일까지 개방된다.

2 이 협약은 비준되어야 하며 비준서는 국제연합사무국총장에게 기탁되어야 한다.

Article IX

1 This Convention shall be open for accession to all States referred to in article VIII.

2 Accession shall be effected by the deposit of an instrument of accession with the Secretary-General of the United Nations.

Article X

1 Any State may, at the time of signature, ratification or accession, declare that this Convention shall extend to all or any of the territories for the international relations of which it is responsible. Such a declaration shall take effect when the Convention enters into force for the State concerned.

2 At any time thereafter any such extension shall be made by notification addressed to the Secretary-General of the United Nations and shall take effect as from the ninetieth day after the day of receipt by the Secretary-General of the United Nations of this notification, or as from the date of entry into force of the Convention for the State concerned, whichever is the later.

3 With respect to those territories to which this Convention is not extended at the time of signature, ratification or accession, each State concerned shall consider the possibility of taking the necessary steps in order to extend the application of the Convention to such territories, subject, where necessary for constitutional reasons to the consent of the Government of such territories.

Article XI

In the case of a federal or non-unitary State, the following provisions shall apply:

a) With respect to these articles of this Convention that come within the legislative jurisdiction of the federal authority, the obligations of the federal Government shall to this extent be the same as those of Contracting States which are not federal States;

b) With respect to those articles of this Convention that come within the legislative jurisdiction of constituent states or provinces which are not, under the constitutional system of the federation, bound to take legislative action, the federal Government shall bring such articles with a favourable recommendation to the notice of the appropriate authorities of constituent states or provinces at the earliest possible moment;

c) A federal State party to this Convention shall, at the request of any other contracting State transmitted through the Secretary-General of the United Nations, supply a statement of the law and practice of the federation and its constituent units in regard to any particular provision of this Convention, showing the extent to which effect has been given to that provision by legislative or other action.

제9조

1 이 협약은 제8조에 규정된 모든 국가의 가입을 위하여 개방된다.

2 가입은 국제연합사무총장에게 가입서를 기탁함으로써 발효한다.

제10조

1 어떠한 국가든지 서명, 비준 또는 가입시에 국제관계에 있어서 책임을 지는 전부 또는 일부의 영토에 이 협약을 확대 적용할 것을 선언할 수 있다. 이러한 선언은 이 협약이 관계국가에 대하여 효력을 발생할 때 발효한다.

2 이러한 확대적용은 그 이후 어느 때든지 국제연합사무총장 앞으로 통고함으로써 행할 수 있으며, 그 효력은 국제연합사무총장이 통고를 접수한 날로부터 90일 후 또는 관계국가에 대하여 이 협약이 효력을 발생하는 날 중의 늦은 편의 일자에 발생한다.

3 서명, 비준 또는 가입시에 이 협약이 확대 적용되지 아니한 영토에 관하여는, 각 관계국가는 헌법상의 이유에 의하여 필요한 경우에는 이러한 영토의 정부의 동의를 얻을 것을 조건으로 하고, 이 협약을 이러한 영토에 확대 적용하기 위하여 조치를 취할 수 있는 가능성을 고려하여야 한다.

제11조

연방국가 또는 비단일국가의 경우에는 다음의 규정이 적용된다.

   a) 이 협약은 조항 중 연방정부의 입법 관할권 내에 속하는 것에 관하여는, 연방정부의 의무는 그 한도 내에서 연방국가 아닌 다른 체약국의 의무와 동일하여야 한다.

   b) 이 협약의 중재조항 중 주 또는 지방의 입법권의 범위 내에 있고 또한 연방의 헌법 체제하에서 입법조치를 취할 의무가 없는 것에 관여하는, 연방정부는 주 또는 지방의 관계기관에 대하여 가급적 조속히 호의적 권고를 첨부하여 이러한 조항에 대한 주의를 환기시켜야 한다.

   c) 이 협약의 당사국인 연방국가는, 국제연합 사무총장을 통하여 전달된 기타 체약국의 요청이 있을 때에는, 이 협약의 어떠한 특정 규정에 관한 연방과 그 구성단위의 법령 및 관례와 아울러 입법 또는 기타 조치에 의하여 그 규정이 실시되고 있는 범위를 표시하는 설명서를 제공하여야 한다.

Article XII

1 This Convention shall come into force on the ninetieth day following the date of deposit of the third instrument of ratification or accession.

2 For each State ratifying or acceding to this Convention after the deposit of the third instrument of ratification or accession, this Convention shall enter into force on the ninetieth day after deposit by such State of its instrument of ratification or accession.

Article XIII

1 Any Contracting State may denounce this Convention by a written notification to the Secretary-General of the United Nations. Denunciation shall take effect one year after the date of receipt of the notification by the Secretary-General.

2 Any State which has made a declaration or notification under article X may, at any time thereafter, by notification to the Secretary-General of the United Nations, declare that this Convention shall cease to extend to the territory concerned one year after the date of the receipt of the notification by the Secretary-General.

3 This Convention shall continue to be applicable to arbitral awards in respect of which recognition or enforcement proceedings have been instituted before the denunciation takes effect.

Article XIV

A Contracting State shall not be entitled to avail itself of the present Convention against other Contracting States except to the extent that it is itself bound to apply the Convention.

Article XV

The Secretary-General of the United Nations shall notify the States contemplated in article VIII of the following:

a) Signature and ratifications in accordance with article VIII;

b) Accessions in accordance with article IX;

c) Declarations and notifications under articles I, X and XI;

d) The date upon which this Convention enters into force in accordance with article XII;

e) Denunciations and notifications in accordance with article XIII.

Article XVI

1 This Convention, of which the Chinese, English, French, Russian and Spanish texts shall be equally authentic, shall be deposited in the archives of the United Nations.

2 The Secretary-General of the United Nations shall transmit a certified copy of this Convention to the States contemplated in Article VIII.

제12조

1 이 협약은 세 번째의 비준서 또는 가입서의 기탁일자로부터 90일 이후에 발효한다.
2 세 번째의 비준서 또는 가입서의 기탁일자 후에 이 협약을 비준하거나 또는 이 협약에 가입하는 국가에 대하여는 그 국가의 비준서 또는 가입서의 기탁일로부터 90일 후에 효력을 발생한다.

제13조

1 어떠한 체약국이든지 국제연합 사무총장 앞으로의 서면통고로써 이 협약을 폐기할 수 있다. 폐기는 사무총장이 통고를 접수한 일자로부터 1년 후에 발효한다.
2 제10조에 의하여 선언 또는 통고를 한 국가는, 그 후 어느 때든지 사무총장이 통고를 접수한 일자로부터 1년 후에 관계영토에 대한 확대 적용이 종결된다는 것을 선언할 수 있다.
3 폐기가 발효하기 전에 시작된 판정의 승인이나 집행절차에 관여하는 이 협약이 계속하여 적용된다.

제14조

체약국은, 타 체약국에 대하여 이 협약을 적용하여야 할 의무가 있는 범위를 제외하고는, 이 협약을 원용할 권리를 가지지 못한다.

제15조

국제연합사무총장은 제8조에 규정된 국가에 대하여 다음의 사항에 관하여 통고하여야 한다.

    a) 제8조에 의한 서명 또는 비준
    b) 제9조에 의한 가입
    c) 제1조, 제10조 및 제11조에 의한 선언 및 통고
    d) 제12조에 의하여 이 협약이 효력을 발생한 일자
    e) 제13조에 의한 폐기 및 통고

제16조

1 중국어, 영어, 러시아어 및 스페인어로 된 이 협약은 동등한 효력을 가지며 국제연합 기록 보관소에 기탁 보관되어야 한다.
2 국제연합 사무총장은 이 협약의 인증 등본을 제8조에 규정된 국가에 송부하여야 한다.

Reservation made by the Republic of Korea

By virtue of Paragraph 3 of Article I of the present Convention, the Government of the Republic of Korea declares that it will apply the Convention to the recognition and enforcement of arbitral awards made only in the territory of another Contracting State. It further declares that it will apply the Convention only to the differences arising out of legal relationships, whether contractual or not, which are considered as commercial under its national law.

한국의 유보선언

한국은 이 협약가입에 있어서 한국법상 상사관계의 분쟁에 한해서 이 협약을 적용할 것과, 내국 중재판정일지라도 그 외국이 이 협약의 체약국인 경우에 한해서 이 협약을 적용할 것을 선언하였다.

UNITED STATES

세 | 계 | 중 | 재 | 법 | 령

Federal Arbitration Act
미국 연방 중재법

03

Federal Arbitration Act

CHAPTER 1 GENERAL PROVISIONS

Section 1 "Maritime transactions" and "commerce" defined; exceptions to operation of title

"Maritime transaction", as herein defined, means charter parties, bills of lading of water carriers, agreements relating to wharfage, supplies furnished vessels or repairs to vessels, collisions, or any other matters in foreign commerce which, if the subject of controversy, would be embraced within admiralty jurisdiction; "commerce", as herein defined, means commerce among the several States or with foreign nations, or in any Territory of the United States or in the District of Columbia, or between any such Territory and another, or between any such Territory and any State or foreign nation, or between the District of Columbia and any State or Territory or foreign nation, but nothing herein contained shall apply to contracts of employment of seamen, railroad employees, or any other class of workers engaged in foreign or interstate commerce.

Section 2 Validity, irrevocability, and enforcement of agreements to arbitrate

A written provision in any maritime transaction or a contract evidencing a transaction involving commerce to settle by arbitration a controversy thereafter arising out of such contract or transaction, or the refusal to perform the whole or any part thereof, or an agreement in writing to submit to arbitration an existing controversy arising out of such a contract, transaction, or refusal, shall be valid, irrevocable, and enforceable, save upon such grounds as exist at law or in equity for the revocation of any contract.

Section 3 Stay of proceedings where issue therein referable to arbitration

If any suit or proceeding be brought in any of the courts of the United States upon any issue referable to arbitration under an agreement in writing for such arbitration, the court in which such suit is pending, upon being satisfied that the issue involved in such suit or proceeding is referable to arbitration under such an agreement, shall on application of one of the parties stay the trial of the action until such arbitration has been had in accordance with the terms of the agreement, providing the applicant for the stay is not in default in proceeding with such arbitration.

미국 연방 중재법

미국연방법전 제9편 중재

제1장 일반규정

제1조 "해사거래" 및 "상사"의 정의; 이 법의 적용제외

이 법에서 규정된 "해사거래"는 용선계약, 수상운송인의 선박증권, 부두사용, 재고선박공급 또는 선박수리에 관한 계약, 충돌 기타 분쟁대상이 해사관할에 속하는 섭외 상사에 관한 사항을 의미한다. 이 법에서 규정된 "상사"는 여러 개의 주 사이에 또는 외국과의 사이에, 미국 준주 내에서 또는 콜롬비아특구 내에서, 그 준주와 다른 준주 사이에서 또는 준주 및 다른 주 또는 외국 사이에, 콜롬비아특구 및 다른 주 또는 외국 사이에서의 상사를 의미한다. 다만 이 법에 포함된 사항은 선원이나 철도근로자 기타 섭외 내지 주 사이의 상사에 관여한 다른 부류의 근로자의 고용계약에 적용되지 아니한다.

제2조 중재합의의 효력, 취소불능 및 강제

해사거래 또는 상사에 관한 거래를 증명하는 계약에서 해당 계약이나 거래로부터 발생하는 분쟁 혹은 그 전부 또는 일부에 대한 이행거절을 중재에 의해 해결하기로 하는 서면에 의한 조항, 또는 이러한 계약, 거래 또는 이행거절에 의해 발생한 기존의 분쟁을 중재에 회부하는 서면합의는 계약의 취소에 관한 보통법 또는 형평법상 존재하는 사유가 있는 경우를 제외하고 유효하고 취소불능하며 강제력이 있다.

제3조 중재에 회부된 분쟁에 관한 소송절차의 정지

중재에 관한 서면합의에 의하여 중재에 회부된 분쟁에 관하여 미국 법원에 소가 제기되거나 절차가 진행된 경우, 그 소가 계속 중인 법원은 당해 소나 절차에 관련된 분쟁이 중재합의에 의하여 중재에 회부될 수 있는 요건을 충족한다면 일방 당사자의 신청에 따라 그 중재가 그러한 합의상의 조건에 따라 이루어지는 때까지 본안절차를 정지하여야 한다. 다만 그러한 정지신청을 한 당사자가 그 중재절차에 출석하지 아니하는 때에는 그러하지 아니하다.

Section 4　Failure to arbitrate under agreement; petition to United States court having jurisdiction for order to compel arbitration; notice and service thereof; hearing and determination

A party aggrieved by the alleged failure, neglect, or refusal of another to arbitrate under a written agreement for arbitration may petition any United States district court which, save for such agreement, would have jurisdiction under Title 28, in a civil action or in admiralty of the subject matter of a suit arising out of the controversy between the parties, for an order directing that such arbitration proceed in the manner provided for in such agreement. Five days' notice in writing of such application shall be served upon the party in default. Service thereof shall be made in the manner provided by the Federal Rules of Civil Procedure. The court shall hear the parties, and upon being satisfied that the making of the agreement for arbitration or the failure to comply therewith is not in issue, the court shall make an order directing the parties to proceed to arbitration in accordance with the terms of the agreement. The hearing and proceedings, under such agreement, shall be within the district in which the petition for an order directing such arbitration is filed. If the making of the arbitration agreement or the failure, neglect, or refusal to perform the same be in issue, the court shall proceed summarily to the trial thereof. If no jury trial be demanded by the party alleged to be in default, or if the matter in dispute is within admiralty jurisdiction, the court shall hear and determine such issue. Where such an issue is raised, the party alleged to be in default may, except in cases of admiralty, on or before the return day of the notice of application, demand a jury trial of such issue, and upon such demand the court shall make an order referring the issue or issues to a jury in the manner provided by the Federal Rules of Civil Procedure, or may specially call a jury for that purpose. If the jury find that no agreement in writing for arbitration was made or that there is no default in proceeding thereunder, the proceeding shall be dismissed. If the jury find that an agreement for arbitration was made in writing and that there is a default in proceeding thereunder, the court shall make an order summarily directing the parties to proceed with the arbitration in accordance with the terms thereof.

Section 5　Appointment of arbitrators or umpire

If in the agreement provision be made for a method of naming or appointing an arbitrator or arbitrators or an umpire, such method shall be followed; but if no method be provided therein, or if a method be provided and any party thereto shall fail to avail himself of such method, or if for any other reason there shall be a lapse in the naming of an arbitrator or arbitrators or umpire, or in filling a vacancy, then upon the application of either party to the controversy the court shall designate and appoint an arbitrator or arbitrators or umpire, as the case may require, who shall act under the said agreement with the same force and effect as if he or they had been

제4조 중재합의의 불이행; 관할을 갖는 미국법원으로의 강제중재명령의 신청; 통지 및 송달; 심리 및 결정

서면에 의한 중재합의에 기하여 중재를 행하는 것에 대한 상대방의 불이행, 무시 또는 이행거절에 의해 불이익을 받는 당사자는 당사자 사이의 분쟁으로부터 발생한 소송물에 관하여 해당 중재합의에 명시된 방법으로 중재절차를 진행하도록 하는 명령을 구하기 위하여 미국연방법전 제28편에 의하여 민사소송 또는 해사소송의 관할권을 갖는 미국지방법원에 신청할 수 있다. 5일간의 유예를 정한 서면에 의한 통지는 불이행 당사자에게 송달되어야 한다. 이 송달은 연방민사소송규칙에 규정된 방식에 의하여야 한다. 법원은 당사자를 심문하여야 하며, 중재합의의 성립 또는 당해 합의의 불이행이 다툼의 대상이 아니라고 인정되는 경우에 법원은 당사자에게 중재합의상의 조건에 따라 중재절차를 진행하도록 명하여야 한다. 그러한 중재합의에 의한 심리와 절차는 당해 중재절차를 명하는 명령을 구하는 신청서가 접수된 구역 내에서 진행되어야 한다. 중재합의의 성립 또는 불이행, 무시 내지 이행거절이 문제된 경우에 법원은 이에 관한 본안을 약식으로 진행시켜야 한다. 불이행 당사자로 주장되는 당사자가 배심심리를 구하지 아니하거나 분쟁의 대상이 해사관할에 속하는 경우에 법원은 쟁점을 심리하고 결정하여야 한다. 이러한 쟁점이 제기된 경우에 불이행 당사자로 주장되는 당사자는 해사사건을 제외하고 신청통지서의 응답기일에 또는 그 전에 해당 쟁점의 배심심리를 요청할 수 있으며 이러한 요청시 법원은 연방민사소송규칙에 규정된 방법으로 해당 쟁점을 배심심리로 회부하도록 명하거나 특별히 그 목적을 위하여 배심원을 소집할 수 있다. 배심원이 중재를 위한 서면합의가 성립되지 않았거나 서면합의에 의한 절차상 불이행이 없다고 인정한 경우에 당해 절차는 기각되어야 한다. 배심원이 중재를 위한 합의가 서면으로 이루어졌고 그에 따른 절차상 불이행이 있다고 인정하는 경우에 법원은 당사자에게 그러한 합의상의 조건에 따라 중재절차를 진행하도록 약식으로 명하여야 한다.

제5조 중재인 또는 심판관의 선정

중재합의에서 중재인 또는 심판관을 지명 또는 선정하는 방법을 정한 경우에, 그 방법에 따라야만 한다. 그러나 중재합의에 어떠한 방법도 정하지 않았거나, 중재합의에 방법을 정하고 있더라도 당사자가 그 방법을 이용하지 않는 경우, 또는 기타 이유에 의하여 중재인 또는 심판관의 지명 내지 보궐이 이루어지지 않은 경우에, 분쟁의 일방 당사자의 신청에 의하여, 법원은 사안에 따라 중재인 또는 심판관을 지정하고 선정할 수 있다. 이렇게 지정되거나 선정된 중재인 또는 심판관은 중재합의에 따라 지명된 경우와 동일한 권한을 가지고서 당해 중재합의에 따라 행위하여야 한다. 중재합의에 특별한 정함이 없는 경우에는 중재는 단독중재인에 의한다.

specifically named therein; and unless otherwise provided in the agreement the arbitration shall be by a single arbitrator.

Section 6   Application heard as motion

Any application to the court hereunder shall be made and heard in the manner provided by law for the making and hearing of motions, except as otherwise herein expressly provided.

Section 7   Witnesses before arbitrators; fees; compelling attendance

The arbitrators selected either as prescribed in this title or otherwise, or a majority of them, may summon in writing any person to attend before them or any of them as a witness and in a proper case to bring with him or them any book, record, document, or paper which may be deemed material as evidence in the case. The fees for such attendance shall be the same as the fees of witnesses before masters of the United States courts. Said summons shall issue in the name of the arbitrator or arbitrators, or a majority of them, and shall be signed by the arbitrators, or a majority of them, and shall be directed to the said person and shall be served in the same manner as subpoenas to appear and testify before the court; if any person or persons so summoned to testify shall refuse or neglect to obey said summons, upon petition the United States district court for the district in which such arbitrators, or a majority of them, are sitting may compel the attendance of such person or persons before said arbitrator or arbitrators, or punish said person or persons for contempt in the same manner provided by law for securing the attendance of witnesses or their punishment for neglect or refusal to attend in the courts of the United States.

Section 8   Proceedings begun by libel in admiralty and seizure of vessel or property

If the basis of jurisdiction be a cause of action otherwise justiciable in admiralty, then, notwithstanding anything herein to the contrary, the party claiming to be aggrieved may begin his proceeding hereunder by seizure of the vessel or other property of the other party according to the usual course of admiralty proceedings, and the court shall then have jurisdiction to direct the parties to proceed with the arbitration and shall retain jurisdiction to enter its decree upon the award.

Section 9   Award of arbitrators; confirmation; jurisdiction; procedure

If the parties in their agreement have agreed that a judgment of the court shall be entered upon the award made pursuant to the arbitration, and shall specify the court, then at any time within one year after the award is made any party to the arbitration may apply to the court so specified for an order confirming the award, and thereupon the court must grant such an order unless the award is vacated, modified, or corrected as prescribed in sections 10 and 11 of this

제6조 소송상의 신청절차 준용

이 법에 의한 법원으로의 신청은 이 법에서 달리 명시적으로 규정되어 있는 경우를 제외하고 소송상의 신청의 제출 및 그 심문에 관하여 법에 규정된 방법으로 제출되고 심문되어야 한다.

제7조 중재절차에 있어서 증인; 출석보수; 출석강제

이 법의 규정에 따르거나 기타의 방법으로 선정된 중재인들 또는 그 과반수는 서면으로 어떠한 사람을 증인으로서 자신의 면전에 출석하도록 소환할 수 있으며, 필요한 경우에는 당해 사건의 증거로서 중요하다고 인정되는 장부, 기록, 문서 또는 서류를 지참하도록 요구할 수 있다. 이러한 출석에 소요되는 보수는 미국법원의 보조판사 앞에 출석한 증인의 보수와 동일하여야 한다. 이 소환장은 중재인 전원 또는 과반수의 이름으로 발행되어야 하며, 중재인 전원 또는 과반수에 의해 서명되어야 하고, 상기된 사람에게 법원에 출석하여 증언하도록 하는 증인소환영장과 동일한 방법으로 송달되어야 한다. 이러한 방법에 의해 증언하기 위해 출석이 요구된 사람이 출석요청에 응하는 것을 거절 또는 무시한 경우에, 중재인의 전원 또는 과반수가 소재한 구역을 관할하는 미국지방법원은 신청에 의해 그 사람에 대하여 중재인의 면전에 출석하는 것을 강제하거나 증인의 출석 확보에 관한 법률이나 미국법원으로의 출석을 무시 또는 거절한 사람에 대한 처벌에 관한 법률에서 정한 것과 동일한 방법으로 그 사람에 대하여 법원 모욕에 의한 처벌을 부과할 수 있다.

제8조 해사소송의 소 제기 및 선박 또는 재산의 압류에 의한 소송절차의 개시

관할권의 기초가 본래 해사소송에 회부될 소송원인인 경우에는 이 법의 다른 규정에도 불구하고 피해를 주장하는 당사자는 해사소송의 통상의 절차에 의한 해사소송의 소 제기 및 상대방의 선박 또는 기타 재산의 압류에 의해 절차를 개시할 수 있다. 이 경우에 법원은 당사자에 대하여 중재절차를 개시하도록 명할 수 있는 권한을 가지며, 그의 명령을 중재판정에 삽입할 권한을 갖는다.

제9조 중재인의 중재판정, 확인, 관할, 절차

당사자가 중재합의에서 중재절차에 따라 내려진 중재판정에 법원의 판결을 삽입하도록 하고 그 판결에서 그 법원을 명시하도록 합의한 경우에, 중재판정이 내려진 이후 1년 내에 그 중재의 당사자는 그렇게 명시된 법원에 대하여 중재판정의 확인을 구하는 명령을 신청할 수 있고, 그러한 신청에 대하여 법원은 그 중재판정이 이 법 제10조 및 제11조에 따라 취소, 변경 또는 보정되지 않는 한 그러한 명령을 하여야 한다. 당사자 사이의 중재합의에서 법원이 명시되지 아니한 경우에 그러한 신청은 그 중재판정이 내려진 지역을 관할하는 미국연방법원에 할 수 있다. 그러한 신청에 관한 통지서는 상대방 당사자에게 송달되어야 하

title. If no court is specified in the agreement of the parties, then such application may be made to the United States court in and for the district within which such award was made. Notice of the application shall be served upon the adverse party, and thereupon the court shall have jurisdiction of such party as though he had appeared generally in the proceeding. If the adverse party is a resident of the district within which the award was made, such service shall be made upon the adverse party or his attorney as prescribed by law for service of notice of motion in an action in the same court. If the adverse party shall be a nonresident, then the notice of the application shall be served by the marshal of any district within which the adverse party may be found in like manner as other process of the court.

Section 10   Same; vacation; grounds; rehearing

(a) In any of the following cases the United States court in and for the district wherein the award was made may make an order vacating the award upon the application of any party to the arbitration

(1) Where the award was procured by corruption, fraud, or undue means.

(2) Where there was evident partiality or corruption in the arbitrators, or either of them.

(3) Where the arbitrators were guilty of misconduct in refusing to postpone the hearing, upon sufficient cause shown, or in refusing to hear evidence pertinent and material to the controversy; or of any other misbehavior by which the rights of any party have been prejudiced.

(4) Where the arbitrators exceeded their powers, or so imperfectly executed them that a mutual, final, and definite award upon the subject matter submitted was not made.

(5) Where an award is vacated and the time within which the agreement required the award to be made has not expired the court may, in its discretion, direct a rehearing by the arbitrators.

(b) The United States district court for the district wherein an award was made that was issued pursuant to section 590 of title 5 may make an order vacating the award upon the application of a person, other than a party to the arbitration, who is adversely affected or aggrieved by the award, if the use of arbitration or the award is clearly inconsistent with the factors set forth in section 582 of Title 5.

Section 11   Same; modification or correction; grounds; order

In either of the following cases the United States court in and for the district wherein the award was made may make an order modifying or correcting the award upon the application of any party to the arbitration

(a) Where there was an evident material miscalculation of figures or an evident material mistake in the description of any person, thing, or property referred to in the award.

며, 그러한 송달이 이루어지면 법원은 상대방 당사자가 일반적으로 절차에 출석한 것과 같이 그 당사자에 대하여 관할을 갖는다. 상대방 당사자가 중재판정이 내려진 지역의 주민인 경우에 그 송달은 동일 법원에 이루어진 소 제기에 관한 통지서의 송달에 관한 법률에 규정된 대로 상대방 당사자 또는 그의 대리인에게 하여야 한다. 상대방 당사자가 주민이 아닌 경우에는 해당 신청에 관한 통지서는 상대방 당사자가 소재하는 지역을 관할하는 집행관에 의해 법원의 다른 절차와 같은 방법으로 송달되어야 한다.

제10조 중재판정의 취소, 취소사유, 재심리

(a) 다음과 같은 사유가 있는 경우에는 중재판정이 내려진 지역을 관할하는 연방법원은 중재의 당사자의 신청에 따라 중재판정의 취소를 명할 수 있다.

(1) 중재판정이 부패, 사기 또는 부정한 수단에 의해 획득된 경우

(2) 중재인 전원 또는 그 일부에 명백한 불공정 또는 부패가 있었던 경우

(3) 중재인이 심리의 연기에 대하여 충분한 이유가 제시되었음에도 불구하고 이를 부당하게 거부하거나, 다툼이 있는 사항에 관하여 적절하고 중요한 증거를 심리하기를 부당하게 거부하거나 기타 당사자의 권리를 해하는 부정한 행위를 한 경우

(4) 중재인이 권한을 유월하거나 그 권한을 불완전하게 행사하여 부탁받은 중재의 본안에 대하여 상호적·종국적·확정적인 중재판정이 내려지지 아니한 경우

(5) 중재판정이 취소되고 중재합의에서 정한 중재판정의 시한이 아직 만료되지 않은 경우에 법원은 재량으로 같은 중재인에 의한 재심리를 명할 수 있다.

(b) 제5편 제590조에 따라 중재판정이 내려진 지역을 관할하는 연방법원은 중재의 이용이나 중재판정이 제5편 제592조에 열거된 요소와 명백히 저촉이 있는 경우에 중재의 당사자 이외의 중재판정에 의하여 불리하게 영향을 받거나 피해를 받은 자의 신청에 의해 중재판정의 취소를 명할 수 있다.

제11조 중재판정의 변경 또는 보정, 이유, 명령

다음 사항 중 어느 하나에 해당하는 경우에 중재판정이 내려진 지역을 관할하는 연방법원은 중재의 당사자의 신청에 따라 중재판정의 변경 또는 보정을 명할 수 있다.

(a) 숫자에 관한 명백하고 중대한 계산실수 또는 중재판정에 기재된 인물, 사물, 재산에 관한 기술에 명백하고 중대한 오류가 있는 경우

(b) Where the arbitrators have awarded upon a matter not submitted to them, unless it is a matter not affecting the merits of the decision upon the matter submitted.

(c) Where the award is imperfect in matter of form not affecting the merits of the controversy.

The order may modify and correct the award, so as to effect the intent thereof and promote justice between the parties.

Section 12　Notice of motions to vacate or modify; service; stay of proceedings

Notice of a motion to vacate, modify, or correct an award must be served upon the adverse party or his attorney within three months after the award is filed or delivered. If the adverse party is a resident of the district within which the award was made, such service shall be made upon the adverse party or his attorney as prescribed by law for service of notice of motion in an action in the same court. If the adverse party shall be a nonresident then the notice of the application shall be served by the marshal of any district within which the adverse party may be found in like manner as other process of the court. For the purposes of the motion any judge who might make an order to stay the proceedings in an action brought in the same court may make an order, to be served with the notice of motion, staying the proceedings of the adverse party to enforce the award.

Section 13　Papers filed with order on motions; judgment; docketing; force and effect; enforcement

The party moving for an order confirming, modifying, or correcting an award shall, at the time such order is filed with the clerk for the entry of judgment thereon, also file the following papers with the clerk:

(a) The agreement; the selection or appointment, if any, of an additional arbitrator or umpire; and each written extension of the time, if any, within which to make the award.

(b) The award.

(c) Each notice, affidavit, or other paper used upon an application to confirm, modify, or correct the award, and a copy of each order of the court upon such an application.

The judgment shall be docketed as if it was rendered in an action.

The judgment so entered shall have the same force and effect, in all respects, as, and be subject to all the provisions of law relating to, a judgment in an action; and it may be enforced as if it had been rendered in an action in the court in which it is entered.

Section 14　Contracts not affected

This title shall not apply to contracts made prior to January 1, 1926.

(b) 중재인이 중재에 회부되지 아니한 사항에 관하여 중재판정을 내린 경우, 다만 그것이 중재에 회부된 사항에 관한 본안의 결정에 영향을 미치지 아니하는 경우에는 그러하지 아니한다.

(c) 중재판정이 분쟁의 본안에 영향을 미치지 아니하는 형식적 사항에 있어서 불완전한 경우

그러한 명령은 중재판정의 의도를 살리기 위하여 그리고 당사자 사이에 정의를 촉진하기 위하여 그 중재판정을 변경 및 보정할 수 있다.

제12조 중재판정의 취소 또는 변경의 신청에 관한 통지, 송달, 절차의 정지

중재판정의 취소, 변경 또는 보정 신청에 관한 통지는 중재판정의 등록 또는 송달 후 3개월 이내에 상대방 당사자 또는 그 대리인에게 송달되어야 한다. 상대방 당사자가 중재판정이 내려진 지역의 주민인 경우에 그 송달은 동일 법원에 이루어진 소 제기에 관한 통지서의 송달에 관한 법률에 규정된 대로 상대방 당사자 또는 그 대리인에게 하여야 한다. 상대방 당사자가 주민이 아닌 경우에는 해당 신청에 관한 통지서는 상대방 당사자가 소재하는 지역을 관할하는 집행관에 의해 법원의 다른 절차와 같은 방법으로 송달되어야 한다. 이러한 신청에 관하여, 동일 법원에 제기된 소에서 절차의 정지를 명할 수 있는 판사는, 그러한 신청의 통지서와 함께 송달되어야 하는 명령으로서, 중재판정의 집행을 구하는 상대방 당사자의 절차를 정지하는 명령을 내릴 수 있다.

제13조 신청에 관한 명령으로 제출된 서류, 판결, 사건기록의 등록, 효력, 집행

중재판정을 확인, 변경 또는 보정하는 명령을 신청하는 당사자는 그 명령이 판결의 등록을 위해 법원사무관에게 제출된 때에 다음과 같은 서류를 법원사무관에게 제출하여야 한다.

(a) 중재합의서, 추가적인 중재인 또는 심판관의 선정 또는 임명이 있는 때에는 그에 관한 서류 그리고 중재판정의 시한을 연장하는 서류가 있는 때에는 그 각각의 서류

(b) 중재판정서

(c) 중재판정의 확인, 변경 또는 보정의 신청을 위하여 사용된 통지서, 선서진술서 또는 그 밖의 서류 그리고 해당 신청에 관하여 법원이 내린 각각의 명령서의 부본

해당 판결은 소송절차에서 내려진 것과 같이 사건기록에 등록되어야 한다.

그렇게 등록된 판결은 모든 측면에서 소송상의 판결과 동일한 효력을 가지며 소송상의 판결에 관한 법률규정의 적용을 받는다. 그렇게 등록된 판결은 그 법원이 소송상 내린 것과 같이 집행될 수 있다.

제14조 동법의 적용을 받지 않는 계약

이 법은 1926년 1월 1일 전에 체결된 계약에는 적용되지 아니한다.

Section 15 Inapplicability of the Act of State doctrine

Enforcement of arbitral agreements, confirmation of arbitral awards, and execution upon judgments based on orders confirming such awards shall not be refused on the basis of the Act of State doctrine.

Section 16 Appeals

(a) An appeal may be taken from

(1) an order

(A) refusing a stay of any action under section 3 of this title,

(B) denying a petition under section 4 of this title to order arbitration to proceed,

(C) denying an application under section 206 of this title to compel arbitration,

(D) confirming or denying confirmation of an award or partial award, or

(E) modifying, correcting, or vacating an award;

(2) an interlocutory order granting, continuing, or modifying an injunction against an arbitration that is subject to this title; or

(3) a final decision with respect to an arbitration that is subject to this title.

(b) Except as otherwise provided in section 1292 (b) of title 28, an appeal may not be taken from an interlocutory order

(1) granting a stay of any action under section 3 of this title;

(2) directing arbitration to proceed under section 4 of this title;

(3) compelling arbitration under section 206 of this title; or

(4) refusing to enjoin an arbitration that is subject to this title.

CHAPTER 2   CONVENTION ON THE RECOGNITION AND ENFORCEMENT OF FOREIGN ARBITRAL AWARDS

Section 201 Enforcement of Convention

The Convention on the Recognition and Enforcement of Foreign Arbitral Awards of June 10, 1958, shall be enforced in United States courts in accordance with this chapter.

Section 202 Agreement or award falling under the Convention

An arbitration agreement or arbitral award arising out of a legal relationship, whether contractual or not, which is considered as commercial, including a transaction, contract, or agreement described in section 2 of this title, falls under the Convention. An agreement or award arising out of such a relationship which is entirely between citizens of the United States shall be deemed not to fall under the Convention unless that relationship involves property

제15조 주권행위 원칙의 부적용

중재합의의 강제, 중재판정의 확인 그리고 중재판정을 확인하는 명령에 기초한 판결에 의한 집행은 주권행위 원칙에 기초하여 거부되어서는 아니 된다.

제16조 상소

(a) 다음과 같은 경우에는 상소를 할 수 있다.

    (1) 법원의 명령

        (A) 이 법 제3조에 의한 소송의 정지를 거부하는 경우

        (B) 이 법 제4조에 기하여 중재강제명령의 신청을 기각하는 경우

        (C) 이 법 제206조에 기하여 중재강제명령의 신청을 기각하는 경우

        (D) 중재판정의 전부 또는 일부를 확인하는 경우 또는 확인을 거부하는 경우

        (E) 중재판정을 변경, 경정 또는 취소하는 경우

    (2) 이 법의 적용을 받는 중재절차에 대한 금지명령을 인용, 속행 또는 변경하는 중간적 명령

    (3) 이 법의 적용을 받는 중재절차에 관한 종국적인 법원의 판결

(b) 제28편 제1292조 제b항에 특별한 규정이 있는 경우를 제외하고, 다음과 같은 중간적 명령에 대하여는 상소를 할 수 없다.

    (1) 이 법 제3조에 의한 소송의 정지를 인용하는 경우

    (2) 이 법 제4조에 기하여 중재절차의 진행을 명하는 경우

    (3) 이 법 제206조에 기하여 중재절차를 강제하는 경우

    (4) 이 법의 적용을 받는 중재절차의 금지를 거부하는 경우

제2장   외국중재판정의 승인 및 집행에 관한 협약

제201조 협약의 시행

1958년 6월 10일의 외국중재판정의 승인 및 집행에 관한 협약은 이 장에 따라 미합중국 내에서 시행된다.

제202조 협약의 적용을 받는 중재합의 또는 중재판정

거래, 계약 또는 이 법의 제2조에 명시된 합의를 포함하여 그것이 계약에 의한 것인지를 불문하고 상사적으로 보이는 법률관계에서 비롯하는 중재합의 또는 중재판정은 이 협약의 적용을 받는다. 오직 미국 시민 사이의 법률관계에서 비롯하는 중재합의 또는 중재판정은 그 관계가 외국에 소재한 재산에 관련되는 경우, 외국에서 이행이나 집행이 예상되는 경우

located abroad, envisages performance or enforcement abroad, or has some other reasonable relation with one or more foreign states. For the purpose of this section a corporation is a citizen of the United States if it is incorporated or has its principal place of business in the United States.

Section 203 Jurisdiction; amount in controversy

An action or proceeding falling under the Convention shall be deemed to arise under the laws and treaties of the United States. The district courts of the United States (including the courts enumerated in section 460 of Title 28) shall have original jurisdiction over such an action or proceeding, regardless of the amount in controversy.

Section 204 Venue

An action or proceeding over which the district courts have jurisdiction pursuant to section 203 of this title may be brought in any such court in which save for the arbitration agreement an action or proceeding with respect to the controversy between the parties could be brought, or in such court for the district and division which embraces the place designated in the agreement as the place of arbitration if such place is within the United States.

Section 205 Removal of cases from State courts

Where the subject matter of an action or proceeding pending in a State court relates to an arbitration agreement or award falling under the Convention, the defendant or the defendants may, at any time before the trial thereof, remove such action or proceeding to the district court of the United States for the district and division embracing the place where the action or proceeding is pending. The procedure for removal of causes otherwise provided by law shall apply, except that the ground for removal provided in this section need not appear on the face of the complaint but may be shown in the petition for removal. For the purposes of Chapter 1 of this title any action or proceeding removed under this section shall be deemed to have been brought in the district court to which it is removed.

Section 206 Order to compel arbitration; appointment of arbitrators

A court having jurisdiction under this chapter may direct that arbitration be held in accordance with the agreement at any place therein provided for, whether that place is within or without the United States. Such court may also appoint arbitrators in accordance with the provisions of the agreement.

Section 207 Award of arbitrators; confirmation; jurisdiction; proceeding

Within three years after an arbitral award falling under the Convention is made, any party to the arbitration may apply to any court having jurisdiction under this chapter for an order confirming the award as against any other party to the arbitration. The court shall confirm the award unless

또는 하나 이상의 외국과 다른 합리적 관련성이 있는 경우가 아닌 한 이 협약의 적용을 받지 아니한다. 본조에서, 회사는 미국 내에 설립되었거나 주된 영업소를 둔 경우에 미국의 시민이 된다.

제203조 재판관할; 분쟁금액

협약의 적용을 받는 소송 또는 절차는 미국의 법률 및 조약에 따라 제기된 것으로 간주된다. 미국 연방지방법원(제28편 제460조에 열거된 법원을 포함한다)은 분쟁금액을 불문하고 그러한 소송 또는 절차에 관하여 제1심의 재판관할을 갖는다.

제204조 재판적

이 법 제203조에 따라 연방지방법원이 재판관할을 갖는 소송 또는 절차는 중재합의를 제외하고 당사자 사이에 분쟁에 관한 소송이나 절차에 대하여 관할을 갖는 법원이나 만약 중재지가 미국이라면 중재합의에서 중재지로 지정된 장소를 관할하는 법원에 제기될 수 있다.

제205조 주법원으로부터 사건의 이송

주법원에 계속 중인 소송 또는 절차상의 본안이 이 협약의 적용을 받는 중재합의 또는 중재판정과 관련이 있는 경우, 피고는 그에 관한 본안심리 전에 그 소송이나 절차가 계속 중인 장소를 관할하는 지역의 연방지방법원으로 소송 또는 절차를 이송하도록 할 수 있다. 본조에 규정된 이송사유가 소장에 기재되어야 하는 것은 아니고 단지 이송신청서에 적시되기만 하면 되는 경우를 제외하고 이송절차에 대해서는 다른 법에서 규정하는 절차가 적용된다. 이 법 제1장에서, 본조에 따라 이송되는 소송이나 절차는 이송을 받는 연방지방법원에 제기되었던 것으로 간주된다.

제206조 강제중재명령; 중재인의 선정

이 장에 따라 관할을 갖는 법원은 중재합의에 정한 중재지가 미국 내에 있는지 외에 있는지를 불문하고 중재절차가 그 중재합의에 정한 중재지에서 중재합의에 따라 진행되도록 명할 수 있다. 그러한 법원은 중재합의의 규정에 따라 중재인을 선정할 수도 있다.

제207조 중재인의 중재판정; 확인; 관할; 절차

협약의 적용을 받는 중재판정이 내려진 후 3년 내에 그 중재판정의 당사자는 이 장에 의해 관할을 갖는 법원에 중재의 상대방 당사자에 대하여 중재판정을 확인하는 명령을 신청할 수 있다. 법원은 협약에 열거된 중재판정의 승인 또는 집행의 거부 또는 정지의 이유가 없는 한 그 중재판정을 확인하여야 한다.

it finds one of the grounds for refusal or deferral of recognition or enforcement of the award specified in the said Convention

Section 208   Chapter 1; residual application

Chapter 1 applies to actions and proceedings brought under this chapter to the extent that chapter is not in conflict with this chapter or the Convention as ratified by the United States.

INTER-AMERICAN CONVENTION ON INTERNATIONAL COMMERCIAL ARBITRATION

Section 301   Enforcement of Convention

The Inter-American Convention on International Commercial Arbitration of January 30, 1975, shall be enforced in United States courts in accordance with this chapter.

Section 302   Incorporation by reference

Sections 202, 203, 204, 205, and 207 of this title shall apply to this chapter as if specifically set forth herein, except that for the purposes of this chapter "the Convention" shall mean the Inter-American Convention.

Section 303   Order to compel arbitration; appointment of arbitrators; locale

(a) A court having jurisdiction under this chapter may direct that arbitration be held in accordance with the agreement at any place therein provided for, whether that place is within or without the United States. The court may also appoint arbitrators in accordance with the provisions of the agreement.

(b) In the event the agreement does not make provision for the place of arbitration or the appointment of arbitrators, the court shall direct that the arbitration shall be held and the arbitrators be appointed in accordance with Article 3 of the Inter-American Convention.

Section 304   Recognition and enforcement of foreign arbitral decisions and awards; reciprocity

Arbitral decisions or awards made in the territory of a foreign State shall, on the basis of reciprocity, be recognized and enforced under this chapter only if that State has ratified or acceded to the Inter-American Convention.

제208조　제1장; 부칙

제1장은 이 장 또는 미국이 비준한 이 협약에 반하지 않는 한도 내에서 이 장에 따라 제기된 소송과 절차에 적용된다.

제3장　국제상사중재에 관한 미주간 협약

제301조　협약의 시행

1975년 1월 30일의 국제상사중재에 관한 미주간 협약은 이 장에 따라 미국법원에서 시행된다.

제302조　관련조문의 편입

이 법 제202조, 제203조, 제204조, 제205조 및 제207조는 이 장에서 "협약"은 위의 미주간 협약을 의미한다는 점을 제외하고는 마치 이 장에 명시적으로 규정된 것과 같이 적용된다.

제303조　강제중재명령; 중재인의 선정, 중재지

(a) 이 장에 따라 관할을 갖는 법원은 중재합의에 정한 중재지가 미국 내에 있는지 외에 있는지를 불문하고 중재절차가 그 중재합의에 정한 중재지에서 중재합의에 따라 진행되도록 명할 수 있다. 그 법원은 중재합의의 규정에 따라 중재인을 선정할 수도 있다.

(b) 중재합의에서 중재지나 중재인의 선정에 관하여 규정하지 아니하는 경우에, 법원은 미주 협약 제3조에 따라 중재가 진행되고 중재인이 선임되도록 명하여야 한다.

제304조　외국중재결정과 중재판정의 승인 및 집행; 상호주의

외국의 영토에서 내려진 중재결정 또는 중재판정은 상호주의에 기초하여 그 국가가 미주간 협약을 비준하거나 그에 가입한 경우에 한하여 이 장에 따라 승인되고 집행된다.

Section 305 Relationship between the Inter-American Convention and the Convention on the Recognition and Enforcement of Foreign Arbitral Awards of June 10, 1958

When the requirements for application of both the Inter-American Convention and the Convention on the Recognition and Enforcement of Foreign Arbitral Awards of June 10, 1958, are met, determination as to which Convention applies shall, unless otherwise expressly agreed, be made as follows:

(1) If a majority of the parties to the arbitration agreement are citizens of a State or States that have ratified or acceded to the Inter-American Convention and are member States of the Organization of American States, the Inter-American Convention shall apply.

(2) In all other cases the Convention on the Recognition and Enforcement of Foreign Arbitral Awards of June 10, 1958, shall apply.

Section 306 Applicable rules of Inter-American Commercial Arbitration Commission

(a) For the purposes of this chapter the rules of procedure of the Inter-American Commercial Arbitration Commission referred to in Article 3 of the Inter-American Convention shall, subject to subsection (b) of this section, be those rules as promulgated by the Commission on July 1, 1988.

(b) In the event the rules of procedure of the Inter-American Commercial Arbitration Commission are modified or amended in accordance with the procedures for amendment of the rules of that Commission, the Secretary of State, by regulation in accordance with section 553 of Title 5, consistent with the aims and purposes of this Convention, may prescribe that such modifications or amendments shall be effective for purposes of this chapter.

Section 307 Chapter 1; residual application

Chapter 1 applies to actions and proceedings brought under this chapter to the extent chapter 1 is not in conflict with this chapter or the Inter-American Convention as ratified by the United States.

제305조 미주간 협약과 1958년 6월 10일 외국중재판정의 승인 및 집행에 관한 협약의 관계

미주간 협약 및 1958년 6월 10일 외국중재판정의 승인 및 집행에 관한 협약의 적용요건이 모두 충족된 경우에, 어느 협약이 적용되는지는 달리 명시적으로 합의되지 아니하는 한 다음과 같이 결정된다.

(1) 중재합의 당사자의 과반수가 미주간 협약을 비준하거나 그에 가입한 국가이고 또한 미주국가기구의 가맹국인 국가의 국민인 경우에 미주간 협약이 적용된다.

(2) 그 밖의 모든 경우에는 1958년 6월 10일 외국중재판정의 승인 및 집행에 관한 협약이 적용된다.

제306조 미주간상사중재위원회의 적용 규칙

(a) 이 장에서, 미주간 협약 제3조에 지칭된 미주간상사중재위원회의 절차규칙은 본조 제b항의 제한하에 1988년 7월 1일에 동 위원회에 의하여 제정된 규칙을 말한다.

(b) 미주간상사중재위원회의 절차규칙이 동 위원회의 규칙개정에 관한 절차에 따라 변경되거나 개정된 경우에, 이 협약의 목적에 부합하도록 국무장관은 제5편 제553조에 따른 규정으로써 그러한 변경 또는 개정이 이 장에서 효력을 갖도록 규정할 수 있다.

제307조 제1장; 부칙

제1장은 이 장 또는 미국이 비준한 이 협약에 반하지 않는 한도 내에서 이 장에 따라 제기된 소송과 절차에 적용된다.

UNITED KINGDOM

| 세 | 계 | 중 | 재 | 법 | 령 |

ARBITRATION ACT 1996

1996년 영국 중재법

04

ARBITRATION ACT 1996

PART I ARBITRATION PURSUANT TO AN ARBITRATION AGREEMENT

Introductory

1 General principles

The provisions of this Part are founded on the following principles, and shall be construed accordingly

(a) the object of arbitration is to obtain the fair resolution of disputes by an impartial tribunal without unnecessary delay or expense;

(b) the parties should be free to agree how their disputes are resolved, subject only to such safeguards as are necessary in the public interest;

(c) in matters governed by this Part the court should not intervene except as provided by this Part.

2 Scope of application of provisions

(1) The provisions of this Part apply where the seat of the arbitration is in England and Wales or Northern Ireland.

(2) The following sections apply even if the seat of the arbitration is outside England and Wales or Northern Ireland or no seat has been designated or determined

(a) sections 9 to 11 (stay of legal proceedings, &c.), and

(b) section 66 (enforcement of arbitral awards).

(3) The powers conferred by the following sections apply even if the seat of the arbitration is outside England and Wales or Northern Ireland or no seat has been designated or determined

(a) section 43 (securing the attendance of witnesses), and

(b) section 44 (court powers exercisable in support of arbitral proceedings);

but the court may refuse to exercise any such power if, in the opinion of the court, the fact that the seat of the arbitration is outside England and Wales or Northern Ireland, or that when designated or determined the seat is likely to be outside England and Wales or Northern Ireland, makes it inappropriate to do so.

1996년 영국 중재법

제1장 **중재합의에 따른 중재**

모두규정

제1조 일반원칙

이 장의 규정은 다음의 원칙에 근거하며 그에 따라 해석되어야 한다.

(a) 중재는 불필요한 지연이나 비용 없이 중립적인 판정부에 의한 분쟁의 신속한 해결을 그 목적으로 한다.

(b) 당사자들은 공서를 위배하지 않는 범위 내에서 분쟁해결방식에 대해 자유롭게 합의할 수 있다.

(c) 법원은 이 장에서 정한 경우를 제외하고는 이 장이 규율하는 사항에 관여할 수 없다.

제2조 적용범위

(1) 이 장의 규정은 중재지가 영국, 웨일즈(Wales) 또는 북아일랜드(Northern Ireland)인 경우에 적용된다.

(2) 다만 다음의 규정은 중재지가 영국, 웨일즈 또는 북아일랜드 이외의 곳이거나 중재지가 결정되지 아니한 경우에도 적용된다.

    (a) 제9조 내지 제11조(소송절차의 중지 등), 그리고

    (b) 제66조(중재판정의 집행)

(3) 다음의 규정에 따라 부여된 권한은 중재지가 영국, 웨일즈 또는 북아일랜드 이외의 곳이거나 중재지가 결정되지 아니한 경우에도 적용된다.

    (a) 제43조(증인의 출석 강제), 그리고

    (b) 제44조(중재절차의 협조를 위한 법원의 권한)

    그러나 법원은 중재지가 영국, 웨일즈 또는 북아일랜드 이외의 곳이거나 그러한 가능성을 이유로 위 권한을 행사하는 것이 적절치 않다고 판단하는 경우에는 이를 거부할 수 있다.

(4) The court may exercise a power conferred by any provision of this Part not mentioned in subsection (2) or (3) for the purpose of supporting the arbitral process where

(a) no seat of the arbitration has been designated or determined, and

(b) by reason of a connection with England and Wales or Northern Ireland the court is satisfied that it is appropriate to do so.

(5) Section 7 (separability of arbitration agreement) and section 8 (death of a party) apply where the law applicable to the arbitration agreement is the law of England and Wales or Northern Ireland even if the seat of the arbitration is outside England and Wales or Northern Ireland or has not been designated or determined.

3 The seat of the arbitration

In this Part "the seat of the arbitration" means the juridical seat of the arbitration designated.

(a) by the parties to the arbitration agreement, or

(b) by any arbitral or other institution or person vested by the parties with powers in that regard, or

(c) by the arbitral tribunal if so authorised by the parties,

or determined, in the absence of any such designation, having regard to the parties' agreement and all the relevant circumstances.

4 Mandatory and non-mandatory provisions

(1) The mandatory provisions of this Part are listed in Schedule 1 and have effect notwithstanding any agreement to the contrary.

(2) The other provisions of this Part (the "non-mandatory provisions") allow the parties to make their own arrangements by agreement but provide rules which apply in the absence of such agreement.

(3) The parties may make such arrangements by agreeing to the application of institutional rules or providing any other means by which a matter may be decided.

(4) It is immaterial whether or not the law applicable to the parties' agreement is the law of England and Wales or, as the case may be, Northern Ireland.

(5) The choice of a law other than the law of England and Wales or Northern Ireland as the applicable law in respect of a matter provided for by a non-mandatory provision of this Part is equivalent to an agreement making provision about that matter.

For this purpose an applicable law determined in accordance with the parties' agreement, or which is objectively determined in the absence of any express or implied choice, shall be treated as chosen by the parties.

(4) 법원은 다음 각호의 경우에는 중재절차의 협조를 위하여 위 제2항이나 제3항에서 규정하지 않은 권한도 행사할 수 있다.

    (a) 중재지가 결정되지 아니한 경우

    (b) 영국, 웨일즈 또는 북아일랜드와의 관계를 이유로 적절하다고 판단되는 경우

(5) 제7조(중재합의의 독립성)와 제8조(당사자의 사망)는 비록 중재지가 영국, 웨일즈 또는 북아일랜드 이외의 곳이거나 중재지가 결정되지 아니한 경우라도 중재합의에 적용될 준거법이 영국, 웨일즈 또는 북아일랜드의 법인 경우에는 적용된다.

제3조　중재지

이 장에서 '중재지' 라 함은 다음에 의해 지정된 법률상의 중재지를 의미한다.

(a) 중재합의의 당사자가 지정한 장소, 또는

(b) 중재지에 관하여 당사자로부터 권한을 위임받은 중재기관, 기타 기관 또는 제3자가 지정한 장소, 또는

(c) 중재지 지정에 관한 당사자의 위임이 있는 경우에 중재판정부가 지정한 장소

위와 같은 지정이 없는 경우에는 당사자의 합의와 모든 관련 사정을 고려하여 결정되는 장소를 의미한다.

제4조　강행규정과 임의규정

(1) 이 장의 강행규정은 부속서 1에 명시되어 있으며 이에 반하는 당사자의 합의와 관계없이 효력을 갖는다.

(2) 이 장의 다른 조항(임의규정)은 당사자간의 합의로 절차 관련 규정을 정하는 것을 허용하며, 그러한 합의가 없는 경우 중재절차에 적용될 규칙이 된다.

(3) 당사자는 특정 기관의 규칙 적용에 합의함으로써, 또는 다른 분쟁해결방법을 규정함으로써 그러한 합의를 할 수 있다.

(4) 당사자간의 합의에 적용될 준거법이 영국법, 웨일즈법 또는 북아일랜드법인지 여부는 묻지 않는다.

(5) 이 장에서 임의규정으로 규정된 사안에 대하여 준거법으로 영국, 웨일즈 또는 북아일랜드의 법을 선택한 경우에는 당해 사안에 관하여 그러한 법을 준거법으로 합의한 것으로 본다.

본조에서 당사자의 합의에 의해 결정된 준거법, 또는 당사자간의 명시적 · 묵시적 선택 없이 객관적으로 결정된 준거법은 당사자가 이를 선택한 것으로 간주한다.

5 Agreements to be in writing

(1) The provisions of this Part apply only where the arbitration agreement is in writing, and any other agreement between the parties as to any matter is effective for the purposes of this Part only if in writing.

The expressions "agreement", "agree" and "agreed" shall be construed accordingly.

(2) There is an agreement in writing

(a) if the agreement is made in writing (whether or not it is signed by the parties),

(b) if the agreement is made by exchange of communications in writing, or

(c) if the agreement is evidenced in writing.

(3) Where parties agree otherwise than in writing by reference to terms which are in writing, they make an agreement in writing.

(4) An agreement is evidenced in writing if an agreement made otherwise than in writing is recorded by one of the parties, or by a third party, with the authority of the parties to the agreement.

(5) An exchange of written submissions in arbitral or legal proceedings in which the existence of an agreement otherwise than in writing is alleged by one party against another party and not denied by the other party in his response constitutes as between those parties an agreement in writing to the effect alleged.

(6) References in this Part to anything being written or in writing include its being recorded by any means.

The arbitration agreement

6 Definition of arbitration agreement

(1) In this Part an "arbitration agreement" means an agreement to submit to arbitration present or future disputes (whether they are contractual or not).

(2) The reference in an agreement to a written form of arbitration clause or to a document containing an arbitration clause constitutes an arbitration agreement if the reference is such as to make that clause part of the agreement.

7 Separability of arbitration agreement

Unless otherwise agreed by the parties, an arbitration agreement which forms or was intended to form part of another agreement (whether or not in writing) shall not be regarded as invalid, non-existent or ineffective because that other agreement is invalid, or did not come into existence or has become ineffective, and it shall for that purpose be treated as a distinct agreement.

제5조 서면합의

(1) 이 장의 규정은 중재합의가 서면인 경우에 적용되며 당사자간의 기타 모든 합의는 서면인 경우에 한하여 효력을 갖는다.
'합의', '합의하다', '합의된' 등의 용어는 그에 따라 해석되어야 한다.

(2) 다음의 경우 서면 합의가 있는 것으로 본다.
   (a) 중재합의서가 서면으로 작성된 경우(당사자의 서명 여부는 묻지 않는다)
   (b) 중재합의가 당사자간에 교환된 서신에 포함되어 있거나, 또는
   (c) 중재합의의 사실을 서면으로 입증할 수 있는 경우

(3) 당사자가 서면으로 된 계약조건의 인용을 통하여 서면 이외의 합의를 한 경우에는 서면합의를 한 것으로 본다.

(4) 서면이 아닌 합의가 당사자 일방에 의해 또는 당해 합의에 관한 권한을 위임받은 제3자에 의해 기록으로 남겨진 경우, 이는 서면 입증이 가능한 합의로 간주된다.

(5) 중재 또는 소송절차상 준비서면 등의 교환과정에서 일방당사자가 서면이 아닌 합의의 존재를 주장하고 상대당사자가 이를 부인하지 않는 경우 이는 유효한 서면합의를 구성한다.

(6) 이 장에서 서면으로 이루어진 것이라 함은 여하한 방법으로 기록된 모든 것을 포함한다.

중재합의

제6조 중재합의의 정의

(1) 이 장에서 '중재합의'라 함은 현재 또는 장래의 분쟁(계약상의 분쟁인지 여부에 관계없이)을 중재에 회부키로 하는 합의를 말한다.

(2) 계약상 서면 중재조항에 대한 또는 중재조항을 포함한 문서에 대한 인용이 있고 그러한 중재조항이 계약의 일부를 구성하는 경우 이는 중재합의를 이룬다.

제7조 중재합의의 분리가능성

당사자간 다른 합의가 없는 한, 다른 계약(서면계약인지 여부에 관계없이)의 일부를 구성하는 중재합의는 이 계약이 무효이거나 존재하지 않았거나 아직 효력이 발생하지 않았음을 이유로 무효, 부존재 또는 효력이 발생하지 않는 것으로 간주되어서는 아니 되며, 별도의 독립된 합의(계약)로 간주된다.

8 Whether agreement discharged by death of a party

(1) Unless otherwise agreed by the parties, an arbitration agreement is not discharged by the death of a party and may be enforced by or against the personal representatives of that party.

(2) Subsection (1) does not affect the operation of any enactment or rule of law by virtue of which a substantive right or obligation is extinguished by death.

Stay of legal proceedings

9 Stay of legal proceedings

(1) A party to an arbitration agreement against whom legal proceedings are brought (whether by way of claim or counterclaim) in respect of a matter which under the agreement is to be referred to arbitration may (upon notice to the other parties to the proceedings) apply to the court in which the proceedings have been brought to stay the proceedings so far as they concern that matter.

(2) An application may be made notwithstanding that the matter is to be referred to arbitration only after the exhaustion of other dispute resolution procedures.

(3) An application may not be made by a person before taking the appropriate procedural step (if any) to acknowledge the legal proceedings against him or after he has taken any step in those proceedings to answer the substantive claim.

(4) On an application under this section the court shall grant a stay unless satisfied that the arbitration agreement is null and void, inoperative, or incapable of being performed.

(5) If the court refuses to stay the legal proceedings, any provision that an award is a condition precedent to the bringing of legal proceedings in respect of any matter is of no effect in relation to those proceedings.

10 Reference of interpleader issue to arbitration

(1) Where in legal proceedings relief by way of interpleader is granted and any issue between the claimants is one in respect of which there is an arbitration agreement between them, the court granting the relief shall direct that the issue be determined in accordance with the agreement unless the circumstances are such that proceedings brought by a claimant in respect of the matter would not be stayed.

(2) Where subsection (1) applies but the court does not direct that the issue be determined in accordance with the arbitration agreement, any provision that an award is a condition precedent to the bringing of legal proceedings in respect of any matter shall not affect the determination of that issue by the court.

제8조   당사자의 사망으로 인한 중재합의의 효력상실 여부

(1) 당사자간 다른 합의가 없는 한, 중재합의는 당사자의 사망으로 실효되지 않으며 그 상속인에 대하여 효력을 갖는다.

(2) 전항의 규정은 사망에 따른 당사자의 실질적인 권리, 의무의 소멸을 규정한 다른 법률의 적용에 영향을 미치지 아니한다.

소송절차의 정지

제9조   소송절차의 정지

(1) 중재의 대상이 된 분쟁에 관하여 소송절차의 피고가 된 중재당사자는 (당해 소송절차의 상대방 당사자에 대한 통지 후에) 그러한 소송절차가 계류 중인 법원에 당해 절차의 정지를 요청할 수 있다.

(2) 해당 사건이 중재에 회부되어야 하는 경우에도 절차정지의 요청은 다른 분쟁해결절차를 모두 경유한 후에만 가능하다.

(3) 위 절차정지 요청은 당해 소송절차의 개시 사실을 접수하였다는 적절한 절차상의 조치를 취하기 전이나, 위 절차에서 본안 내용에 관하여 답변을 한 이후에는 허용되지 아니한다.

(4) 본조에 따른 요청에 법원은 중재합의가 무효, 실효 또는 이행불능이 아닌 한 절차를 정지하여야 한다.

(5) 법원이 소송절차의 정지 요청을 거절하는 경우, 중재판정이 소송절차의 개시를 위한 선결조건이라는 규정은 당해 소송절차와 관련하여 효력이 없다.

제10조   경합권리자 확인 문제의 중재회부

(1) 소송절차에서 경합권리자 확인소송에 의해 구제가 인정되고 원고 사이에 문제된 쟁점에 대하여 중재합의가 있는 경우, 위 구제를 허여한 법원은 그 쟁점을 중재합의에 따라 결정하도록 명하여야 한다. 다만, 그 문제에 대해 원고가 제기한 절차를 사정상 정지할 수 없는 경우에는 그러하지 아니하다.

(2) 제1항이 적용되지만 법원이 당해 분쟁을 중재합의에 따라 해결하도록 명하지 않는 경우에는, 중재판정이 소송절차의 개시를 위한 선결조건이라는 규정은 당해 분쟁에 대한 법원의 결정에 효력을 갖지 못한다.

11 Retention of security where Admiralty proceedings stayed

(1) Where Admiralty proceedings are stayed on the ground that the dispute in question should be submitted to arbitration, the court granting the stay may, if in those proceedings property has been arrested or bail or other security has been given to prevent or obtain release from arrest

(a) order that the property arrested be retained as security for the satisfaction of any award given in the arbitration in respect of that dispute, or

(b) order that the stay of those proceedings be conditional on the provision of equivalent security for the satisfaction of any such award.

(2) Subject to any provision made by rules of court and to any necessary modifications, the same law and practice shall apply in relation to property retained in pursuance of an order as would apply if it were held for the purposes of proceedings in the court making the order.

Commencement of arbitral proceedings

12 Power of court to extend time for beginning arbitral proceedings, &c

(1) Where an arbitration agreement to refer future disputes to arbitration provides that a claim shall be barred, or the claimant's right extinguished, unless the claimant takes within a time fixed by the agreement some step

(a) to begin arbitral proceedings, or

(b) to begin other dispute resolution procedures which must be exhausted before arbitral proceedings can be begun,

the court may by order extend the time for taking that step.

(2) Any party to the arbitration agreement may apply for such an order (upon notice to the other parties), but only after a claim has arisen and after exhausting any available arbitral process for obtaining an extension of time.

(3) The court shall make an order only if satisfied

(a) that the circumstances are such as were outside the reasonable contemplation of the parties when they agreed the provision in question, and that it would be just to extend the time, or

(b) that the conduct of one party makes it unjust to hold the other party to the strict terms of the provision in question.

(4) The court may extend the time for such period and on such terms as it thinks fit, and may do so whether or not the time previously fixed (by agreement or by a previous order) has expired.

(5) An order under this section does not affect the operation of the Limitation Acts (see section

제11조 해사소송절차가 정지되는 경우의 담보 보전

(1) 당해 분쟁이 중재의 대상임을 이유로 해사소송절차가 정지되는 경우, 정지 명령을 내린 법원은 위 절차에서 재산 압류가 있었거나 또는 그러한 압류를 막기 위해 공탁금, 기타 담보가 제공된 경우,

    (a) 당해 압류재산을 중재판정의 이행을 위한 담보로 보유하도록 명하거나

    (b) 위 절차의 정지를 위하여 중재판정의 이행에 필요한 담보를 제공하도록 명할 수 있다.

(2) 법원 규칙에서 정하는 규정 및 그 준용의 제한하에, 위 명령을 내린 법원에서의 소송절차에서와 동일한 법률 및 관행이 위 명령에 따라 보전된 재산에 관하여 적용된다.

중재절차의 개시

제12조 법원의 중재절차 개시기한 연장 권한

(1) 장래의 분쟁을 중재에 회부하는 중재합의에서 신청인이 당사자간의 합의로 정한 기한 내에 다음 각 호의 절차를 취하지 않으면 신청인의 청구권이 소멸한다는 규정을 둔 경우

    (a) 중재절차의 개시

    (b) 또는 중재절차가 개시되기 전 경유해야 하는 기타 절차, 법원은 그러한 절차를 취하기 위한 기한의 연장을 명할 수 있다.

(2) 중재합의의 당사자는 (상대당사자에게 통지 후) 법원에 기한연장 명령을 요청할 수 있으나 그에 앞서 분쟁 발생 후 기한 연장을 위한 중재절차상의 가능한 모든 절차를 우선 경유하여야 한다.

(3) 법원은 다음의 경우 기한연장 명령을 내려야 한다.

    (a) 위의 기한에 관하여 합의할 당시의 사정이 당사자들의 합리적인 고려 범위를 벗어난 것이거나 기한을 연장하는 것이 정당한 경우

    (b) 일방당사자의 행위로 인하여 상대방 당사자에게 위의 기한 규정의 엄격한 준수를 요구하는 것이 부당한 경우

(4) 법원은 적절한 범위와 조건을 정하여 기한을 연장할 수 있으며, 이는 당사자의 합의 또는 이전의 명령에 따라 확정된 기한의 만료 여부는 묻지 않는다.

(5) 본조에 따른 법원의 명령은 제소기간제한법의 적용에 효력을 미치지 아니한다.

13).

(6) The leave of the court is required for any appeal from a decision of the court under this section.

13 Application of Limitation Acts

(1) The Limitation Acts apply to arbitral proceedings as they apply to legal proceedings.

(2) The court may order that in computing the time prescribed by the Limitation Acts
for the commencement of proceedings (including arbitral proceedings) in respect of a dispute which was the subject matter

  (a) of an award which the court orders to be set aside or declares to be of no effect, or

  (b) of the affected part of an award which the court orders to be set aside in part, or declares to be in part of no effect,

the period between the commencement of the arbitration and the date of the order referred to in paragraph (a) or (b) shall be excluded.

(3) In determining for the purposes of the Limitation Acts when a cause of action accrued, any provision that an award is a condition precedent to the bringing of legal proceedings in respect of a matter to which an arbitration agreement applies shall be disregarded.

(4) In this Part "the Limitation Acts" means

  (a) in England and Wales, the Limitation Act 1980, the Foreign Limitation Periods Act 1984 and any other enactment (whenever passed) relating to the limitation of actions;

  (b) in Northern Ireland, the Limitation (Northern Ireland) Order 1989, the Foreign Limitation Periods (Northern Ireland) Order 1985 and any other enactment (whenever passed) relating to the limitation of actions.

14 Commencement of arbitral proceedings

(1) The parties are free to agree when arbitral proceedings are to be regarded as commenced for the purposes of this Part and for the purposes of the Limitation Acts.

(2) If there is no such agreement the following provisions apply.

(3) Where the arbitrator is named or designated in the arbitration agreement, arbitral proceedings are commenced in respect of a matter when one party serves on the other party or parties a notice in writing requiring him or them to submit that matter to the person so named or designated.

(4) Where the arbitrator or arbitrators are to be appointed by the parties, arbitral proceedings are commenced in respect of a matter when one party serves on the other party or parties notice in writing requiring him or them to appoint an arbitrator or to agree to the appointment of an arbitrator in respect of that matter.

(5) Where the arbitrator or arbitrators are to be appointed by a person other than a party to the

(6) 본조의 규정에 따른 법원의 결정에 대한 항소는 법원의 허가를 얻어야 한다.

제13조 제소기간제한법의 적용

(1) 제소기간제한법은 소송절차에 적용되는 것과 마찬가지로 중재절차에도 적용된다.

(2) 법원은 절차(중재절차 포함)의 개시에 관하여 제소기간제한법에서 규정한 기간을 산정함에 있어,

   (a) 법원이 취소 또는 무효라고 선고한 판정의 본안에 관한 분쟁 또는,

   (b) 법원이 일부취소 또는 일부무효라고 선고한 해당 중재판정 일부의 본안에 관한 분쟁에 관하여는 중재절차 개시일과 위 제a항 또는 제b항상의 법원의 명령일 사이의 기간을 산입하지 않도록 명할 수 있다.

(3) 제소기간제한법의 적용에 있어 소송원인이 있어 소권이 발생한 경우에는, 중재판정이 중재합의의 대상에 관한 소송절차 개시의 선결조건이라는 규정은 배척된다.

(4) 이 장에서 '제소기간제한법'이라 함은

   (a) 영국과 웨일즈에서는 「1980년 제소기간제한법」, 「1984년 외국제소기간제한법」 그리고 제소기한과 관련한 기타 법령(통과시기 불문)을 가리키며

   (b) 북아일랜드에서는 「1989년 제소기간제한령」, 「1985년 북아일랜드 외국제소간제한령」 그리고 제소기한과 관련한 기타 법령(통과시기 불문)을 가리킨다.

제14조 중재절차의 개시

(1) 당사자들은 이 장의 규정 그리고 제소기간제한법의 규정에 따른 중재절차의 개시 시점에 관하여 합의할 수 있다.

(2) 전항의 합의가 없는 경우 아래의 규정이 적용된다.

(3) 중재합의에서 중재인을 지명 또는 지정한 경우 중재절차는 일방당사자가 상대방 당사자(들)에게 당해 분쟁을 위 중재인에게 회부하자는 서면통지를 송달한 시점에 개시된다.

(4) 당사자의 합의로 중재인(들)을 선정하는 경우, 중재절차는 일방당사자가 상대방 당사자(들)에게 중재인 선정, 또는 특정 중재인의 선정에 대한 동의를 요구하는 서면통지가 송달된 시점에 개시된다.

(5) 중재절차의 당사자가 아닌 자가 중재인을 선정하기로 한 경우, 중재절차는 일방당사자가 그 자에게 중재인 선정 요청을 서면 통지한 시점에 개시된다.

proceedings, arbitral proceedings are commenced in respect of a matter when one party gives notice in writing to that person requesting him to make the appointment in respect of that matter.

The arbitral tribunal

15 The arbitral tribunal

(1) The parties are free to agree on the number of arbitrators to form the tribunal and whether there is to be a chairman or umpire.

(2) Unless otherwise agreed by the parties, an agreement that the number of arbitrators shall be two or any other even number shall be understood as requiring the appointment of an additional arbitrator as chairman of the tribunal.

(3) If there is no agreement as to the number of arbitrators, the tribunal shall consist of a sole arbitrator.

16 Procedure for appointment of arbitrators

(1) The parties are free to agree on the procedure for appointing the arbitrator or arbitrators, including the procedure for appointing any chairman or umpire.

(2) If or to the extent that there is no such agreement, the following provisions apply.

(3) If the tribunal is to consist of a sole arbitrator, the parties shall jointly appoint the arbitrator not later than 28 days after service of a request in writing by either party to do so.

(4) If the tribunal is to consist of two arbitrators, each party shall appoint one arbitrator not later than 14 days after service of a request in writing by either party to do so.

(5) If the tribunal is to consist of three arbitrators

  (a) each party shall appoint one arbitrator not later than 14 days after service of a request in writing by either party to do so, and

  (b) the two so appointed shall forthwith appoint a third arbitrator as the chairman of the tribunal.

(6) If the tribunal is to consist of two arbitrators and an umpire

  (a) each party shall appoint one arbitrator not later than 14 days after service of a request in writing by either party to do so, and

  (b) the two so appointed may appoint an umpire at any time after they themselves are appointed and shall do so before any substantive hearing or forthwith if they cannot agree on a matter relating to the arbitration.

(7) In any other case (in particular, if there are more than two parties) section 18 applies as in the case of a failure of the agreed appointment procedure.

중재판정부

제15조 중재판정부

(1) 당사자들은 중재판정부를 구성할 중재인의 수에 관하여 그리고 의장중재인 또는 심판 관을 별도로 둘 것인지 여부에 관하여 합의할 수 있다.

(2) 당사자가 달리 합의하지 않는 한 중재인의 수를 2인 또는 짝수의 중재인으로 한다는 합 의는 1인의 중재인을 의장중재인으로 추가 선정한다는 합의로 간주된다.

(3) 중재인의 수에 대한 합의가 없는 경우 중재판정부는 1인 중재인으로 구성된다.

제16조 중재인 선정절차

(1) 당사자는 의장중재인(또는 심판관)을 포함한 중재인(들)의 선정 방법에 관하여 합의할 수 있다.

(2) 전항의 합의가 없는 경우 아래의 규정이 적용된다.

(3) 단독중재인이 중재판정부를 구성하는 경우 당사자들은 일방당사자의 중재인 선정요청 을 수령한 날로부터 28일 이내에 공동으로 중재인을 선정하여야 한다.

(4) 중재판정부가 2인의 중재인으로 구성되는 경우, 각 당사자는 중재인 선정요청을 수령 한 날로부터 14일 이내에 각각 1인의 중재인을 선정하여야 한다.

(5) 중재판정부가 3인의 중재인으로 구성되는 경우,

    (a) 각 당사자는 중재인선정 요청을 수령한 날로부터 14일 이내에 각각 1인의 중재인을 선정하여야 한다. 그리고

    (b) 선정된 2인의 중재인이 제3의 중재인을 의장중재인으로 선정하여야 한다.

(6) 중재판정부가 2인의 중재인과 심판관 1인으로 구성되는 경우,

    (a) 각 당사자는 중재인 선정요청을 수령한 날로부터 14일 이내에 각각 1인의 중재인을 선정한다. 그리고

    (b) 선정된 2인의 중재인은 어느 때라도 심판관을 선정할 수 있으나 본안 심리가 개최 되기 전에 이를 선정해야 하며, 중재와 관련한 특정 사안에 관하여 합의가 불가능한 경우 즉시 위 심판관을 선정하여야 한다.

(7) 그 외의 경우(특히 복수의 당사자가 있는 경우)에는 합의에 의한 선정절차가 불가능한 경우와 마찬가지로 제18조가 적용된다.

17 Power in case of default to appoint sole arbitrator

(1) Unless the parties otherwise agree, where each of two parties to an arbitration agreement is to appoint an arbitrator and one party ("the party in default") refuses to do so, or fails to do so within the time specified, the other party, having duly appointed his arbitrator, may give notice in writing to the party in default that he proposes to appoint his arbitrator to act as sole arbitrator.

(2) If the party in default does not within 7 clear days of that notice being given

(a) make the required appointment, and

(b) notify the other party that he has done so,

the other party may appoint his arbitrator as sole arbitrator whose award shall be binding on both parties as if he had been so appointed by agreement.

(3) Where a sole arbitrator has been appointed under subsection (2), the party in default may (upon notice to the appointing party) apply to the court which may set aside the appointment.

(4) The leave of the court is required for any appeal from a decision of the court under this section.

18 Failure of appointment procedure

(1) The parties are free to agree what is to happen in the event of a failure of the procedure for the appointment of the arbitral tribunal.

There is no failure if an appointment is duly made under section 17 (power in case of default to appoint sole arbitrator), unless that appointment is set aside.

(2) If or to the extent that there is no such agreement any party to the arbitration agreement may (upon notice to the other parties) apply to the court to exercise its powers under this section.

(3) Those powers are

(a) to give directions as to the making of any necessary appointments;

(b) to direct that the tribunal shall be constituted by such appointments (or any one or more of them) as have been made;

(c) to revoke any appointments already made;

(d) to make any necessary appointments itself.

(4) An appointment made by the court under this section has effect as if made with the agreement of the parties.

(5) The leave of the court is required for any appeal from a decision of the court under this section.

19 Court to have regard to agreed qualifications

In deciding whether to exercise, and in considering how to exercise, any of its powers under

제17조 (중재인선정) 불이행시 단독중재인을 선정할 권한

(1) 당사자가 달리 합의하지 않는 한 중재합의의 양 당사자가 각각 1인의 중재인을 선정하도록 되어 있고, 일방당사자가 중재인 선정을 거부하거나 또는 정해진 기일 내에 선정을 하지 못한 경우 상대방 당사자는 중재인을 선정하고 선정불이행 당사자에게 서면통지로 자신이 선정한 중재인을 단독중재인으로 할 것을 제안할 수 있다.

(2) 선정불이행 당사자가 위 통지를 수령한 후 7일 이내에

    (a) 요청받은 선정을 이행하지 않은 경우, 그리고

    (b) 상대방 당사자에게 선정을 이행했음을 통지하지 않은 경우

    상대방 당사자는 자신이 선정한 중재인을 단독중재인으로 할 수 있으며 동 중재인이 내린 중재판정은, 마치 그가 당사자의 합의로 선정된 것과 같이 양 당사자에 대하여 구속력을 갖는다.

(3) 위 제2항에 따라 단독중재인이 선정된 경우, 선정불이행 당사자는(선정 이행 당사자에게 통지 후) 법원에 위 선정의 취소를 요청할 수 있다.

(4) 본조에 따른 법원의 결정에 대한 불복은 법원의 허가를 얻어야 한다.

제18조 선정절차의 실패

(1) 당사자는 중재인 선정절차가 실패한 경우 어떠한 방식을 채택할 것인지 합의할 수 있다. 제17조에 따른 선정이 이루어진 경우 적절한 선정절차가 완료된 것으로 본다. 다만 그러한 선정이 법원에 의해 취소된 경우에는 그러하지 아니하다.

(2) 전항의 합의가 없는 경우, 중재합의 당사자는 (다른 당사자에게 통지 후) 법원이 본조에서 부여받은 권한을 행사하도록 요청할 수 있다.

(3) 그러한 법원의 권한은 다음과 같다.

    (a) 필요한 중재인 선정에 관하여 지시할 권한

    (b) 이미 중재인을 선정한 경우 그에 따라 중재판정부를 구성하도록 지시할 권한

    (c) 기존의 중재인 선정을 취소할 권한

    (d) 법원이 직접 필요한 선정을 할 권한

(4) 본조에 따른 법원의 중재인 선정은 당사자의 합의에 의한 선정과 동일한 효력을 갖는다.

(5) 본조에 따른 법원의 결정에 대한 불복은 법원의 허가를 얻어야 한다.

제19조 당사자들이 합의한 중재인 자격에 관하여 법원이 고려해야 할 사항

제16조(중재인선정) 및 제18조(선정절차의 불이행)와 관련한 권한의 행사 여부와 그 방식을 결정함에 있어 법원은 중재인의 자격에 관한 당사자의 합의를 적절히 고려하여야 한다.

section 16 (procedure for appointment of arbitrators) or section 18 (failure of appointment procedure), the court shall have due regard to any agreement of the parties as to the qualifications required of the arbitrators.

20 Chairman

(1) Where the parties have agreed that there is to be a chairman, they are free to agree what the functions of the chairman are to be in relation to the making of decisions, orders and awards.

(2) If or to the extent that there is no such agreement, the following provisions apply.

(3) Decisions, orders and awards shall be made by all or a majority of the arbitrators (including the chairman).

(4) The view of the chairman shall prevail in relation to a decision, order or award in respect of which there is neither unanimity nor a majority under subsection (3).

21 Umpire

(1) Where the parties have agreed that there is to be an umpire, they are free to agree what the functions of the umpire are to be, and in particular
   (a) whether he is to attend the proceedings, and
   (b) when he is to replace the other arbitrators as the tribunal with power to make decisions, orders and awards.

(2) If or to the extent that there is no such agreement, the following provisions apply.

(3) The umpire shall attend the proceedings and be supplied with the same documents and other materials as are supplied to the other arbitrators.

(4) Decisions, orders and awards shall be made by the other arbitrators unless and until they cannot agree on a matter relating to the arbitration.
   In that event they shall forthwith give notice in writing to the parties and the umpire, whereupon the umpire shall replace them as the tribunal with power to make decisions, orders and awards as if he were sole arbitrator.

(5) If the arbitrators cannot agree but fail to give notice of that fact, or if any of them fails to join in the giving of notice, any party to the arbitral proceedings may (upon notice to the other parties and to the tribunal) apply to the court which may order that the umpire shall replace the other arbitrators as the tribunal with power to make decisions, orders and awards as if he were sole arbitrator.

(6) The leave of the court is required for any appeal from a decision of the court under this section.

22 Decision-making where no chairman or umpire

(1) Where the parties agree that there shall be two or more arbitrators with no chairman or

제20조 의장중재인

(1) 중재판정부에 의장중재인을 두기로 한 경우, 당사자들은 중재절차와 관련한 결정, 명령, 판정에 대한 의장중재인의 역할을 정할 수 있다.

(2) 전항의 합의가 없는 경우, 다음의 규정에 따른다.

(3) 중재절차와 관련한 결정, 명령, 판정은 중재인 전원 또는 과반수(의장중재인을 포함하여)에 의해 내려져야 한다.

(4) 중재판정부의 결정, 명령 또는 판정에 관하여 만장일치 또는 과반수에 이르지 못하는 경우에는 의장중재인의 의견에 따른다.

제21조 심판관

(1) 중재판정부에 심판관을 두기로 한 경우, 당사자들은 심판관의 역할에 관하여, 특히 다음 사항에 관하여 합의할 수 있다.

  (a) 심판관의 중재절차 참석 여부, 그리고

  (b) 심판관이 다른 중재인을 대신하여 결정, 명령 또는 판정을 내릴 수 있는 권한을 갖는지 여부

(2) 전항의 합의가 없는 경우에는 다음의 규정에 따른다.

(3) 심판관은 중재절차에 참석하며 다른 중재인들에게 제출된 것과 동일한 서증 및 기타 자료를 제출받는다.

(4) 중재인들이 특정 문제에 관하여 합의를 하지 못하는 경우를 제외하고는 중재절차와 관련한 결정, 명령 및 중재판정은 심판관을 제외한 나머지 중재인들이 내린다. 중재인들 간의 합의가 불가능한 경우 중재인들은 당사자와 심판관에게 그러한 사실을 서면 통지하고, 그에 따라 심판관은 중재판정부를 이루는 중재인들을 대신하여 마치 그가 단독중재인인 것과 같이 결정, 명령 및 중재판정을 내린다.

(5) 중재인들이 특정 사안에 대해 합의를 하지 못하고 그러한 사실을 당사자에게 통지하지 않는 경우 또는 중재인들 중의 일부가 그러한 통지를 하는데 참여하지 않은 경우, 일방 당사자는 (상대방 당사자와 중재판정부에 통지 후) 심판관이 중재판정부를 이루는 나머지 중재인들을 대신하여 마치 그가 단독중재인인 것과 같이 결정, 명령 및 중재판정을 내리도록 명령할 것을 법원에 요청할 수 있다.

(6) 본조에 따른 법원의 결정에 대한 불복은 법원의 허가를 얻어야 한다.

제22조 의장중재인 또는 심판관이 없는 경우의 의사결정

(1) 당사자들이 의장중재인 또는 심판관을 두지 않고 2인 또는 그 이상의 중재인으로 중재판정부를 구성하기로 합의한 경우, 당사자들은 중재판정부가 결정, 명령 및 중재판정을 내리는 방식에 관하여 합의할 수 있다.

umpire, the parties are free to agree how the tribunal is to make decisions, orders and awards.

(2) If there is no such agreement, decisions, orders and awards shall be made by all or a majority of the arbitrators.

23 Revocation of arbitrator's authority

(1) The parties are free to agree in what circumstances the authority of an arbitrator may be revoked.

(2) If or to the extent that there is no such agreement the following provisions apply.

(3) The authority of an arbitrator may not be revoked except

    (a) by the parties acting jointly, or

    (b) by an arbitral or other institution or person vested by the parties with powers in that regard.

(4) Revocation of the authority of an arbitrator by the parties acting jointly must be agreed in writing unless the parties also agree (whether or not in writing) to terminate the arbitration agreement.

(5) Nothing in this section affects the power of the court

    (a) to revoke an appointment under section 18 (powers exercisable in case of failure of appointment procedure), or

    (b) to remove an arbitrator on the grounds specified in section 24.

24 Power of court to remove arbitrator

(1) A party to arbitral proceedings may (upon notice to the other parties, to the arbitrator concerned and to any other arbitrator) apply to the court to remove an arbitrator on any of the following grounds

    (a) that circumstances exist that give rise to justifiable doubts as to his impartiality;

    (b) that he does not possess the qualifications required by the arbitration agreement;

    (c) that he is physically or mentally incapable of conducting the proceedings or there are justifiable doubts as to his capacity to do so;

    (d) that he has refused or failed

        (i) properly to conduct the proceedings, or

        (ii) to use all reasonable despatch in conducting the proceedings or making an award,

        and that substantial injustice has been or will be caused to the applicant.

(2) If there is an arbitral or other institution or person vested by the parties with power to remove an arbitrator, the court shall not exercise its power of removal unless satisfied that the applicant has first exhausted any available recourse to that institution or person.

(3) The arbitral tribunal may continue the arbitral proceedings and make an award while an application to the court under this section is pending.

(2) 전항의 합의가 없는 경우 중재와 관련한 결정, 명령 및 중재판정은 중재인 전원 또는 과 반수의 결정에 따른다.

제23조   중재인 권한의 회수

(1) 당사자들은 중재인 권한을 회수할 수 있는 사유를 정할 수 있다.

(2) 전항의 합의가 없는 경우 다음의 규정을 적용한다.

(3) 중재인의 권한은 아래의 경우를 제외하고는 회수되지 않는다.

    (a) 당사자의 합의로 중재인 권한을 회수하는 경우, 또는

    (b) 당사자들로부터 중재인 권한을 회수할 수 있는 권한을 위임받은 중재기관, 기타 기 관 또는 제3자가 중재인의 권한을 회수하는 경우

(4) 당사자들이 중재합의의 종료를 합의(서면 여부에 관계없이)하지 않는 한, 중재인 권한 을 회수하는 합의는 서면으로 하여야 한다.

(5) 이 조의 어떠한 규정도 법원의 아래 권한에 영향을 미치지 아니한다.

    (a) 제18조(중재인선정 불이행시 법원의 권한 행사)에 따라 중재인 선정을 취소할 수 있는 권한, 또는

    (b) 제24조의 사유로 중재인을 해임할 수 있는 권한

제24조   법원의 중재인 해임권

(1) 중재절차의 당사자는(상대당사자와 관련 중재인 그리고 다른 중재인에게 통지 후) 법 원에 다음의 사유로 해당 중재인을 해임할 것을 요청할 수 있다.

    (a) 중재인의 공정성에 관하여 타당한 의심을 야기할 수 있는 사정이 존재하는 경우

    (b) 중재인이 중재합의에서 요구하는 자격을 갖추지 못한 경우

    (c) 중재인이 정신적 또는 육체적으로 절차를 수행할 수 없거나 절차수행 능력에 대하 여 의심할 만한 정당한 이유가 있는 경우

    (d) 중재인이

        (i) 적절한 방식으로 절차를 수행하지 않거나, 또는

        (ii) 절차 수행 또는 판정문 작성에 성실히 임하지 않는 경우, 그리고 중재신청인이 실질적인 권리 침해를 입었거나 입게 될 경우

(2) 중재인 해임 권한을 가진 자 또는 중재기관이 있는 경우, 신청인이 그러한 자 및 기관을 통해 가능한 모든 구제절차를 우선 경유한 경우가 아닌 한 법원은 해임 권한을 행사해 서는 아니 된다.

(3) 본조에 따른 신청이 법원에 계류 중인 경우에도 중재판정부는 중재절차를 계속하여 중 재판정을 내릴 수 있다.

(4) Where the court removes an arbitrator, it may make such order as it thinks fit with respect to his entitlement (if any) to fees or expenses, or the repayment of any fees or expenses already paid.

(5) The arbitrator concerned is entitled to appear and be heard by the court before it makes any order under this section.

(6) The leave of the court is required for any appeal from a decision of the court under this section.

25 Resignation of arbitrator

(1) The parties are free to agree with an arbitrator as to the consequences of his resignation as regards

    (a) his entitlement (if any) to fees or expenses, and

    (b) any liability thereby incurred by him.

(2) If or to the extent that there is no such agreement the following provisions apply.

(3) An arbitrator who resigns his appointment may (upon notice to the parties) apply to the court

    (a) to grant him relief from any liability thereby incurred by him, and

    (b) to make such order as it thinks fit with respect to his entitlement (if any) to fees or expenses or the repayment of any fees or expenses already paid.

(4) If the court is satisfied that in all the circumstances it was reasonable for the arbitrator to resign, it may grant such relief as is mentioned in subsection (3)(a) on such terms as it thinks fit.

(5) The leave of the court is required for any appeal from a decision of the court under this section.

26 Death of arbitrator or person appointing him

(1) The authority of an arbitrator is personal and ceases on his death.

(2) Unless otherwise agreed by the parties, the death of the person by whom an arbitrator was appointed does not revoke the arbitrator's authority.

27 Filling of vacancy, &c

(1) Where an arbitrator ceases to hold office, the parties are free to agree

    (a) whether and if so how the vacancy is to be filled,

    (b) whether and if so to what extent the previous proceedings should stand, and

    (c) what effect (if any) his ceasing to hold office has on any appointment made by him (alone or jointly).

(2) If or to the extent that there is no such agreement, the following provisions apply.

(3) The provisions of sections 16 (procedure for appointment of arbitrators) and 18 (failure of

(4) 법원이 중재인을 해임하는 경우, 법원은 당해 중재인의 수당 또는 경비 청구권 및 기지급된 수당 또는 경비의 상환과 관련하여 적절한 명령을 내릴 수 있다.

(5) 위 중재인은 법원이 본조에 따른 명령을 내리기 전 법원에 출석하거나 출두하여 진술할 수 있다.

(6) 본조에 따른 법원의 결정에 대한 불복은 법원의 허가를 얻어야 한다.

제25조 중재인의 사임

(1) 당사자는 중재인의 사임과 관련하여 당해 중재인과 다음에 관하여 합의할 수 있다.

   (a) 중재인의 수당 및 경비, 그리고

   (b) 그에 따른 중재인의 책임

(2) 전항의 합의가 없는 경우 다음 규정이 적용된다.

(3) 사임하는 중재인은 (당사자들에게 통지 후) 법원에 다음의 사항을 요청할 수 있다.

   (a) 자신에게 부과된 책임의 면제, 그리고

   (b) 중재인 수당 또는 경비 청구권 또는 기지급된 수당 및 경비의 반환과 관련하여 적절하다고 인정되는 명령

(4) 절차와 관련한 모든 정황에 비추어 중재인이 사임하는 것이 합리적이라고 판단되는 경우 법원은 위 제3항 제a호에 규정된 구제를 명할 수 있다.

(5) 본조에 따른 법원의 결정에 대한 불복은 법원의 허가를 얻어야 한다.

제26조 중재인 또는 그를 선정한 자의 사망

(1) 중재인의 권한은 일신전속적이며 사망 시에 소멸한다.

(2) 당사자가 달리 합의하지 않는 한, 중재인을 선정한 자의 사망은 당해 중재인의 권한에 영향을 미치지 않는다.

제27조 중재인의 보궐 등

(1) 중재인의 결원이 발생한 경우, 당사자들은 아래 사항에 합의할 수 있다.

   (a) 보궐 여부와 그 방식

   (b) 이전 절차의 유지 여부와 인정 범위, 그리고

   (c) 당해 중재인의 결원이 그가 (단독 또는 공동으로) 행한 중재인 선정에 어떠한 효력을 갖는지 여부

(2) 전항의 합의가 없는 경우 다음의 규정이 적용된다.

(3) 제16조(중재인 선정절차) 및 제18조(중재인 선정의 불이행)의 규정은 이전 중재인 선정절차에 준하여 결원 중재인의 보궐절차에 적용된다.

appointment procedure) apply in relation to the filling of the vacancy as in relation to an original appointment.

(4) The tribunal (when reconstituted) shall determine whether and if so to what extent the previous proceedings should stand.

This does not affect any right of a party to challenge those proceedings on any ground which had arisen before the arbitrator ceased to hold office.

(5) His ceasing to hold office does not affect any appointment by him (alone or jointly) of another arbitrator, in particular any appointment of a chairman or umpire.

28 Joint and several liability of parties to arbitrators for fees and expenses

(1) The parties are jointly and severally liable to pay to the arbitrators such reasonable fees and expenses (if any) as are appropriate in the circumstances.

(2) Any party may apply to the court (upon notice to the other parties and to the arbitrators) which may order that the amount of the arbitrators' fees and expenses shall be considered and adjusted by such means and upon such terms as it may direct.

(3) If the application is made after any amount has been paid to the arbitrators by way of fees or expenses, the court may order the repayment of such amount (if any) as is shown to be excessive, but shall not do so unless it is shown that it is reasonable in the circumstances to order repayment.

(4) The above provisions have effect subject to any order of the court under section 24(4) or 25(3)(b) (order as to entitlement to fees or expenses in case of removal or resignation of arbitrator).

(5) Nothing in this section affects any liability of a party to any other party to pay all or any of the costs of the arbitration (see sections 59 to 65) or any contractual right of an arbitrator to payment of his fees and expenses.

(6) In this section references to arbitrators include an arbitrator who has ceased to act and an umpire who has not replaced the other arbitrators.

29 Immunity of arbitrator

(1) An arbitrator is not liable for anything done or omitted in the discharge or purported discharge of his functions as arbitrator unless the act or omission is shown to have been in bad faith.

(2) Subsection (1) applies to an employee or agent of an arbitrator as it applies to the arbitrator himself.

(3) This section does not affect any liability incurred by an arbitrator by reason of his resigning (but see section 25).

(4) 중재판정부(재구성된 경우)는 이전의 절차를 어떠한 방식으로 그리고 어느 범위까지 유지할지 여부를 결정해야 한다. 이는 중재인의 결원 이전에 발생한 사유를 근거로 이전 절차에 관하여 이의를 제기할 수 있는 당사자의 권리를 침해하지 않는다.

(5) 중재인의 결원은 그가 (단독 또는 공동으로) 행한 다른 중재인의 선정, 특히 의장중재인 또는 심판관의 선정에 효력을 미치지 아니한다.

제28조 중재인 수당 및 경비에 대한 당사자의 공동 및 개별 채무

(1) 당사자들은 중재인에게 합리적인 수당 및 경비를 지급할 연대 책임을 부담한다.

(2) 당사자는 누구라도 (다른 당사자 및 중재인에게 통지한 후) 중재인의 수당 및 경비를 법원이 정하는 방법과 조건에 따라 조정해 줄 것을 법원에 요청할 수 있다.

(3) 전항의 요청이 중재인에 대한 보수 및 경비로 일정 금액이 이미 지급된 후에 제기된 경우, 법원은 초과금액의 반환을 명할 수 있다. 다만 그러한 반환 명령이 합리적이라고 판단되는 경우에 한한다.

(4) 전항의 규정은 제24조 제4항 및 제25조 제3항 제b호(중재인의 해임 및 사임에 따른 수당 및 경비 청구에 대한 명령)에서 정한 법원의 명령에 따른다.

(5) 본조의 어떠한 규정도 일방당사자의 상대방 당사자에 대한 중재비용 지급의무(제59조 및 제65조 참조) 또는 중재인의 수당 및 경비청구에 관한 계약상 권리에 영향을 미치지 아니한다.

(6) 본조에서 중재인은 결원된 중재인과 다른 중재인을 대신하여 임무를 수행하지 않은 심판관을 포함한다.

제29조 중재인의 면책

(1) 중재인은 자신의 역할 수행과 관련한 작위 또는 부작위에 관하여 면책된다. 다만 그러한 작위 또는 부작위가 악의인 경우에는 그러하지 아니하다.

(2) 전항의 규정은 중재인뿐만 아니라 그 고용인 또는 대리인에 관하여도 적용된다.

(3) 본조는 중재인의 사임에 따른 그 중재인의 책임에 아무런 영향을 미치지 아니한다.

Jurisdiction of the arbitral tribunal

30 Competence of tribunal to rule on its own jurisdiction

(1) Unless otherwise agreed by the parties, the arbitral tribunal may rule on its own substantive jurisdiction, that is, as to

(a) whether there is a valid arbitration agreement,

(b) whether the tribunal is properly constituted, and

(c) what matters have been submitted to arbitration in accordance with the arbitration agreement.

(2) Any such ruling may be challenged by any available arbitral process of appeal or review or in accordance with the provisions of this Part.

31 Objection to substantive jurisdiction of tribunal

(1) An objection that the arbitral tribunal lacks substantive jurisdiction at the outset of the proceedings must be raised by a party not later than the time he takes the first step in the proceedings to contest the merits of any matter in relation to which he challenges the tribunal's jurisdiction.

A party is not precluded from raising such an objection by the fact that he has appointed or participated in the appointment of an arbitrator.

(2) Any objection during the course of the arbitral proceedings that the arbitral tribunal is exceeding its substantive jurisdiction must be made as soon as possible after the matter alleged to be beyond its jurisdiction is raised.

(3) The arbitral tribunal may admit an objection later than the time specified in subsection (1) or (2) if it considers the delay justified.

(4) Where an objection is duly taken to the tribunal's substantive jurisdiction and the tribunal has power to rule on its own jurisdiction, it may

(a) rule on the matter in an award as to jurisdiction, or

(b) deal with the objection in its award on the merits.

If the parties agree which of these courses the tribunal should take, the tribunal shall proceed accordingly.

(5) The tribunal may in any case, and shall if the parties so agree, stay proceedings whilst an application is made to the court under section 32 (determination of preliminary point of jurisdiction).

32 Determination of preliminary point of jurisdiction

(1) The court may, on the application of a party to arbitral proceedings (upon notice to the other parties), determine any question as to the substantive jurisdiction of the tribunal.

중재판정부의 관할권

제30조　자신의 관할권에 관하여 결정할 수 있는 중재판정부의 권한

(1) 당사자가 달리 합의하지 않는 한, 중재판정부는 다음 각 호에 관한 자신의 관할권에 대하여 결정할 수 있다.

　(a) 유효한 중재합의가 있는지 여부,

　(b) 중재판정부가 적절히 구성되었는지 여부, 그리고

　(c) 중재합의에 따라 중재에 회부된 본안

(2) 그러한 중재판정부의 결정에 관하여 당사자는 이 장의 규정에 따라 이용 가능한 중재절차상의 불복 또는 이의제기 절차를 통하여 불복할 수 있다.

제31조　중재판정부의 실체적 관할권에 대한 항변

(1) 심리 개시단계에서 중재판정부에게 실체적 관할권이 없다는 항변은 중재판정부의 관할권에 대한 항변과 관련한 문제를 다루기 위한 절차상의 여하한 조치를 취하기 이전에 제기되어야 한다.

　당사자는 자신이 중재인을 선정하였거나 선정 절차에 관여했다는 이유로 위 항변을 제기할 권한을 박탈당하지 아니한다.

(2) 중재절차의 진행 중에 중재판정부가 그 권한을 유월하였다는 항변은 그 권한을 초과하였다고 주장하는 사안이 제기되는 즉시 이루어져야 한다.

(3) 중재판정부는 정당한 사유가 있다고 판단하는 경우 위 제1항 및 제2항에서 정한 기한을 경과하여 제기된 항변을 허용할 수 있다.

(4) 그 항변이 중재판정부의 실질적인 관할권에 관한 것이고 판정부가 그에 대한 결정권을 갖는 경우, 중재판정부는

　(a) 중재판정에서 관할권에 관한 문제를 결정하거나, 또는

　(b) 본안 판정에서 위 항변을 다룰 수 있다.

　중재판정부가 채택하여야 하는 방식에 관하여 당사자의 합의가 있는 경우 판정부는 그에 따라야 한다.

(5) 중재판정부는 제32조(관할권에 관한 본안 전 사항의 결정)에 따른 신청이 법원에 계류 중인 경우, 언제든 중재절차를 정지할 수 있으며 당사자가 합의하는 경우에는 반드시 중재절차를 정지하여야 한다.

제32조　관할권에 관한 본안 전 사항의 결정

(1) 법원은 중재절차 일방당사자의 신청(상대당사자에게 통지 후)에 따라 중재판정부의 실체적 관할권에 관한 문제를 결정할 수 있다.

A party may lose the right to object (see section 73).

(2) An application under this section shall not be considered unless

    (a) it is made with the agreement in writing of all the other parties to the proceedings, or

    (b) it is made with the permission of the tribunal and the court is satisfied

        (i) that the determination of the question is likely to produce substantial savings in costs,

        (ii) that the application was made without delay, and

        (iii) that there is good reason why the matter should be decided by the court.

(3) An application under this section, unless made with the agreement of all the other parties to the proceedings, shall state the grounds on which it is said that the matter should be decided by the court.

(4) Unless otherwise agreed by the parties, the arbitral tribunal may continue the arbitral proceedings and make an award while an application to the court under this section is pending.

(5) Unless the court gives leave, no appeal lies from a decision of the court whether the conditions specified in subsection (2) are met.

(6) The decision of the court on the question of jurisdiction shall be treated as a judgment of the court for the purposes of an appeal.

But no appeal lies without the leave of the court which shall not be given unless the court considers that the question involves a point of law which is one of general importance or is one which for some other special reason should be considered by the Court of Appeal.

The arbitral proceedings

33 General duty of the tribunal

(1) The tribunal shall

    (a) act fairly and impartially as between the parties, giving each party a reasonable opportunity of putting his case and dealing with that of his opponent, and

    (b) adopt procedures suitable to the circumstances of the particular case, avoiding unnecessary delay or expense, so as to provide a fair means for the resolution of the matters falling to be determined.

(2) The tribunal shall comply with that general duty in conducting the arbitral proceedings, in its decisions on matters of procedure and evidence and in the exercise of all other powers conferred on it.

34 Procedural and evidential matters

(1) It shall be for the tribunal to decide all procedural and evidential matters, subject to the right of the parties to agree any matter.

당사자는 일정한 경우 관할권에 대한 항변권을 상실한다(제73조 참조).

(2) 본조에 따른 신청이 다음에 해당하는 경우 법원은 이를 고려하지 않는다.

    (a) 중재절차의 모든 당사자들이 위 신청에 대해 서면 합의하지 않은 경우, 또는

    (b) 중재판정부의 허가를 얻지 못하고 또한 법원이

        (i) 동 신청에 대한 결정으로 실질적인 비용절감 효과가 있거나

        (ii) 동 신청이 지체 없이 제출되었고

        (iii) 법원이 이 문제를 결정해야 할 타당한 사유가 있다고 판단하지 않는 경우

(3) 다른 모든 당사자의 동의 없이 본조에 따른 신청을 한 경우에 법원은 그에 관한 결정을 내려야 하는 이유를 명시해야 한다.

(4) 당사자가 달리 합의하지 않은 한, 본조에 따른 신청이 법원에 계류 중인 경우에도 중재판정부는 절차를 계속하여 중재판정을 내려야 한다.

(5) 법원의 허가가 없는 한, 본조 제2항에서 규정한 조건이 충족되었는지 여부에 대한 법원의 결정에 대하여는 불복할 수 없다.

(6) 관할권 문제에 대한 법원의 결정은 그 불복에 관하여는 법원의 판결과 같이 취급된다. 그에 대한 불복은 법원의 허가를 얻어야 하며, 법원은 그 관할권 문제가 일반적으로 중요한 법률문제나 다른 특별한 이유로 항소법원이 심리해야 하는 법률문제를 포함하고 있다고 판단하지 않는 한 그러한 허가를 부여할 수 없다.

중재절차

제33조 중재판정부의 일반적 의무

(1) 중재판정부는

    (a) 공정하고 공평하게 절차를 수행하여야 하며 각 당사자에게 합리적인 진술기회와 상대방에 대한 공격 · 방어 기회를 제공하여야 한다. 그리고

    (b) 특정사안에 적합한 절차를 채택하고 불필요한 지연 또는 비용을 제거하여 당해 분쟁의 공정한 해결 수단을 제공하여야 한다.

(2) 중재판정부는 절차수행 과정과 절차 또는 증거 문제에 대한 결정 그리고 판정부에 부여된 기타 모든 권한을 행사함에 있어 일반적인 의무를 준수하여야 한다.

제34조 절차 및 증거 문제

(1) 절차 및 증거와 관련한 모든 문제는 중재판정부가 이를 결정하여야 한다. 다만 당사자의 합의가 있는 경우에는 그에 따라야 한다.

(2) Procedural and evidential matters include

(a) when and where any part of the proceedings is to be held;

(b) the language or languages to be used in the proceedings and whether translations of any relevant documents are to be supplied;

(c) whether any and if so what form of written statements of claim and defence are to be used, when these should be supplied and the extent to which such statements can be later amended;

(d) whether any and if so which documents or classes of documents should be disclosed between and produced by the parties and at what stage;

(e) whether any and if so what questions should be put to and answered by the respective parties and when and in what form this should be done;

(f) whether to apply strict rules of evidence (or any other rules) as to the admissibility, relevance or weight of any material (oral, written or other) sought to be tendered on any matters of fact or opinion, and the time, manner and form in which such material should be exchanged and presented;

(g) whether and to what extent the tribunal should itself take the initiative in ascertaining the facts and the law;

(h) whether and to what extent there should be oral or written evidence or submissions.

(3) The tribunal may fix the time within which any directions given by it are to be complied with, and may if it thinks fit extend the time so fixed (whether or not it has expired).

35 Consolidation of proceedings and concurrent hearings

(1) The parties are free to agree

(a) that the arbitral proceedings shall be consolidated with other arbitral proceedings, or

(b) that concurrent hearings shall be held, on such terms as may be agreed.

(2) Unless the parties agree to confer such power on the tribunal, the tribunal has no power to order consolidation of proceedings or concurrent hearings.

36 Legal or other representation

Unless otherwise agreed by the parties, a party to arbitral proceedings may be represented in the proceedings by a lawyer or other person chosen by him.

37 Power to appoint experts, legal advisers or assessors

(1) Unless otherwise agreed by the parties

(a) the tribunal may

(i) appoint experts or legal advisers to report to it and the parties, or

(ii) appoint assessors to assist it on technical matters, and may allow any such expert, legal adviser or assessor to attend the proceedings; and

(2) 중재절차 및 증거에 관한 문제는 다음 사항을 포함한다.

    (a) 절차진행의 시기와 장소

    (b) 중재절차에서 사용할 언어 그리고 절차 관련 서증의 번역본 제출 여부

    (c) 중재신청서와 답변서의 형식, 제출시기와 추후 보정의 허용 한도

    (d) 당사자간에 공개해야 하는, 그리고 당사자가 제출해야 하는 서류 및 서증의 종류와 제출시기

    (e) 당사자심문을 할 것이지, 하는 경우 당사자심문 내용, 시기 및 형식

    (f) 제출된 증거자료(구두, 서면, 기타)의 허용가능성, 관련성 또는 신빙성에 관하여 엄격한 증거규칙을 적용할지 여부와 그러한 증거자료가 당사자간 서로 교환되고 제출되어야 하는 시기, 방식 및 형식

    (g) 사실관계의 확정과 법률의 적용에 있어 중재판정부가 재량을 행사할 수 있는지 여부와 그 범위

    (h) 구두증거, 서면증거, 구두주장, 서면주장의 허용여부와 그 범위

(3) 중재판정부는 지시한 내용의 이행 기한을 정할 수 있으며 적절하다고 판단되는 경우 이를 (기한의 만료 여부에 관계없이) 연장할 수 있다.

제35조　절차의 병합 및 병행심리

(1) 당사자들은 다음에 합의할 수 있다.

    (a) 중재절차와 다른 중재절차의 병합, 또는

    (b) 당사자들이 합의한 조건에 따른 병행심리의 개최

(2) 당사자들이 중재판정부에 권한을 위임하지 않는 한, 중재판정부는 절차의 병합이나 병행심리를 명할 권한이 없다.

제36조　법률적 또는 기타 대리

당사자들간의 별도 합의가 없는 한, 중재절차의 당사자는 변호사 또는 자신이 선임한 다른 사람이 절차를 대리하게 할 수 있다.

제37조　전문가, 법률자문인 또는 보좌인

(1) 당사자들이 달리 합의하지 않은 한,

    (a) 중재판정부는

        (i) 판정부와 당사자들에게 보고하도록 전문가 또는 법률자문인을 선임할 수 있다. 또는

        (ii) 기술적 문제에 관하여 판정부를 보좌할 보좌인을 선임할 수 있다. 그리고

(b) the parties shall be given a reasonable opportunity to comment on any information, opinion or advice offered by any such person.

(2) The fees and expenses of an expert, legal adviser or assessor appointed by the tribunal for which the arbitrators are liable are expenses of the arbitrators for the purposes of this Part.

38 General powers exercisable by the tribunal

(1) The parties are free to agree on the powers exercisable by the arbitral tribunal for the purposes of and in relation to the proceedings.

(2) Unless otherwise agreed by the parties the tribunal has the following powers.

(3) The tribunal may order a claimant to provide security for the costs of the arbitration.

This power shall not be exercised on the ground that the claimant is

(a) an individual ordinarily resident outside the United Kingdom, or

(b) a corporation or association incorporated or formed under the law of a country outside the United Kingdom, or whose central management and control is exercised outside the United Kingdom.

(4) The tribunal may give directions in relation to any property which is the subject of the proceedings or as to which any question arises in the proceedings, and which is owned by or is in the possession of a party to the proceedings

(a) for the inspection, photographing, preservation, custody or detention of the property by the tribunal, an expert or a party, or

(b) ordering that samples be taken from, or any observation be made of or experiment conducted upon, the property.

(5) The tribunal may direct that a party or witness shall be examined on oath or affirmation, and may for that purpose administer any necessary oath or take any necessary affirmation.

(6) The tribunal may give directions to a party for the preservation for the purposes of the proceedings of any evidence in his custody or control.

39 Power to make provisional awards

(1) The parties are free to agree that the tribunal shall have power to order on a provisional basis any relief which it would have power to grant in a final award.

(2) This includes, for instance, making

(a) a provisional order for the payment of money or the disposition of property as between the parties, or

(b) an order to make an interim payment on account of the costs of the arbitration.

(3) Any such order shall be subject to the tribunal's final adjudication; and the tribunal's final award, on the merits or as to costs, shall take account of any such order.

(4) Unless the parties agree to confer such power on the tribunal, the tribunal has no such

(b) 이들이 제공한 정보, 의견 또는 조언에 대해 당사자들이 진술할 수 있는 합리적인 기회를 부여하여야 한다.

(2) 중재인은 중재판정부가 선정한 전문가, 법률자문인 또는 보좌인의 보수와 경비를 지급할 의무가 있고, 이 장의 규정상 이는 중재인의 경비로 한다.

제38조   중재판정부의 일반적인 권한

(1) 당사자는 중재절차와 관련한 중재판정부의 권한에 관하여 합의할 수 있다.

(2) 당사자가 달리 합의하지 않은 한, 중재판정부는 다음의 권한을 갖는다.

(3) 중재판정부는 신청인에게 중재비용에 대한 담보 제공을 명할 수 있다.

다음의 사유에 해당하는 경우에는 이러한 권한을 행사할 수 없다. 즉, 신청인이

(a) 영국 외에 거주하는 개인인 경우, 또는

(b) 영국 이외 국가의 법률에 따라 설립된 회사 또는 단체인 경우, 또는 그 회사 또는 단체에 대한 관리와 지배권이 영국 밖에서 행사되는 경우

(4) 중재판정부는 일방당사자가 소유 또는 보유하고 있는, 중재절차의 대상인 재산에 대해 다음의 지시를 내릴 수 있다.

(a) 중재판정부, 전문가 또는 일방당사자에 의한 위 재산에 대한 검사, 사진촬영, 보존조치, 보관 또는 관리, 또는

(b) 위 재산에 대한 견본채취, 실험 및 검사

(5) 중재판정부는 당사자 또는 증인이 서약 또는 확약을 하고 조사에 임하도록 할 수 있으며 이를 위해 필요한 서약 또는 확약을 받도록 할 수 있다.

(6) 중재판정부는 절차의 진행을 위하여 당사자가 보유하고 있는 모든 증거물을 보존하도록 지시할 수 있다.

제39조   예비판정을 내릴 권한

(1) 당사자는 중재판정부가 종국판정에서 내릴 수 있는 구제조치를 잠정적으로 명할 수 있는 권한을 부여하는 것에 합의할 수 있다.

(2) 전항의 구제조치는 다음 사항을 포함한다.

(a) 당사자간 금전의 지급 또는 재산의 처분을 위한 잠정적 명령, 또는

(b) 중재비용의 잠정적 지급명령

(3) 이러한 명령은 중재판정부의 종국 판정에 열위한다. 분쟁의 본안 또는 비용에 관한 중재판정부의 종국 판정은 전술한 명령을 고려하여야 한다.

(4) 당사자의 권한 위임이 없는 경우에는 중재판정부는 그러한 권한을 갖지 아니한다.

power.

This does not affect its powers under section 47 (awards on different issues, &c.).

40 General duty of parties

(1) The parties shall do all things necessary for the proper and expeditious conduct of the arbitral proceedings.

(2) This includes

    (a) complying without delay with any determination of the tribunal as to procedural or evidential matters, or with any order or directions of the tribunal, and

    (b) where appropriate, taking without delay any necessary steps to obtain a decision of the court on a preliminary question of jurisdiction or law (see sections 32 and 45).

41 Powers of tribunal in case of party's default

(1) The parties are free to agree on the powers of the tribunal in case of a party's failure to do something necessary for the proper and expeditious conduct of the arbitration.

(2) Unless otherwise agreed by the parties, the following provisions apply.

(3) If the tribunal is satisfied that there has been inordinate and inexcusable delay on the part of the claimant in pursuing his claim and that the delay

    (a) gives rise, or is likely to give rise, to a substantial risk that it is not possible to have a fair resolution of the issues in that claim, or

    (b) has caused, or is likely to cause, serious prejudice to the respondent, the tribunal may make an award dismissing the claim.

(4) If without showing sufficient cause a party

    (a) fails to attend or be represented at an oral hearing of which due notice was given, or

    (b) where matters are to be dealt with in writing, fails after due notice to submit written evidence or make written submissions,

the tribunal may continue the proceedings in the absence of that party or, as the case may be, without any written evidence or submissions on his behalf, and may make an award on the basis of the evidence before it.

(5) If without showing sufficient cause a party fails to comply with any order or directions of the tribunal, the tribunal may make a peremptory order to the same effect, prescribing such time for compliance with it as the tribunal considers appropriate.

(6) If a claimant fails to comply with a peremptory order of the tribunal to provide security for costs, the tribunal may make an award dismissing his claim.

(7) If a party fails to comply with any other kind of peremptory order, then, without prejudice to section 42 (enforcement by court of tribunal's peremptory orders), the tribunal may do any of the following

이는 제47조(기타 사안에 관한 중재판정)에 따른 중재판정부의 권한에 영향을 미치지 아니한다.

제40조 당사자의 일반적 의무

(1) 당사자는 중재절차의 적절하고 신속한 진행을 위해 필요한 모든 협조를 하여야 한다.

(2) 이는 다음의 사항을 포함한다.

　　(a) 절차 또는 증거문제와 관련한 중재판정부의 모든 결정을 지체 없이 이행하고 그 밖의 모든 지시나 명령에 따를 것, 그리고

　　(b) 관할권 또는 법의 적용과 관련한 본안 전 문제에 관한 법원의 결정을 구하기 위하여 필요한 조치를 지체 없이 취할 것(제32조 및 제45조 참조).

제41조 당사자의 해태와 관련한 중재판정부의 권한

(1) 당사자는 일방당사자가 중재절차의 신속한 수행에 필요한 행위를 해태한 경우 중재판정부가 행사할 수 있는 권한에 대해 합의할 수 있다.

(2) 당사자간의 별도 합의가 없는 경우, 다음의 규정이 적용된다.

(3) 신청인이 신청을 함에 있어 다음 2가지 요건을 충족하는 경우, 즉 과도하고 변명의 여지가 없는 지연을 하고, 그러한 지연이

　　(a) 청구 사안에 대한 공정한 해결을 저해할 수 있는 위험을 야기하거나 야기할 것으로 보이는 경우, 또는

　　(b) 피신청인에게 부당한 결과를 초래하였거나 초래할 것으로 판단되는 경우

　　중재판정부는 신청인의 청구를 기각하는 판정을 내릴 수 있다.

(4) 정당한 사유 없이 일방당사자가

　　(a) 적절한 통지를 받고도 구술심리에 출석하지 않거나, 또는

　　(b) 서면 심리의 대상에 관하여 적절한 통지 후에도 서면 증거의 제출이나 서면 진술을 거부하는 경우.

　　중재판정부는 해당 당사자가 출석하지 않아도 절차를 계속하거나 서증, 또는 준비서면의 제출 없이도 이미 제출된 증거에 근거하여 중재판정을 내릴 수 있다.

(5) 일방당사자가 정당한 사유 없이 중재판정부의 명령이나 지시를 따르지 않는 경우, 판정부는 적절한 이행 기간을 정하여 이와 동일한 취지의 강제명령을 내릴 수 있다.

(6) 신청인이 중재비용에 관한 담보 제공의 강제명령을 이행하지 않을 경우 중재판정부는 신청인의 청구를 기각하는 판정을 내릴 수 있다.

(7) 일방당사자가 다른 기타의 강제명령을 이행하지 않는 경우 중재판정부는 제42조(법원에 의한 중재판정부의 강제명령 집행)를 해함이 없이,

(a) direct that the party in default shall not be entitled to rely upon any allegation or material which was the subject matter of the order;

(b) draw such adverse inferences from the act of non-compliance as the circumstances justify;

(c) proceed to an award on the basis of such materials as have been properly provided to it;

(d) make such order as it thinks fit as to the payment of costs of the arbitration incurred in consequence of the non-compliance.

Powers of court in relation to arbitral proceedings

42 Enforcement of peremptory orders of tribunal

(1) Unless otherwise agreed by the parties, the court may make an order requiring a party to comply with a peremptory order made by the tribunal.

(2) An application for an order under this section may be made

(a) by the tribunal (upon notice to the parties),

(b) by a party to the arbitral proceedings with the permission of the tribunal (and upon notice to the other parties), or

(c) where the parties have agreed that the powers of the court under this section shall be available.

(3) The court shall not act unless it is satisfied that the applicant has exhausted any available arbitral process in respect of failure to comply with the tribunal's order.

(4) No order shall be made under this section unless the court is satisfied that the person to whom the tribunal's order was directed has failed to comply with it within the time prescribed in the order or, if no time was prescribed, within a reasonable time.

(5) The leave of the court is required for any appeal from a decision of the court under this section.

43 Securing the attendance of witnesses

(1) A party to arbitral proceedings may use the same court procedures as are available in relation to legal proceedings to secure the attendance before the tribunal of a witness in order to give oral testimony or to produce documents or other material evidence.

(2) This may only be done with the permission of the tribunal or the agreement of the other parties.

(3) The court procedures may only be used if

(a) the witness is in the United Kingdom, and

(b) the arbitral proceedings are being conducted in England and Wales or, as the case may be, Northern Ireland.

(a) 불이행 당사자가 해당 명령의 대상이 된 진술과 자료를 원용할 수 없도록 하거나

(b) 합리적인 범위 내에서, 위 불이행을 사유로 불리한 추정을 하거나

(c) 중재판정부에 이미 제출된 증거에 기초하여 판정을 내리거나

(d) 위 불이행의 결과로 발생한 중재비용의 지급에 관하여 적절한 명령을 내릴 수 있다.

중재절차와 관련한 법원의 권한

제42조　중재판정부의 확정명령 집행

(1) 당사자의 별도 합의가 없는 한, 법원은 일방당사자에게 중재판정부의 확정명령을 이행하도록 명할 수 있다.

(2) 본조에 따른 명령의 신청은,

　　(a) 중재판정부(당사자에게 통지 후)가 신청하거나

　　(b) 중재판정부의 허가를 얻어 중재절차의 일방당사자가 (상대방 당사자에게 통지한 후)신청하거나, 또는

　　(c) 당사자들이 본조에 따른 법원의 권한을 합의함으로써 할 수 있다.

(3) 전술한 법원 명령의 신청인이 중재판정부 명령의 불이행과 관련한 중재절차상의 가능한 모든 절차를 경유하지 않은 경우 법원은 위 신청을 기각한다.

(4) 중재판정부의 명령을 받은 당사자가 동 명령에서 정한 기간 내에 이를 이행하지 않는 경우 또는 기간의 정함이 없는 경우에는 상당한 기간 내에 이를 이행하지 못한 경우를 제외하고는 법원은 명령을 내려서는 아니 된다.

(5) 본조에 따른 법원의 결정에 대한 항소는 법원의 허가를 얻어야 한다.

제43조　증인 출석의 강제

(1) 중재절차의 당사자는 소송절차상의 이용가능한 법원 절차를 통해 증인의 출석을 강제하여 중재판정부에 구두 증언을 하도록 하거나, 서증 및 기타 중요한 증거를 제출하도록 할 수 있다.

(2) 이는 중재판정부의 허가 또는 당사자의 합의를 얻어야 한다.

(3) 법원 절차는 다음의 경우에 한하여 이용할 수 있다.

　　(a) 증인이 영국 내에 거주하고 있는 경우, 그리고

　　(b) 중재절차가 영국, 웨일즈 또는 북아일랜드에서 수행되는 경우

(4) A person shall not be compelled by virtue of this section to produce any document or other material evidence which he could not be compelled to produce in legal proceedings.

44 Court powers exercisable in support of arbitral proceedings

(1) Unless otherwise agreed by the parties, the court has for the purposes of and in relation to arbitral proceedings the same power of making orders about the matters listed below as it has for the purposes of and in relation to legal proceedings.

(2) Those matters are

(a) the taking of the evidence of witnesses;

(b) the preservation of evidence;

(c) making orders relating to property which is the subject of the proceedings or as to which any question arises in the proceedings

(i) for the inspection, photographing, preservation, custody or detention of the property, or

(ii) ordering that samples be taken from, or any observation be made of or experiment conducted upon, the property;

and for that purpose authorising any person to enter any premises in the possession or control of a party to the arbitration;

(d) the sale of any goods the subject of the proceedings;

(e) the granting of an interim injunction or the appointment of a receiver.

(3) If the case is one of urgency, the court may, on the application of a party or proposed party to the arbitral proceedings, make such orders as it thinks necessary for the purpose of preserving evidence or assets.

(4) If the case is not one of urgency, the court shall act only on the application of a party to the arbitral proceedings (upon notice to the other parties and to the tribunal) made with the permission of the tribunal or the agreement in writing of the other parties.

(5) In any case the court shall act only if or to the extent that the arbitral tribunal, and any arbitral or other institution or person vested by the parties with power in that regard, has no power or is unable for the time being to act effectively.

(6) If the court so orders, an order made by it under this section shall cease to have effect in whole or in part on the order of the tribunal or of any such arbitral or other institution or person having power to act in relation to the subject-matter of the order.

(7) The leave of the court is required for any appeal from a decision of the court under this section.

45 Determination of preliminary point of law

(1) Unless otherwise agreed by the parties, the court may on the application of a party to arbitral proceedings (upon notice to the other parties) determine any question of law arising in the

(4) 소송절차상 강제할 수 없는 여타의 서증이나 증거물의 제출을 본조의 규정에 근거하여 제출하도록 강요해서는 아니 된다.

제44조 중재절차에 대한 협조를 위하여 법원이 행사할 수 있는 권한

(1) 당사자가 달리 합의하지 않은 한, 법원은 중재절차와 관련하여 아래 열거한 사항에 관하여 소송절차에서와 동일한 명령 권한을 갖는다.

(2) 제1항에서 말하는 사항은 다음과 같다.

    (a) 증인의 채택

    (b) 증거의 보존

    (c) 중재절차의 대상인 재산이나 중재절차에서 문제를 야기하는 재산에 관한 다음 각 목의 명령의 발부

        (i) 그 재산에 관한 검사, 사진촬영, 보전조치, 관리 또는 점유, 또는

        (ii) 위 재산에 관한 견본채취와 실험을 위한 명령

        그리고 특정한 자로 하여금 중재의 당사자의 점유 또는 통제하에 있는 구역에 진입할 수 있도록 하는 권한의 부여

    (d) 절차 대상 물품의 매각

    (e) 임시적 처분금지명령 또는 재산관리인의 선정

(3) 절박한 사정이 있는 경우, 법원은 중재절차 당사자의 신청에 따라 증거 또는 재산의 보전을 위해 필요한 명령을 내릴 수 있다.

(4) 긴급하지 아니한 경우 법원은 중재판정부의 허가 또는 다른 모든 당사자의 서면합의를 얻은 중재절차 당사자의 신청(다른 당사자와 중재판정부에 통지 후)이 있는 경우에 한하여 그러한 명령을 내릴 수 있다.

(5) 여하한 경우에도 법원은 중재판정부 또는 그 밖에 권한 있는 자 및 기관이 당해 문제에 관하여 권한이 없거나 또는 일시적으로 절차를 수행할 수 없는 사안에 한하여 관여할 수 있다.

(6) 본조의 규정에 따른 법원의 명령은 중재판정부가 내린 또는 그 법원 명령의 대상에 관하여 권한을 가진 중재기관, 기타 기관 또는 제3자가 내린 명령에 대하여는 전부 또는 일부 효력을 갖지 못한다.

(7) 이 조에 따른 법원의 결정에 대한 불복은 법원의 허가를 얻어야 한다.

제45조 본안 전 법률문제에 대한 결정

(1) 당사자가 달리 합의하지 않은 한, 법원은 중재절차 일방당사자의 신청에 따라 당사자의 권리에 실질적으로 영향을 미치는 중재절차 진행과정에서 발생하는 법률문제를 결정할 수 있다.

course of the proceedings which the court is satisfied substantially affects the rights of one or more of the parties.

An agreement to dispense with reasons for the tribunal's award shall be considered an agreement to exclude the court's jurisdiction under this section.

(2) An application under this section shall not be considered unless

    (a) it is made with the agreement of all the other parties to the proceedings, or

    (b) it is made with the permission of the tribunal and the court is satisfied

        (i) that the determination of the question is likely to produce substantial savings in costs, and

        (ii) that the application was made without delay.

(3) The application shall identify the question of law to be determined and, unless made with the agreement of all the other parties to the proceedings, shall state the grounds on which it is said that the question should be decided by the court.

(4) Unless otherwise agreed by the parties, the arbitral tribunal may continue the arbitral proceedings and make an award while an application to the court under this section is pending.

(5) Unless the court gives leave, no appeal lies from a decision of the court whether the conditions specified in subsection (2) are met.

(6) The decision of the court on the question of law shall be treated as a judgment of the court for the purposes of an appeal.

But no appeal lies without the leave of the court which shall not be given unless the court considers that the question is one of general importance, or is one which for some other special reason should be considered by the Court of Appeal.

The award

46 Rules applicable to substance of dispute

(1) The arbitral tribunal shall decide the dispute

    (a) in accordance with the law chosen by the parties as applicable to the substance of the dispute, or

    (b) if the parties so agree, in accordance with such other considerations as are agreed by them or determined by the tribunal.

(2) For this purpose the choice of the laws of a country shall be understood to refer to the substantive laws of that country and not its conflict of laws rules.

(3) If or to the extent that there is no such choice or agreement, the tribunal shall apply the law determined by the conflict of laws rules which it considers applicable.

중재판정의 이유를 생략하기로 하는 합의는 본조의 규정에 대한 법원의 관여를 배제하는 합의로 간주된다.

(2) 본조에 따른 신청은 다음의 경우를 제외하고는 이를 고려하지 않는다.

　(a) 중재절차 당사자 전원의 합의를 얻어 신청한 경우, 또는

　(b) 위 신청이 중재판정부의 허가를 얻어 이루어졌고 또한 법원이

　　(i) 그 문제에 대한 결정을 통해 실질적인 비용절감이 가능하고, 또한

　　(ii) 위 신청이 지체 없이 제출되었다고 판단하는 경우

(3) 위 신청은 결정할 법률문제를 특정해야 하고, 중재절차의 다른 당사자 전원의 합의를 얻지 못한 경우에는 법원이 위 법률문제를 결정해야만 하는 이유를 명시하여야 한다.

(4) 당사자가 달리 합의하지 않은 한, 중재판정부는 위 신청이 법원에 계류 중인 경우에도 절차를 계속하여 중재판정을 내릴 수 있다.

(5) 법원의 허가가 없는 경우 본조 제2항 요건의 충족 여부에 대한 법원의 결정에 관하여는 불복할 수 없다.

(6) 법률문제에 대한 법원의 결정은 불복절차에 있어서는 법원 판결과 동일한 것으로 취급된다.

그에 대한 불복은 법원의 허가를 얻어야 하며, 법원은 그러한 법률문제가 일반적으로 중요한 것이거나 다른 특별한 이유로 항소법원이 심리해야 하는 것으로 판단하지 않는 한 그 허가를 하여서는 아니 된다.

중재판정

제46조　본안에 적용할 규칙

(1) 중재판정부는

　(a) 당사자들이 분쟁의 본안에 적용하기로 합의한 법, 또는

　(b) 당사자들의 동의가 있는 경우에는 당사자들이 합의한 또는 중재판정부가 결정한 기타 고려사항에 따라 분쟁을 해결한다.

(2) 특정 국가의 법을 준거법으로 채택하는 것은 당해 국가의 국제사법 원칙 이외의 실체법을 지정한 것으로 본다.

(3) 준거법에 관한 지정 또는 합의가 없는 경우, 중재판정부는 적절하다고 판단되는 국제사법 원칙에 따라 결정된 법률을 적용한다.

47 Awards on different issues, &c

(1) Unless otherwise agreed by the parties, the tribunal may make more than one award at different times on different aspects of the matters to be determined.

(2) The tribunal may, in particular, make an award relating

   (a) to an issue affecting the whole claim, or

   (b) to a part only of the claims or cross-claims submitted to it for decision.

(3) If the tribunal does so, it shall specify in its award the issue, or the claim or part of a claim, which is the subject matter of the award.

48 Remedies

(1) The parties are free to agree on the powers exercisable by the arbitral tribunal as regards remedies.

(2) Unless otherwise agreed by the parties, the tribunal has the following powers.

(3) The tribunal may make a declaration as to any matter to be determined in the proceedings.

(4) The tribunal may order the payment of a sum of money, in any currency.

(5) The tribunal has the same powers as the court

   (a) to order a party to do or refrain from doing anything;

   (b) to order specific performance of a contract (other than a contract relating to land);

   (c) to order the rectification, setting aside or cancellation of a deed or other document.

49 Interest

(1) The parties are free to agree on the powers of the tribunal as regards the award of interest.

(2) Unless otherwise agreed by the parties the following provisions apply.

(3) The tribunal may award simple or compound interest from such dates, at such rates and with such rests as it considers meets the justice of the case

   (a) on the whole or part of any amount awarded by the tribunal, in respect of any period up to the date of the award;

   (b) on the whole or part of any amount claimed in the arbitration and outstanding at the commencement of the arbitral proceedings but paid before the award was made, in respect of any period up to the date of payment.

(4) The tribunal may award simple or compound interest from the date of the award (or any later date) until payment, at such rates and with such rests as it considers meets the justice of the case, on the outstanding amount of any award (including any award of interest under subsection (3) and any award as to costs).

(5) References in this section to an amount awarded by the tribunal include an amount payable in consequence of a declaratory award by the tribunal.

(6) The above provisions do not affect any other power of the tribunal to award interest.

제47조 기타 사항에 대한 중재판정

(1) 당사자가 달리 합의하지 않은 한, 중재판정부는 분쟁의 서로 다른 쟁점에 관하여 시점을 달리하여 복수의 중재판정을 내릴 수 있다.

(2) 중재판정부는

(a) 신청취지 전체에 영향을 미치는 사안에 관하여, 또는

(b) 판정부에 제출된 신청 또는 반대신청의 일부분에 관하여 중재판정을 내릴 수 있다.

(3) 이 경우 중재판정부는 중재판정의 대상인 주요쟁점 또는 신청취지의 전부 또는 일부를 중재판정에서 명시할 수 있다.

제48조 구제

(1) 당사자는 구제와 관련한 중재판정부의 권한에 관하여 합의할 수 있다.

(2) 당사자가 달리 합의하지 않는 한, 중재판정부는 다음의 권한을 갖는다.

(3) 중재판정부는 중재절차에서 결정해야 할 사안에 관하여 확인결정을 내릴 수 있다.

(4) 중재판정부는 일정한 금원의 지급을 명할 수 있으며 통화의 종류는 묻지 않는다.

(5) 중재판정부는 다음 열거하는 법원의 권한과 동일한 권한을 갖는다.

(a) 일방당사자에게 특정행위의 이행 또는 금지를 명령

(b) 계약(토지와 관련한 계약을 제외하고)의 특정이행을 명령

(c) 특정한 증서나 기타 서류의 보정, 보류 또는 취소를 명령

제49조 이자

(1) 당사자는 이자와 관련한 중재판정부의 판정 권한에 관하여 합의할 수 있다.

(2) 당사자의 별도 합의가 없는 한 다음의 규정이 적용된다.

(3) 중재판정부는

(a) 중재판정 금액의 일부 또는 전부에 관하여 중재판정일까지의 기간에 대하여

(b) 중재절차 개시 시점에 미지급되었으나 중재판정 전까지 지급된 금액의 전부 또는 일부에 대하여는 그 지급일까지의 기간에 대하여

적절하다고 판단되는 날로부터 적절한 이율에 의한 단리 또는 복리의 이자를 결정할 수 있다.

(4) 중재판정부는 판정금액에 대하여(위 제3항에 따른 이자판정과 비용에 대한 모든 판정을 포함하여) 적절하다고 판단되는 이율에 따라 중재판정일로부터 (또는 그 후의 일자로부터) 완제일까지 단리 또는 복리의 이자를 지급하도록 결정할 수 있다.

(5) 본조의 판정금액에는 중재판정부의 확인판정에 따라 지급해야 하는 금원을 포함한다.

(6) 위의 규정은 중재판정부의 이자판정 권한에 영향을 미치지 아니한다.

50 Extension of time for making award

(1) Where the time for making an award is limited by or in pursuance of the arbitration agreement, then, unless otherwise agreed by the parties, the court may in accordance with the following provisions by order extend that time.

(2) An application for an order under this section may be made

(a) by the tribunal (upon notice to the parties), or

(b) by any party to the proceedings (upon notice to the tribunal and the other parties),

but only after exhausting any available arbitral process for obtaining an extension of time.

(3) The court shall only make an order if satisfied that a substantial injustice would otherwise be done.

(4) The court may extend the time for such period and on such terms as it thinks fit, and may do so whether or not the time previously fixed (by or under the agreement or by a previous order) has expired.

(5) The leave of the court is required for any appeal from a decision of the court under this section.

51 Settlement

(1) If during arbitral proceedings the parties settle the dispute, the following provisions apply unless otherwise agreed by the parties.

(2) The tribunal shall terminate the substantive proceedings and, if so requested by the parties and not objected to by the tribunal, shall record the settlement in the form of an agreed award.

(3) An agreed award shall state that it is an award of the tribunal and shall have the same status and effect as any other award on the merits of the case.

(4) The following provisions of this Part relating to awards (sections 52 to 58) apply to an agreed award.

(5) Unless the parties have also settled the matter of the payment of the costs of the arbitration, the provisions of this Part relating to costs (sections 59 to 65) continue to apply.

52 Form of award

(1) The parties are free to agree on the form of an award.

(2) If or to the extent that there is no such agreement, the following provisions apply.

(3) The award shall be in writing signed by all the arbitrators or all those assenting to the award.

(4) The award shall contain the reasons for the award unless it is an agreed award or the parties have agreed to dispense with reasons.

(5) The award shall state the seat of the arbitration and the date when the award is made.

제50조 중재판정 기한의 연장

(1) 중재합의에서 중재판정의 기한을 두고 있는 경우 당사자간의 별도 합의가 없는 한, 법원은 다음 규정에 따라 명령으로써 그 기한을 연장할 수 있다.

(2) 본조에 따른 명령신청은

(a) (당사자들에게 통지 후) 중재판정부가, 또는

(b) 중재절차의 일방당사자가 (중재판정부와 상대당사자에게 통지 후) 신청할 수 있다. 다만 그러한 기한연장에 관한 중재절차상의 다른 모든 절차를 우선 경유하여야 한다.

(3) 법원은 기한 연장이 없으면 실질적인 부당한 결과가 초래될 것이라 판단되는 경우에 한하여 기한 연장을 명해야 한다.

(4) 법원은 적절하다고 판단되는 기간과 조건을 정하여 판정 기한을 연장할 수 있으며, 이전에 정한 (중재합의에 의한 것이든 이전의 법원 명령에 의한 것이든) 기한의 만료 여부에 관계없이 그 기한을 연장할 수 있다

(5) 본조에 따른 법원의 명령에 대한 불복은 법원의 허가를 얻어야 한다.

제51조 화해판정

(1) 중재절차 진행 중에 당사자들이 화해로 분쟁을 해결하면 당사자간의 별도 합의가 없는 한 아래의 규정이 적용된다.

(2) 중재판정부는 실질적인 절차를 종료하여야 하며 당사자의 요청이 있고 판정부가 달리 반대하지 않는 한 당사자간의 합의안을 화해판정 형식으로 기재하여야 한다.

(3) 화해판정에는 당해 판정이 중재판정부의 중재판정이라는 점과, 분쟁의 본안에 관한 다른 중재판정과 동일한 지위 및 효력을 갖는다는 점을 명시해야 한다.

(4) 중재판정에 관한 이 장의 아래 규정(제52조 내지 제58조)은 화해판정에 적용된다.

(5) 당사자가 중재비용의 지급에 관하여 합의하지 못한 경우, 이 장의 비용 관련 규정(제59조 내지 제65조)이 적용된다.

제52조 중재판정의 형식

(1) 당사자는 중재판정의 형식에 관하여 합의할 수 있다.

(2) 전항의 합의가 없는 경우, 다음의 규정이 적용된다.

(3) 중재판정에는 중재인 전원 또는 해당 중재판정에 동의하는 모든 중재인의 서명이 있어야 한다.

(4) 중재판정은, 화해판정의 경우 또는 당사자들이 판정이유의 기재를 생략하기로 합의한 경우를 제외하고는, 그 이유를 기재하여야 한다.

(5) 중재판정에는 중재지와 중재판정일을 기재해야 한다.

53 Place where award treated as made

Unless otherwise agreed by the parties, where the seat of the arbitration is in England and Wales or Northern Ireland, any award in the proceedings shall be treated as made there, regardless of where it was signed, despatched or delivered to any of the parties.

54 Date of award

(1) Unless otherwise agreed by the parties, the tribunal may decide what is to be taken to be the date on which the award was made.

(2) In the absence of any such decision, the date of the award shall be taken to be the date on which it is signed by the arbitrator or, where more than one arbitrator signs the award, by the last of them.

55 Notification of award

(1) The parties are free to agree on the requirements as to notification of the award to the parties.

(2) If there is no such agreement, the award shall be notified to the parties by service on them of copies of the award, which shall be done without delay after the award is made.

(3) Nothing in this section affects section 56 (power to withhold award in case of non-payment).

56 Power to withhold award in case of non-payment

(1) The tribunal may refuse to deliver an award to the parties except upon full payment of the fees and expenses of the arbitrators.

(2) If the tribunal refuses on that ground to deliver an award, a party to the arbitral proceedings may (upon notice to the other parties and the tribunal) apply to the court, which may order that

(a) the tribunal shall deliver the award on the payment into court by the applicant of the fees and expenses demanded, or such lesser amount as the court may specify,

(b) the amount of the fees and expenses properly payable shall be determined by such means and upon such terms as the court may direct, and

(c) out of the money paid into court there shall be paid out such fees and expenses as may be found to be properly payable and the balance of the money (if any) shall be paid out to the applicant.

(3) For this purpose the amount of fees and expenses properly payable is the amount the applicant is liable to pay under section 28 or any agreement relating to the payment of the arbitrators.

(4) No application to the court may be made where there is any available arbitral process for appeal or review of the amount of the fees or expenses demanded.

제53조 중재판정이 내려진 것으로 간주되는 장소

당사자가 달리 합의하지 않은 한, 중재지가 영국, 웨일즈 또는 북아일랜드인 경우 중재판정은 위 장소에서 내려진 것으로 간주되며, 서명된 장소, 당사자에게 송부된 장소는 묻지 않는다.

제54조 중재판정일

(1) 당사자가 달리 합의하지 않은 한, 중재판정부는 중재판정일을 결정할 수 있다.

(2) 전항의 결정이 없는 경우, 중재판정일은 중재인이 (1인 이상의 중재인이 있는 경우에는 마지막 중재인이) 중재판정에 서명한 날로 한다.

제55조 중재판정의 통지

(1) 당사자는 중재판정의 통지 요건에 관하여 합의할 수 있다.

(2) 전항의 합의가 없는 경우, 중재판정은 그 부본 송달을 통해 중재판정일 이후 지체 없이 통지되어야 한다.

(3) 본조의 어떠한 규정도 제56조(중재비용의 미납시 중재판정문 송부 보류)의 적용에 영향을 미치지 아니한다.

제56조 중재비용 미납 시 중재판정문 송부 보류

(1) 중재판정부는 당사자들이 중재인수당 및 경비를 완납할 때까지 중재판정문을 송부하지 아니할 수 있다.

(2) 중재판정부가 상기 이유로 판정문의 송부를 거부하는 경우 중재절차의 일방당사자는 (상대방 당사자와 중재판정부에 통지 후) 법원에 다음의 명령을 요청할 수 있다.

    (a) 중재인수당 및 경비 상당액 또는 법원이 더 적은 금액을 특정한 경우 그 금액을 당사자가 법원에 공탁하면 중재판정부가 당해 중재판정문을 송부할 것

    (b) 당사자가 납부해야 할 중재인 수당 및 경비를 법원이 정하는 조건과 방법으로 결정할 것, 그리고

    (c) 법원에 공탁한 금원으로 적절한 중재인 수당 및 경비를 지급할 것, 그리고 정산 잔액은 신청인에게 반환할 것

(3) 이 경우 납부해야 할 중재인 수당과 경비는 제28조 또는 중재인수당 지급에 관한 당사자간의 합의에 따라 신청인이 부담해야 할 금액을 말한다.

(4) 중재인수당 및 경비 금액에 대한 중재절차상 별도의 재심 및 항소 절차가 있는 경우에는 법원에 위 요청을 할 수 없다.

(5) References in this section to arbitrators include an arbitrator who has ceased to act and an umpire who has not replaced the other arbitrators.

(6) The above provisions of this section also apply in relation to any arbitral or other institution or person vested by the parties with powers in relation to the delivery of the tribunal's award.

As they so apply, the references to the fees and expenses of the arbitrators shall be construed as including the fees and expenses of that institution or person.

(7) The leave of the court is required for any appeal from a decision of the court under this section.

(8) Nothing in this section shall be construed as excluding an application under section 28 where payment has been made to the arbitrators in order to obtain the award.

57 Correction of award or additional award

(1) The parties are free to agree on the powers of the tribunal to correct an award or make an additional award.

(2) If or to the extent there is no such agreement, the following provisions apply.

(3) The tribunal may on its own initiative or on the application of a party

    (a) correct an award so as to remove any clerical mistake or error arising from an accidental slip or omission or clarify or remove any ambiguity in the award, or

    (b) make an additional award in respect of any claim (including a claim for interest or costs) which was presented to the tribunal but was not dealt with in the award.

These powers shall not be exercised without first affording the other parties a reasonable opportunity to make representations to the tribunal.

(4) Any application for the exercise of those powers must be made within 28 days of the date of the award or such longer period as the parties may agree.

(5) Any correction of an award shall be made within 28 days of the date the application was received by the tribunal or, where the correction is made by the tribunal on its own initiative, within 28 days of the date of the award or, in either case, such longer period as the parties may agree.

(6) Any additional award shall be made within 56 days of the date of the original award or such longer period as the parties may agree.

(7) Any correction of an award shall form part of the award.

58 Effect of award

(1) Unless otherwise agreed by the parties, an award made by the tribunal pursuant to an arbitration agreement is final and binding both on the parties and on any persons claiming through or under them.

(5) 본조에서 중재인은 결원된 중재인과 다른 중재인을 대신하여 임무를 수행하지 아니한 심판관을 포함한다.

(6) 이 장의 위의 규정은 중재판정문의 송부에 관한 권한을 위임받은 자, 중재기관 및 기타 기관에 대하여도 적용된다.

이 경우 중재인수당 및 경비에는 위의 자 및 기관의 수당과 경비가 포함되는 것으로 간주된다.

(7) 본조에 따른 법원의 결정에 대한 불복은 법원의 허가를 얻어야 한다.

(8) 본조의 어떠한 규정도, 중재인에 대한 수당 및 경비의 지급을 규정한 제28조의 적용에 영향을 미치지 아니한다.

제57조　중재판정의 정정 또는 추가판정

(1) 당사자는 중재판정의 정정 및 추가판정에 대한 중재판정부의 권한에 관하여 합의할 수 있다.

(2) 전항의 합의가 없는 경우 다음 규정이 적용된다.

(3) 중재판정부는 직권으로 또는 일방당사자의 신청에 따라,

　(a) 중재판정을 정정하여 계산상의 착오 또는 오류를 제거하거나, 모호한 부분을 구체화 또는 삭제할 수 있다. 또는

　(b) 중재판정부에 회부되었으나 중재판정에서 다루지 않은 모든 신청(이자 또는 비용 관련 청구를 포함하여)에 관하여 추가판정을 내릴 수 있다.

위 권한을 행사함에 있어 중재판정부는 나머지 당사자들에게 합리적인 진술 기회를 부여해야 한다.

(4) 위의 권한의 행사를 위한 요청은 중재판정일로부터 28일 이내에, 또는 당사자간에 이보다 더 긴 기간에 대한 합의가 있는 경우에는 그 기간 내에 이루어져야 한다.

(5) 중재판정의 정정은 중재판정부가 당사자의 정정 신청을 접수한 날로부터 28일 이내에, 중재판정부가 직권으로 정정하는 경우는 중재판정일로부터 28일 이내에 또는 당사자들이 합의한 기간 내에 이루어져야 한다.

(6) 추가중재판정은 원 재판정일로부터 56일 이내에 또는 당사자들이 합의한 기간 내에 내려져야 한다.

(7) 중재판정의 정정은 중재판정의 일부를 구성한다.

제58조　중재판정의 효력

(1) 당사자가 달리 합의하지 않은 한, 중재판정은 당사자 및 이들을 통해 청구하는 모든 자에 관하여 확정적이며 구속력이 있다.

(2) This does not affect the right of a person to challenge the award by any available arbitral process of appeal or review or in accordance with the provisions of this Part.

Costs of the arbitration

59 Costs of the arbitration

(1) References in this Part to the costs of the arbitration are to
    (a) the arbitrators' fees and expenses,
    (b) the fees and expenses of any arbitral institution concerned, and
    (c) the legal or other costs of the parties.

(2) Any such reference includes the costs of or incidental to any proceedings to determine the amount of the recoverable costs of the arbitration (see section 63).

60 Agreement to pay costs in any event

An agreement which has the effect that a party is to pay the whole or part of the costs of the arbitration in any event is only valid if made after the dispute in question has arisen.

61 Award of costs

(1) The tribunal may make an award allocating the costs of the arbitration as between the parties, subject to any agreement of the parties.

(2) Unless the parties otherwise agree, the tribunal shall award costs on the general principle that costs should follow the event except where it appears to the tribunal that in the circumstances this is not appropriate in relation to the whole or part of the costs.

62 Effect of agreement or award about costs

Unless the parties otherwise agree, any obligation under an agreement between them as to how the costs of the arbitration are to be borne, or under an award allocating the costs of the arbitration, extends only to such costs as are recoverable.

63 The recoverable costs of the arbitration

(1) The parties are free to agree what costs of the arbitration are recoverable.

(2) If or to the extent there is no such agreement, the following provisions apply.

(3) The tribunal may determine by award the recoverable costs of the arbitration on such basis as it thinks fit.
If it does so, it shall specify

(2) 위의 규정은 이 장의 규정에 따른 중재절차에서 불복 또는 이의제기를 통해 중재판정에 불복할 수 있는 당사자의 권리에 영향을 미치지 아니한다.

중재비용

제59조 중재비용

(1) 이 장에서 중재비용이라 함은
  (a) 중재인수당 및 경비
  (b) 관련 중재기관의 요금 및 경비, 그리고
  (c) 당사자의 법률상 또는 기타 비용을 말한다.
(2) 위 중재비용에는 상환 가능한 중재비용을 결정하기 위한 여타의 절차에 소요된 비용과 그에 부수되는 비용이 포함된다.

제60조 중재비용의 부담 합의

중재비용의 전부 또는 일부를 여하한 경우에도 일방당사자가 부담한다는 합의는 분쟁 발생 후에 이루어진 경우에 한하여 유효하다.

제61조 비용에 관한 중재판정

(1) 중재판정부는 당사자간에 부담해야 할 중재비용을 분배하는 중재판정을 내릴 수 있다. 다만 당사자간의 합의가 있는 경우에는 그에 따른다.
(2) 당사자간의 별도 합의가 없는 한, 중재판정부는 비용 산정에 관한 일반원칙에 따라 중재비용을 결정해야 한다. 다만 비용의 전부 또는 일부에 관하여 이러한 원칙을 적용하는 것이 부적합한 경우에는 그러하지 아니하다.

제62조 비용에 관한 당사자간 합의 또는 중재판정의 효력

당사자간의 별도 합의가 없는 한, 중재비용의 부담방법에 관한 당사자간의 합의 또는 중재비용의 부담방법을 명시한 중재판정에 따라 당사자가 부담해야 할 채무는 상환청구를 할 수 있는 비용(판정으로 지급받을 수 있는 금액)을 그 한도로 한다.

제63조 상황청구를 할 수 있는 중재비용

(1) 당사자는 중재비용 가운데 상환청구를 할 수 있는 부분을 합의로 정할 수 있다.
(2) 전항의 합의가 없는 경우에는 다음의 규정을 적용한다.
(3) 중재판정부는 적절한 기준에 따라 상환청구가 가능한 중재비용을 중재판정으로 결정할 수 있다.
  이 경우 중재판정부는

(a) the basis on which it has acted, and

(b) the items of recoverable costs and the amount referable to each.

(4) If the tribunal does not determine the recoverable costs of the arbitration, any party to the arbitral proceedings may apply to the court (upon notice to the other parties) which may

(a) determine the recoverable costs of the arbitration on such basis as it thinks fit, or

(b) order that they shall be determined by such means and upon such terms as it may specify.

(5) Unless the tribunal or the court determines otherwise

(a) the recoverable costs of the arbitration shall be determined on the basis that there shall be allowed a reasonable amount in respect of all costs reasonably incurred, and

(b) any doubt as to whether costs were reasonably incurred or were reasonable in amount shall be resolved in favour of the paying party.

(6) The above provisions have effect subject to section 64 (recoverable fees and expenses of arbitrators).

(7) Nothing in this section affects any right of the arbitrators, any expert, legal adviser or assessor appointed by the tribunal, or any arbitral institution, to payment of their fees and expenses.

64 Recoverable fees and expenses of arbitrators

(1) Unless otherwise agreed by the parties, the recoverable costs of the arbitration shall include in respect of the fees and expenses of the arbitrators only such reasonable fees and expenses as are appropriate in the circumstances.

(2) If there is any question as to what reasonable fees and expenses are appropriate in the circumstances, and the matter is not already before the court on an application under section 63(4), the court may on the application of any party (upon notice to the other parties)

(a) determine the matter, or

(b) order that it be determined by such means and upon such terms as the court may specify.

(3) Subsection (1) has effect subject to any order of the court under section 24(4) or 25(3) (b) (order as to entitlement to fees or expenses in case of removal or resignation of arbitrator).

(4) Nothing in this section affects any right of the arbitrator to payment of his fees and expenses.

65 Power to limit recoverable costs

(1) Unless otherwise agreed by the parties, the tribunal may direct that the recoverable costs of the arbitration, or of any part of the arbitral proceedings, shall be limited to a specified amount.

(2) Any direction may be made or varied at any stage, but this must be done sufficiently

(a) 그러한 결정의 근거, 그리고

(b) 상환청구 가능한 비용의 항목과 각 항목에 대한 금액을 명시하여야 한다.

(4) 중재판정부가 상환청구 가능한 중재비용을 결정하지 않는 경우, 중재절차의 당사자는 (상대방 당사자에게 통지 후) 법원에 다음을 요청할 수 있다.

(a) 법원이 적절하다고 판단하는 기준에 따라 상환청구 가능한 중재비용을 결정할 것, 또는

(b) 법원이 특정하는 조건과 방법에 따라 위 비용을 산정할 것을 명령할 것

(5) 중재판정부 또는 법원이 달리 결정하지 않는 한,

(a) 상환청구 가능한 중재비용은, 이미 발생한 비용에 관하여 합리적 금액을 인정한다는 기본원칙에 따라 결정되어야 한다. 그리고

(b) 비용이 합리적으로 지출되었는지와 적절한 수준인지 여부의 판단은 실제로 비용을 부담한 당사자에게 유리하게 해석되어야 한다.

(6) 위의 규정은 제64조(상환 가능한 중재인수당 및 경비)의 규정에 따른다.

(7) 본조의 규정은 중재인, 전문가, 법률자문인 또는 중재판정부나 기타 중재기관이 선정한 보좌인이 자신의 수당 및 경비에 대해 갖는 권리에 영향을 미치지 아니한다.

제64조   상환청구 가능한 중재인수당 및 경비

(1) 당사자가 달리 합의하지 않은 한, 상환청구 가능한 중재비용은 중재인수당과 경비 중에 사정상 타당하다고 판단되는 합리적인 수당과 경비만을 포함한다.

(2) 합리적인 수당과 경비에 관한 이의가 제기되고 그에 관한 결정을 제63조 제4항에 따라 법원에 요청하기 전, 법원은 일방당사자의 신청(다른 당사자에게 통지 후)에 따라

(a) 당해 문제를 결정하거나, 또는

(b) 법원이 특정하는 조건과 방법에 따라 해결하도록 명할 수 있다.

(3) 제1항의 규정은 제24조 제4항 또는 제25조 제3항(중재인이 해임 또는 사임하는 경우 중재인수당 및 경비청구권에 관한 명령)에 따른 법원의 명령에 제한을 받는다.

(4) 본조의 어떠한 규정도 중재인의 수당 및 경비청구권에 대해 영향을 미치지 아니한다.

제65조   상환청구가 가능한 비용을 제한할 권한

(1) 당사자가 달리 합의하지 않은 한, 중재판정부는 상환청구 가능한 중재비용, 또는 중재절차의 일부와 관련하여 상환청구가 가능한 중재비용을 일정 한도로 제한할 수 있다.

(2) 중재판정부는 중재절차의 어느 단계에서도 상환청구 가능한 중재비용의 제한과 관련한 지시를 할 수 있다. 다만 그러한 지시는 제한의 대상이 되는 비용이 발생하기 이전 또는 당사자들이 그러한 제한을 고려하여 중재절차상 별도의 조치를 취하기 전에 내려져야 한다.

in advance of the incurring of costs to which it relates, or the taking of any steps in the proceedings which may be affected by it, for the limit to be taken into account.

Powers of the court in relation to award

66 Enforcement of the award

(1) An award made by the tribunal pursuant to an arbitration agreement may, by leave of the court, be enforced in the same manner as a judgment or order of the court to the same effect.

(2) Where leave is so given, judgment may be entered in terms of the award.

(3) Leave to enforce an award shall not be given where, or to the extent that, the person against whom it is sought to be enforced shows that the tribunal lacked substantive jurisdiction to make the award.

The right to raise such an objection may have been lost (see section 73).

(4) Nothing in this section affects the recognition or enforcement of an award under any other enactment or rule of law, in particular under Part II of the Arbitration Act 1950 (enforcement of awards under Geneva Convention) or the provisions of Part III of this Act relating to the recognition and enforcement of awards under the New York Convention or by an action on the award.

67 Challenging the award: substantive jurisdiction

(1) A party to arbitral proceedings may (upon notice to the other parties and to the tribunal) apply to the court

(a) challenging any award of the arbitral tribunal as to its substantive jurisdiction; or

(b) for an order declaring an award made by the tribunal on the merits to be of no effect, in whole or in part, because the tribunal did not have substantive jurisdiction.

A party may lose the right to object (see section 73) and the right to apply is subject to the restrictions in section 70(2) and (3).

(2) The arbitral tribunal may continue the arbitral proceedings and make a further award while an application to the court under this section is pending in relation to an award as to jurisdiction.

(3) On an application under this section challenging an award of the arbitral tribunal as to its substantive jurisdiction, the court may by order

(a) confirm the award,

(b) vary the award, or

(c) set aside the award in whole or in part.

(4) The leave of the court is required for any appeal from a decision of the court under this section.

중재판정과 관련한 법원의 권한

제66조 중재판정의 집행

(1) 중재합의에 따라 중재판정부가 내린 중재판정은, 법원의 승인을 얻어 법원 판결 또는 명령과 같은 효력을 갖고서 동일한 방법으로 집행될 수 있다.

(2) 법원의 허가를 얻은 경우, 중재판정의 내용대로 법원 판결이 내려질 수 있다.

(3) 중재판정 집행의 상대방이 중재판정부에 실체적 관할권이 없음을 입증한 경우에는 중재판정의 집행을 허가하여서는 아니 된다.

위의 항변권은 일정한 경우 상실될 수 있다(제73조 참조).

(4) 본조의 어떠한 규정도 다른 법률 또는 1950년 중재법(제네바협약에 따른 중재판정의 집행) 제Ⅱ장상의 법 원칙에 따른 중재판정의 승인 및 집행, 또는 뉴욕협약에 따른 중재판정의 승인 및 집행에 관한 이 법 제Ⅲ장의 규정에 영향을 미치지 아니한다.

제67조 중재판정에 대한 불복: 본안에 관한 관할권

(1) 중재절차의 일방당사자는 (다른 당사자와 중재판정부에 통지 후) 법원에,

　(a) 중재판정부에 실체적 관할권이 없음을 이유로 중재판정에 대한 불복을 제기할 수 있거나, 또는

　(b) 중재판정부에게 실체적 관할권이 없음을 이유로, 중재판정부가 본안에 관하여 내린 중재판정의 전부 또는 일부가 무효임을 확인하는 명령을 신청할 수 있다.

당사자는 일정한 경우 위의 항변권을 상실할 수 있으며(제73조 참조), 법원에 대한 위 신청권은 제70조 제2항 및 제3항의 제한을 받는다.

(2) 중재판정부는 관할권에 관한 중재판정과 관련하여 본조에 따른 신청이 법원에 계류 중인 경우에도 중재절차를 계속하여 추가판정을 내릴 수 있다.

(3) 중재판정부의 실체적 권한에 관한 중재판정에 대하여 불복 신청이 접수된 경우, 법원은 명령으로써

　(a) 중재판정을 확정하거나

　(b) 이를 변경하거나, 또는

　(c) 중재판정의 전부 또는 일부를 취소할 수 있다.

(4) 본조에 따른 법원의 결정에 대한 불복은 법원의 허가를 얻어야 한다.

68 Challenging the award: serious irregularity

(1) A party to arbitral proceedings may (upon notice to the other parties and to the tribunal) apply to the court challenging an award in the proceedings on the ground of serious irregularity affecting the tribunal, the proceedings or the award.

A party may lose the right to object (see section 73) and the right to apply is subject to the restrictions in section 70(2) and (3).

(2) Serious irregularity means an irregularity of one or more of the following kinds which the court considers has caused or will cause substantial injustice to the applicant

(a) failure by the tribunal to comply with section 33 (general duty of tribunal);

(b) the tribunal exceeding its powers (otherwise than by exceeding its substantive jurisdiction: see section 67);

(c) failure by the tribunal to conduct the proceedings in accordance with the procedure agreed by the parties;

(d) failure by the tribunal to deal with all the issues that were put to it;

(e) any arbitral or other institution or person vested by the parties with powers in relation to the proceedings or the award exceeding its powers;

(f) uncertainty or ambiguity as to the effect of the award;

(g) the award being obtained by fraud or the award or the way in which it was procured being contrary to public policy;

(h) failure to comply with the requirements as to the form of the award; or

(i) any irregularity in the conduct of the proceedings or in the award which is admitted by the tribunal or by any arbitral or other institution or person vested by the parties with powers in relation to the proceedings or the award.

(3) If there is shown to be serious irregularity affecting the tribunal, the proceedings or the award, the court may

(a) remit the award to the tribunal, in whole or in part, for reconsideration,

(b) set the award aside in whole or in part, or

(c) declare the award to be of no effect, in whole or in part.

The court shall not exercise its power to set aside or to declare an award to be of no effect, in whole or in part, unless it is satisfied that it would be inappropriate to remit the matters in question to the tribunal for reconsideration.

(4) The leave of the court is required for any appeal from a decision of the court under this section.

69 Appeal on point of law

(1) Unless otherwise agreed by the parties, a party to arbitral proceedings may (upon notice to the other parties and to the tribunal) appeal to the court on a question of law arising out of

제68조　중재판정에 대한 불복: 중대한 위법

(1) 중재절차의 당사자는 (상대방 당사자와 중재판정부에 통지 후) 중재판정부와 중재절차에 또는 중재판정에 영향을 미친 중대한 위법을 사유로 법원에 중재판정의 불복을 신청할 수 있다.

　　당사자는 일정한 경우 이러한 항변권을 상실할 수 있으며(제73조 참조) 법원에 대한 위 신청권은 제70조 제2항 및 제3항의 제한을 받는다.

(2) 중대한 위법이라 함은 신청인에게 실질적인 부정의를 초래하였거나 초래할 것으로 보이는 다음의 위법을 포함한다.

　　(a) 중재판정부가 제33조(중재판정부의 일반 의무)의 규정을 준수하지 않은 경우

　　(b) 중재판정부가 (실체적 관할권을 벗어난 경우가 아닌: 제67조 참조) 그 권한을 유월한 경우

　　(c) 중재판정부가 당사자의 합의된 절차를 따르지 않은 경우

　　(d) 중재판정부가 중재에 회부된 신청의 일부를 다루지 않은 경우

　　(e) 중재기관, 당사자들로부터 중재절차 및 중재판정에 관한 권한을 위임받은 자 및 기관이 그 권한을 유월한 경우

　　(f) 중재판정의 효력에 대한 불확실 또는 모호한 부분이 있는 경우

　　(g) 사기에 의해 중재판정이 내려진 경우 또는 중재판정이나 동 판정에 이른 과정이 공서에 반하는 경우

　　(h) 중재판정의 형식에 관한 요건을 따르지 않은 경우 또는

　　(i) 중재절차 수행과정에서의 위법이 있거나 중재절차 또는 중재판정에 관한 권한을 위임받은 자 및 기관이 승인한 중재판정상에 위법이 있는 경우

(3) 중재판정부, 중재절차 또는 중재판정에 영향을 미치는 중대한 위법이 있는 경우 법원은,

　　(a) 중재판정의 일부 또는 전부의 재심을 위해 중재판정부에 중재판정을 환송하거나

　　(b) 중재판정의 일부 또는 전부를 취소하거나, 또는

　　(c) 중재판정 일부 또는 전부의 무효를 선언할 수 있다.

　　법원은 중재판정부에 환송하는 것이 부적합하다고 판단하지 않는 한, 중재판정 일부 또는 전부의 취소 또는 무효 선언에 관한 권한을 행사해서는 아니 된다.

(4) 본조에 따른 법원의 결정에 대한 불복은 법원의 허가를 얻어야 한다.

제69조　법률문제에 관한 항소

(1) 당사자가 달리 합의하지 않은 한, 중재절차의 당사자는 중재판정상의 법률문제에 관하여 법원에 항소할 수 있다. 중재판정의 이유를 생략하기로 한 당사자간의 합의는 본조

an award made in the proceedings.

An agreement to dispense with reasons for the tribunal's award shall be considered an agreement to exclude the court's jurisdiction under this section.

(2) An appeal shall not be brought under this section except

    (a) with the agreement of all the other parties to the proceedings, or

    (b) with the leave of the court.

The right to appeal is also subject to the restrictions in section 70(2) and (3).

(3) Leave to appeal shall be given only if the court is satisfied

    (a) that the determination of the question will substantially affect the rights of one or more of the parties,

    (b) that the question is one which the tribunal was asked to determine,

    (c) that, on the basis of the findings of fact in the award

        (i) the decision of the tribunal on the question is obviously wrong, or

        (ii) the question is one of general public importance and the decision of the tribunal is at least open to serious doubt, and

    (d) that, despite the agreement of the parties to resolve the matter by arbitration, it is just and proper in all the circumstances for the court to determine the question.

(4) An application for leave to appeal under this section shall identify the question of law to be determined and state the grounds on which it is alleged that leave to appeal should be granted.

(5) The court shall determine an application for leave to appeal under this section without a hearing unless it appears to the court that a hearing is required.

(6) The leave of the court is required for any appeal from a decision of the court under this section to grant or refuse leave to appeal.

(7) On an appeal under this section the court may by order

    (a) confirm the award,

    (b) vary the award,

    (c) remit the award to the tribunal, in whole or in part, for reconsideration in the light of the court's determination, or

    (d) set aside the award in whole or in part.

The court shall not exercise its power to set aside an award, in whole or in part, unless it is satisfied that it would be inappropriate to remit the matters in question to the tribunal for reconsideration.

(8) The decision of the court on an appeal under this section shall be treated as a judgment of the court for the purposes of a further appeal.

But no such appeal lies without the leave of the court which shall not be given unless the

에 따른 법원의 관할을 배제하기로 하는 합의로 간주한다.

(2) 본조에 따른 항소는 다음의 경우에 한한다.

    (a) 중재절차의 다른 모든 당사자의 합의가 있는 경우, 또는

    (b) 법원의 허가를 얻은 경우

    또한 본조에 따른 항소는 제70조 제2항 및 제3항의 제한을 받는다.

(3) 법원은 다음의 경우에 한하여 항소를 허가해야 한다.

    (a) 법률문제에 관한 법원의 결정이 당사자의 권리에 실질적인 영향을 미치게 될 경우

    (b) 중재판정부가 그 결정을 하도록 요청받은 바 있는 법률문제인 경우

    (c) 중재판정에 나타난 사실관계에 비추어,

        (i) 법률문제에 대한 중재판정부의 결정이 명백히 오류이거나, 또는

        (ii) 동 법률문제가 공적으로 중대한 사항이고 그에 대한 중재판정부의 결정에 중대

           한 의문의 여지가 있다고 보이는 경우, 그리고

    (d) 당해 문제를 중재로 해결하기로 하는 당사자의 합의에도 불구하고 모든 사정에 비

       추어 법원이 위 문제를 결정하는 것이 적절하다고 보여지는 경우

(4) 본조에 따른 항소허가신청을 함에 있어서는 당해 법률문제를 구체적으로 적시하고 항

   소 허가의 근거를 명시하여야 한다.

(5) 법원은 별도 심리가 필요하다고 인정하지 않는 한, 심리 없이 본조에 따른 위 허가신청

   에 대해 결정해야 한다.

(6) 법원의 본조에 따른 항소의 허가 또는 거절 결정에 대한 불복은 법원의 허가를 얻어야

   한다.

(7) 본조에 따른 불복에 대하여 법원은 명령으로써,

    (a) 중재판정을 확정하거나,

    (b) 중재판정을 변경하거나,

    (c) 중재판정부에 중재판정의 일부 또는 전부를 환송하여 법원의 결정을 참조하여 재

       검토하도록 하거나, 또는

    (d) 중재판정의 일부 또는 전부를 취소할 수 있다.

    법원은 중재판정부에 재심을 위해 환송하는 것이 부적합하다고 판단하지 않는 한, 중재

   판정 일부 또는 전부를 취소하여서는 아니 된다.

(8) 본조에 따른 불복에 대한 법원의 결정은 그 상위의 불복에 관하여 법원의 판결과 같이

   취급된다.

    그에 대한 불복은 법원의 허가를 얻어야 하며, 법원은 그 문제가 일반적으로 중요한 것

   이거나 다른 특별한 이유로 항소법원이 심리해야 하는 것으로 판단하지 않는 한 그 허

   가를 하여서는 아니 된다.

court considers that the question is one of general importance or is one which for some other special reason should be considered by the Court of Appeal.

70 Challenge or appeal: supplementary provisions

(1) The following provisions apply to an application or appeal under section 67, 68 or 69.

(2) An application or appeal may not be brought if the applicant or appellant has not first exhausted

(a) any available arbitral process of appeal or review, and

(b) any available recourse under section 57 (correction of award or additional award).

(3) Any application or appeal must be brought within 28 days of the date of the award or, if there has been any arbitral process of appeal or review, of the date when the applicant or appellant was notified of the result of that process.

(4) If on an application or appeal it appears to the court that the award

(a) does not contain the tribunal's reasons, or

(b) does not set out the tribunal's reasons in sufficient detail to enable the court properly to consider the application or appeal,

the court may order the tribunal to state the reasons for its award in sufficient detail for that purpose.

(5) Where the court makes an order under subsection (4), it may make such further order as it thinks fit with respect to any additional costs of the arbitration resulting from its order.

(6) The court may order the applicant or appellant to provide security for the costs of the application or appeal, and may direct that the application or appeal be dismissed if the order is not complied with.

The power to order security for costs shall not be exercised on the ground that the applicant or appellant is

(a) an individual ordinarily resident outside the United Kingdom, or

(b) a corporation or association incorporated or formed under the law of a country outside the United Kingdom, or whose central management and control is exercised outside the United Kingdom.

(7) The court may order that any money payable under the award shall be brought into court or otherwise secured pending the determination of the application or appeal, and may direct that the application or appeal be dismissed if the order is not complied with.

(8) The court may grant leave to appeal subject to conditions to the same or similar effect as an order under subsection (6) or (7).

This does not affect the general discretion of the court to grant leave subject to conditions.

제70조 불복 또는 항소: 보충적 규정

(1) 아래 규정은 제67조, 제68조 및 제69조에 다른 불복 및 항소에 적용된다.

(2) 위의 신청 및 항소를 구하기 위하여 불복신청인 또는 항소인은 아래의 절차를 우선 경유하여야 한다.

    (a) 중재절차상의 모든 이의제기 또는 재심절차, 그리고

    (b) 제57조(중재판정의 정정 또는 추가판정)상의 모든 구제절차

(3) 본조에 따른 모든 신청 또는 항소는 중재판정일로부터 28일 이내에, 중재절차상의 항소나 재심절차가 있는 경우에는 신청인 또는 항소인이 그 결정을 통지받은 날로부터 28일 이내에 제기되어야 한다.

(4) 위의 신청 또는 항소가 제기된 경우 중재판정에

    (a) 중재판정의 이유가 생략되어 있거나, 또는

    (b) 법원이 위 신청 또는 항소를 검토하기에 충분한 판정이유가 설시되어 있지 않은 경우

법원은 중재판정부에 중재판정의 이유를 상세히 기재하도록 명할 수 있다.

(5) 본조 제4항에 따른 명령을 내리는 경우, 법원은 동 명령에 따라 발생한 중재절차상의 추가비용과 관련하여 적절하다고 판단되는 추가명령을 내릴 수 있다.

(6) 법원은 신청인 또는 항소인에게 동 신청 또는 항소 비용에 대한 담보 제공을 명할 수 있으며 이를 이행하지 않을 경우 위 신청 또는 항소를 기각할 수 있다. 법원의 담보제공 명령권은 다음 사유에 해당하는 경우에는 이를 행사할 수 없다.

    (a) 신청인 또는 항소인이 영국 내에 거주하지 않는 개인인 경우, 또는

    (b) 영국 이외 국가의 법률에 따라 설립된 법인 또는 기관인 경우 또는 그에 대한 관리와 지배가 영국 외에서 행사되는 경우

(7) 법원은 중재판정에 따라 지급해야 할 금원을 법원에 공탁하도록 하거나 위의 신청 또는 항소에 대한 결정시까지 이를 담보로 설정하도록 명할 수 있으며 불이행시 위 신청 또는 항소를 기각할 수 있다.

(8) 법원은 본조 제6항 또는 제7항의 명령과 동일한 취지의 조건에 따를 것을 조건으로 위 항소를 허가할 수 있다.

이는 일정한 조건에 따라 허가를 부여할 수 있는 법원의 일반적 재량권에 영향을 미치지 아니한다.

71 Challenge or appeal: effect of order of court

(1) The following provisions have effect where the court makes an order under section 67, 68 or 69 with respect to an award.

(2) Where the award is varied, the variation has effect as part of the tribunal's award.

(3) Where the award is remitted to the tribunal, in whole or in part, for reconsideration, the tribunal shall make a fresh award in respect of the matters remitted within three months of the date of the order for remission or such longer or shorter period as the court may direct.

(4) Where the award is set aside or declared to be of no effect, in whole or in part, the court may also order that any provision that an award is a condition precedent to the bringing of legal proceedings in respect of a matter to which the arbitration agreement applies, is of no effect as regards the subject matter of the award or, as the case may be, the relevant part of the award.

Miscellaneous

72 Saving for rights of person who takes no part in proceedings

(1) A person alleged to be a party to arbitral proceedings but who takes no part in the proceedings may question

(a) whether there is a valid arbitration agreement,

(b) whether the tribunal is properly constituted, or

(c) what matters have been submitted to arbitration in accordance with the arbitration agreement,

by proceedings in the court for a declaration or injunction or other appropriate relief.

(2) He also has the same right as a party to the arbitral proceedings to challenge an award

(a) by an application under section 67 on the ground of lack of substantive jurisdiction in relation to him, or

(b) by an application under section 68 on the ground of serious irregularity (within the meaning of that section) affecting him;

and section 70(2) (duty to exhaust arbitral procedures) does not apply in his case.

73 Loss of right to object

(1) If a party to arbitral proceedings takes part, or continues to take part, in the proceedings without making, either forthwith or within such time as is allowed by the arbitration agreement or the tribunal or by any provision of this Part, any objection

(a) that the tribunal lacks substantive jurisdiction,

(b) that the proceedings have been improperly conducted,

(c) that there has been a failure to comply with the arbitration agreement or with any

제71조 불복 또는 항소: 법원 명령의 효력

(1) 아래 규정은 법원이 중재판정과 관련하여 제67조, 제68조 및 제69조에 따른 명령을 내리는 경우 효력을 갖는다.

(2) 중재판정이 변경되는 경우 이는 중재판정의 일부로서 효력을 갖는다.

(3) 중재판정의 일부 또는 전부가 중재판정부에 재심을 위해 환송된 경우, 중재판정부는 위 법원의 환송 명령일로부터 3개월 이내에 또는 법원이 지정하는 기일 내에 환송된 부분에 관하여 새로운 중재판정을 내려야 한다.

(4) 중재판정의 일부 또는 전부가 취소 또는 무효 선언된 경우 법원은, 중재판정이 중재합의의 대상에 관한 소송절차 개시를 위한 선결조건이라는 조항은 중재판정의 본안 또는 해당 부분과 관련하여 무효라는 것을 함께 명령하여야 한다.

잡 칙

제72조 중재절차에 참여하지 않은 자의 권리 보전

(1) 중재절차의 당사자이면서 절차에 참여하지 않은 자는,

  (a) 유효한 중재합의가 있는지 여부

  (b) 중재판정부가 적절히 구성되었는지 여부, 또는

  (c) 중재합의에 따라 중재에 회부된 사안이 무엇인지에 관하여

  법원의 선고 또는 금지명령에 관한 절차 또는 기타 적절한 구제절차를 통해 이의를 제기할 수 있다.

(2) 또한 다음의 방법을 통하여 중재절차의 당사자와 동일한, 중재판정에 이의를 제기할 수 있는 권리를 갖는다.

  (a) 관할권 없음을 이유로 한 제67조에 따른 신청, 또는

  (b) 중대한 위법을 이유로 한 제68조에 따른 신청

  그러나 제70조 제2항(중재절차 사전경유 의무)은 적용되지 않는다.

제73조 항변권 상실

(1) 중재절차의 일방당사자가 절차에 참여하였거나 계속 참여하여 중재합의나 중재판정부 또는 이 장의 기타 규정이 허용하는 기간 내에

  (a) 중재판정부에게 실체적 관할권이 없거나

  (b) 중재절차가 부적절하게 수행되었거나

  (c) 중재합의 또는 이 장의 규정을 따르지 아니하였거나, 또는

provision of this Part, or

(d) that there has been any other irregularity affecting the tribunal or the proceedings,

he may not raise that objection later, before the tribunal or the court, unless he shows that, at the time he took part or continued to take part in the proceedings, he did not know and could not with reasonable diligence have discovered the grounds for the objection.

(2) Where the arbitral tribunal rules that it has substantive jurisdiction and a party to arbitral proceedings who could have questioned that ruling

(a) by any available arbitral process of appeal or review, or

(b) by challenging the award,

does not do so, or does not do so within the time allowed by the arbitration agreement or any provision of this Part, he may not object later to the tribunal's substantive jurisdiction on any ground which was the subject of that ruling.

74 Immunity of arbitral institutions, &c

(1) An arbitral or other institution or person designated or requested by the parties to appoint or nominate an arbitrator is not liable for anything done or omitted in the discharge or purported discharge of that function unless the act or omission is shown to have been in bad faith.

(2) An arbitral or other institution or person by whom an arbitrator is appointed or nominated is not liable, by reason of having appointed or nominated him, for anything done or omitted by the arbitrator (or his employees or agents) in the discharge or purported discharge of his functions as arbitrator.

(3) The above provisions apply to an employee or agent of an arbitral or other institution or person as they apply to the institution or person himself.

75 Charge to secure payment of solicitors' costs

The powers of the court to make declarations and orders under section 73 of the Solicitors Act 1974 or Article 71H of the Solicitors (Northern Ireland) Order 1976 (power to charge property recovered in the proceedings with the payment of solicitors' costs) may be exercised in relation to arbitral proceedings as if those proceedings were proceedings in the court.

Supplementary

76 Service of notices, &c

(1) The parties are free to agree on the manner of service of any notice or other document required or authorised to be given or served in pursuance of the arbitration agreement or for the purposes of the arbitral proceedings.

(2) If or to the extent that there is no such agreement the following provisions apply.

(d) 중재판정부 또는 절차에 영향을 미치는 위법이 있었다는 주장을 하지 않는 경우 중재절차에 참여할 당시 이의제기의 사유를 알지 못했고 상당한 주의를 기울여도 발견할 수 없었다는 점을 입증하지 않는 한, 중재판정부 또는 법원에 대하여 차후에 그러한 이의를 제기할 수 없다.

(2) 중재판정부가 스스로 관할권 있음을 설시하고, 중재절차의 당사자가

    (a) 중재절차상의 이의제기 또는 재심절차를 통해, 또는

    (b) 중재판정에 대한 불복을 통해

그러한 중재판정부의 관할권 결정에 관해 항변할 수 있었음에도 그리 하지 않거나 중재합의 또는 이 장의 규정에서 허용하는 기간 내에 이의를 제기하지 않는 경우, 중재절차에 참여한 자는 위 관할권 결정의 대상인 사유를 근거로 중재판정부의 실질적 관할권에 관하여 항변할 수 없다.

제74조 중재기관의 면책 등

(1) 당사자로부터 중재인의 선정 또는 선임에 관한 요청을 받은 자, 중재기관 및 기타 기관은 위 선정 또는 선임과 관련한 행위에 악의가 없는 한 면책된다.

(2) 중재인을 선정 또는 선임한 자, 중재기관 및 기타 기관은 중재인선정 또는 선임의 사실을 이유로 중재인의 업무수행과 관련한 행위에 대하여 책임을 지지 아니한다.

(3) 상기 규정은 전술한 자 및 기관의 고용인 또는 대리인에 대해서도 적용된다.

제75조 변호사비용 지급의 확보를 위한 수수료

「1974년 변호사법」 제73조 또는 「1976년 북아일랜드 변호사법」 제71H조(소송에서 얻은 자산에 대한 변호사비용 부과권)상의 선언 또는 명령을 내릴 수 있는 법원의 소송절차상의 권한은 중재절차와 관련해서도 행사될 수 있다.

보칙

제76조 송달 등

(1) 당사자는 중재합의에 따라 또는 중재절차상 제출, 송달이 요구되거나 허용되는 제반 통지나 서류의 송달 방법에 관하여 합의할 수 있다.

(2) 전항의 합의가 없는 경우 아래 규정이 적용된다.

(3) A notice or other document may be served on a person by any effective means.

(4) If a notice or other document is addressed, pre-paid and delivered by post

    (a) to the addressee's last known principal residence or, if he is or has been carrying on a trade, profession or business, his last known principal business address, or

    (b) where the addressee is a body corporate, to the body's registered or principal office,

it shall be treated as effectively served.

(5) This section does not apply to the service of documents for the purposes of legal proceedings, for which provision is made by rules of court.

(6) References in this Part to a notice or other document include any form of communication in writing and references to giving or serving a notice or other document shall be construed accordingly.

77 Powers of court in relation to service of documents

(1) This section applies where service of a document on a person in the manner agreed by the parties, or in accordance with provisions of section 76 having effect in default of agreement, is not reasonably practicable.

(2) Unless otherwise agreed by the parties, the court may make such order as it thinks fit

    (a) for service in such manner as the court may direct, or

    (b) dispensing with service of the document.

(3) Any party to the arbitration agreement may apply for an order, but only after exhausting any available arbitral process for resolving the matter.

(4) The leave of the court is required for any appeal from a decision of the court under this section.

78 Reckoning periods of time

(1) The parties are free to agree on the method of reckoning periods of time for the purposes of any provision agreed by them or any provision of this Part having effect in default of such agreement.

(2) If or to the extent there is no such agreement, periods of time shall be reckoned in accordance with the following provisions.

(3) Where the act is required to be done within a specified period after or from a specified date, the period begins immediately after that date.

(4) Where the act is required to be done a specified number of clear days after a specified date, at least that number of days must intervene between the day on which the act is done and that date.

(5) Where the period is a period of seven days or less which would include a Saturday, Sunday or a public holiday in the place where anything which has to be done within the period falls

(3) 특정인에 대한 통지나 서류의 송달은 모든 효율적인 방법으로 할 수 있다.

(4) 통지 또는 기타 서류가 우편으로

   (a) 수령인의 최후로 알려진 주된 거주지에, 또는 상거래를 영위하고 있는 자의 최후로 알려진 주된 영업소에 전달된 경우, 또는

   (b) 법인인 수령인의 등록된 또는 주된 사무소에 전달된 경우 유효하게 송달된 것으로 본다.

(5) 본조의 규정은 법원 규칙이 적용되는 소송절차상의 서류송달에는 적용되지 아니한다.

(6) 이 장에서 통지 또는 기타 서류라 함은 모든 형식의 서면 교환을 포함하며, 통지 또는 기타 서류의 제출 및 송달이라 함은 위 취지에 따라 해석되어야 한다.

제77조　서류 송달에 관한 법원의 권한

(1) 본조의 규정은 당사자의 합의에 따른 서류 송달이 그러한 합의가 없을 시에는 제76조 상의 서류 송달이 부적합한 경우에 적용된다.

(2) 당사자가 달리 합의하지 않은 한, 법원은 적절하다고 판단되는 다음의 명령을 내릴 수 있다.

   (a) 법원이 지시하는 방법으로 송달할 것, 또는

   (b) 서류의 송달을 생략할 것

(3) 중재합의의 당사자는 누구라도 위 명령을 신청할 수 있으나 중재절차상의 가능한 모든 절차를 우선 경유하여야 한다.

(4) 본조에 따른 법원의 결정에 대한 불복은 법원의 허가를 얻어야 한다.

제78조　기간 산정

(1) 당사자는 합의에 따른, 그러한 합의가 없는 경우에는 이 장의 규정에 따른 기간산정방법에 관하여 합의할 수 있다.

(2) 전항의 합의가 없는 경우 기간산정은 아래의 규정에 따른다.

(3) 특정일 후 또는 그 날로부터 특정한 기간 내에 일정한 이행이 요구되는 경우 당해 기간은 위 특정일로부터 기산한다.

(4) 특정일로부터 공휴일을 제외한 수 일 내에 일정한 행위의 이행이 요구되는 경우, 그 이행일과 전술한 특정일 사이의 기간은 위 수 일 사이의 기간이어야 한다.

(5) 특정 기간이 일주일(7일)이거나 또는 토요일, 일요일 기타 공휴일이 포함되어 있어 이보다 짧은 기간인 경우에는 이를 기간 산정에서 제외한다.

to be done, that day shall be excluded.

In relation to England and Wales or Northern Ireland, a "public holiday" means Christmas Day, Good Friday or a day which under the Banking and Financial Dealings Act 1971 is a bank holiday.

79 Power of court to extend time limits relating to arbitral proceedings

(1) Unless the parties otherwise agree, the court may by order extend any time limit agreed by them in relation to any matter relating to the arbitral proceedings or specified in any provision of this Part having effect in default of such agreement.

This section does not apply to a time limit to which section 12 applies (power of court to extend time for beginning arbitral proceedings, &c.).

(2) An application for an order may be made

    (a) by any party to the arbitral proceedings (upon notice to the other parties and to the tribunal), or

    (b) by the arbitral tribunal (upon notice to the parties).

(3) The court shall not exercise its power to extend a time limit unless it is satisfied

    (a) that any available recourse to the tribunal, or to any arbitral or other institution or person vested by the parties with power in that regard, has first been exhausted, and

    (b) that a substantial injustice would otherwise be done.

(4) The court's power under this section may be exercised whether or not the time has already expired.

(5) An order under this section may be made on such terms as the court thinks fit.

(6) The leave of the court is required for any appeal from a decision of the court under this section.

80 Notice and other requirements in connection with legal proceedings

(1) References in this Part to an application, appeal or other step in relation to legal proceedings being taken "upon notice" to the other parties to the arbitral proceedings, or to the tribunal, are to such notice of the originating process as is required by rules of court and do not impose any separate requirement.

(2) Rules of court shall be made

    (a) requiring such notice to be given as indicated by any provision of this Part, and

    (b) as to the manner, form and content of any such notice.

(3) Subject to any provision made by rules of court, a requirement to give notice to the tribunal of legal proceedings shall be construed

    (a) if there is more than one arbitrator, as a requirement to give notice to each of them; and

    (b) if the tribunal is not fully constituted, as a requirement to give notice to any arbitrator

영국, 웨일즈 또는 북아일랜드에서, '공휴일'이라 함은 성탄절, Good Friday 또는 1971
년 은행·재정거래법상의 은행휴무일을 가리킨다.

제79조 중재절차와 관련한 법원의 기한연장 권한

(1) 당사자가 달리 합의하지 않은 한, 법원은 명령으로써 중재절차와 관련하여 당사자가 합
의한 기한, 그러한 합의가 없는 경우에는 이 장의 규정에 따른 기한을 연장할 수 있다.
제12조(법원의 중재절차 개시 기한 연장권)상의 기한에 관하여는 이 조의 규정이 적용
되지 아니한다.

(2) 위 명령은

    (a) 중재절차의 당사자(상대당사자와 중재판정부에 통지 후), 또는

    (b) 중재판정부(당사자들에게 통지 후)가 요청할 수 있다.

(3) 법원은 다음의 경우에 한하여 기한을 연장할 수 있다.

    (a) 중재판정부 또는 기한연장에 관한 권한을 갖고 있는 자, 중재기관 또는 기타의 기관
에 가능한 모든 구제절차를 우선 경유한 경우, 그리고

    (b) 기한을 연장하지 않을 시 중대한 위법이 발생하게 되는 경우

(4) 본조에 따른 법원의 권한은 기한의 만료 여부에 관계없이 행사할 수 있다.

(5) 본조에 따른 명령은 법원이 적절하다고 판단하는 조건에 따라 내려질 수 있다.

(6) 본조에 따른 법원의 결정에 대한 불복은 법원의 허가를 얻어야 한다.

제80조 소송절차와 관련한 통지 및 기타 요건

(1) 이 장에서 중재절차의 기타 당사자에 대한 '통지' 후 취해진 소송절차 관련 신청, 항소
및 기타 행위라 함은 법원의 규칙상 요구되는 원 절차상의 통지를 말하며 별도의 요건
을 요하지 않는다.

(2) 법원은 규칙을 통해

    (a) 이 장의 규정에 따른 통지에 관하여, 그리고

    (b) 그러한 통지의 방법, 형식 및 내용에 관하여 규율할 수 있다.

(3) 법원 규칙의 제 규정에 따를 것을 조건으로 중재판정부에 대한 소송절차의 통지라 함은

    (a) 1인 이상의 중재인이 있는 경우 각 중재인에게, 그리고

    (b) 중재판정부가 구성되지 않은 경우에는 이미 선정된 중재인에게 통지하는 것을 뜻
한다.

who has been appointed.

(4) References in this Part to making an application or appeal to the court within a specified period are to the issue within that period of the appropriate originating process in accordance with rules of court.

(5) Where any provision of this Part requires an application or appeal to be made to the court within a specified time, the rules of court relating to the reckoning of periods, the extending or abridging of periods, and the consequences of not taking a step within the period prescribed by the rules, apply in relation to that requirement.

(6) Provision may be made by rules of court amending the provisions of this Part

(a) with respect to the time within which any application or appeal to the court must be made,

(b) so as to keep any provision made by this Part in relation to arbitral proceedings in step with the corresponding provision of rules of court applying in relation to proceedings in the court, or

(c) so as to keep any provision made by this Part in relation to legal proceedings in step with the corresponding provision of rules of court applying generally in relation to proceedings in the court.

(7) Nothing in this section affects the generality of the power to make rules of court.

81 Saving for certain matters governed by common law

(1) Nothing in this Part shall be construed as excluding the operation of any rule of law consistent with the provisions of this Part, in particular, any rule of law as to

(a) matters which are not capable of settlement by arbitration;

(b) the effect of an oral arbitration agreement; or

(c) the refusal of recognition or enforcement of an arbitral award on grounds of public policy.

(2) Nothing in this Act shall be construed as reviving any jurisdiction of the court to set aside or remit an award on the ground of errors of fact or law on the face of the award.

82 Minor definitions

(1) In this Part

"arbitrator", unless the context otherwise requires, includes an umpire;

"available arbitral process", in relation to any matter, includes any process of appeal to or review by an arbitral or other institution or person vested by the parties with powers in relation to that matter;

"claimant", unless the context otherwise requires, includes a counterclaimant, and related expressions shall be construed accordingly;

(4) 이 장에서 특정 기일 내 법원에 대한 신청 및 불복이라 함은, 당해 기간 내 법원의 규칙에 따른 원 절차상의 신청 및 불복을 말한다.

(5) 이 장에서 특정한 기일 내에 법원에 대한 신청 및 불복을 요구하는 경우 기한의 산정, 기한의 연장 및 단축에 관한 법원 규칙과 동 규칙에서 정한 기일 내에 아무런 조치를 취하지 않을 경우의 결과가 이 장의 요건과 관련하여 적용된다.

(6) 이 장의 흠결을 보완하는 법원 규칙을 통하여

    (a) 법원에 대한 신청 및 불복에 관한 기한을 정할 수 있고

    (b) 중재절차와 관련한 이 장의 규정이 법원 소송절차에 관한 법원 규칙의 관련 규정과 부합하도록 할 수 있으며, 또는

    (c) 소송절차와 관련한 이 장의 규정을 법원 절차에 일반적으로 적용되는 법원 규칙에 부합되도록 할 수 있다.

(7) 이 장의 어떠한 규정도 법원의 일반적인 규칙 제정 권한에 영향을 미치지 아니한다.

제81조   보통법의 규율을 받는 사항에 대한 유보

(1) 이 장의 어떠한 규정도, 이 장의 규정에 부합하는 법원칙의 적용 특히 다음 각호의 법원칙의 적용을 배제하는 것으로 해석되어서는 아니 된다.

    (a) 중재로 해결할 수 없는 분쟁에 관한 법원칙

    (b) 구두중재합의의 효력에 대한 법원칙 또는

    (c) 공서를 이유로 한 중재판정의 승인 또는 집행 거부에 대한 법원칙

(2) 이 법의 어떠한 규정도 중재판정상의 사실관계 또는 법적용의 오류를 이유로 한 중재판정의 취소 또는 환송에 관한 법원의 권한을 복원시키는 것으로 해석되어서는 아니 된다.

제82조   기타 정의

(1) 이 장에서 '중재인'이라 함은, 정황상 다른 요건이 없는 한, 심판관을 포함하는 개념이다.

'이용가능한 중재절차'라 함은 당해 문제에 관한 권한을 위임받은 자, 중재기관 및 기타 기관에 대한 모든 이의제기 또는 위 기관에 의한 재심 절차를 포함한다.

'신청인'이라 함은, 정황상 다른 요건이 없는 한, 반대신청인을 포함하며 관련 명칭은 그러한 취지에 따라 해석되어야 한다.

"dispute" includes any difference;

"enactment" includes an enactment contained in Northern Ireland legislation;

"legal proceedings" means civil proceedings in the High Court or a county court;

"peremptory order" means an order made under section 41(5) or made in exercise of any corresponding power conferred by the parties;

"premises" includes land, buildings, moveable structures, vehicles, vessels, aircraft and hovercraft;

"question of law" means

(a) for a court in England and Wales, a question of the law of England and Wales, and

(b) for a court in Northern Ireland, a question of the law of Northern Ireland; "substantive jurisdiction", in relation to an arbitral tribunal, refers to the matters specified in section 30(1)(a) to (c), and references to the tribunal exceeding its substantive jurisdiction shall be construed accordingly.

(2) References in this Part to a party to an arbitration agreement include any person claiming under or through a party to the agreement.

83 Index of defined expressions: Part I

In this Part the expressions listed below are defined or otherwise explained by the provisions indicated

agreement, agree and agreed	section 5(1)
agreement in writing	section 5(2) to (5)
arbitration agreement	sections 6 and 5(1)
arbitrator	section 82(1)
available arbitral process	section 82(1)
claimant	section 82(1)
commencement (in relation to arbitral proceedings)	section 14
costs of the arbitration	section 59
the court	section 105
dispute	section 82(1)
enactment	section 82(1)
legal proceedings	section 82(1)
Limitation Acts	section 13(4)
notice (or other document)	section 76(6)
party	
— in relation to an arbitration agreement	section 82(2)

'분쟁'이라 함은 여타의 견해 차이를 포함한다.

'입법'이라 함은 북아일랜드의 제정 법률에 포함된 입법을 포함한다.

'소송절차'라 함은 고등법원 또는 지방법원에서의 민사절차를 가리킨다.

'강행명령'이라 함은 제41조 제5항에 따른 명령 또는 당사자가 위임한 권한 행사에 따라 내려진 명령을 포함한다.

'부동산'이라 함은 토지, 건물, 이동성 구조물, 운반수단, 선박, 항공기, 호버크래프트를 포함한다.

'법률문제'라 함은

(a) 영국과 웨일즈 법원의 경우에는 영국 또는 웨일즈법상의 문제, 그리고

(b) 북아일랜드 법원의 경우에는 북아일랜드법상의 문제를 가리킨다.

중재판정부와 관련한 '실체적 관할권'이라 함은 제30조 제1항 제a호 내지 제c호에서 규정한 사안에 대한 관할권을 뜻하며 실체적 관할권을 벗어난 중재판정부라 함은 그러한 맥락에서 해석되어야 한다.

(2) 이 장에서 중재합의 당사자라 함은 중재합의의 일방당사자를 통해 청구하는 모든 자를 포함한다.

제83조   정의 색인표: 제1장

아래 열거한 이 장의 용어는 우측에 기재된 해당 조항에서 정의 또는 설명한다.

합의, 합의하다, 합의된	제5조 제1항
서면합의	제5조 제2항 내지 제5항
중재합의	제6조, 제5조 제1항
중재인	제82조 제1항
이용가능한 중재절차	제82조 제1항
신청인	제82조 제1항
개시(중재절차와 관련한)	제14조
중재비용	제59조
법원	제105조
분쟁	제82조 제1항
제정법률	제82조 제1항
소송절차	제82조 제1항
제소기간제한법	제13조 제4항
통지(또는 기타 서류)	제76조 제6항
당사자	
중재합의와 관련하여	제82조 제2항

— where section 106(2) or (3) applies	section 106(4)
peremptory order	section 82(1)
	(and see section 41(5))
premises	section 82(1)
question of law	section 82(1)
recoverable costs	sections 63 and 64
seat of the arbitration	section 3
serve and service (of notice or other document)	section 76(6)
substantive jurisdiction (in relation to an arbitral tribunal)	section 82(1)
	(and see section 30(1)(a) to (c))
upon notice (to the parties or the tribunal)	section 80
written and in writing	section 5(6)

84 Transitional provisions

(1) The provisions of this Part do not apply to arbitral proceedings commenced before the date on which this Part comes into force.

(2) They apply to arbitral proceedings commenced on or after that date under an arbitration agreement whenever made.

(3) The above provisions have effect subject to any transitional provision made by an order under section 109(2) (power to include transitional provisions in commencement order).

PART II   OTHER PROVISIONS RELATING TO ARBITRATION

Domestic arbitration agreements

85 Modification of Part I in relation to domestic arbitration agreement

(1) In the case of a domestic arbitration agreement the provisions of Part I are modified in accordance with the following sections.

(2) For this purpose a "domestic arbitration agreement" means an arbitration agreement to which none of the parties is

(a) an individual who is a national of, or habitually resident in, a state other than the United Kingdom, or

(b) a body corporate which is incorporated in, or whose central control and management is exercised in, a state other than the United Kingdom,

and under which the seat of the arbitration (if the seat has been designated or determined) is

제106조 제2항 또는 제3항이 적용되는 경우	제106조 제4항
강제명령	제82조 제1항 및 제41조 제5항
부동산	제82조 제1항
법률문제	제82조 제1항
상환 가능한 비용	제63조 및 제64조
중재지	제3조
송달(통지 또는 기타 서류)	제76조 제6항
실질적 관할권(중재판정부와 관련하여)	제82조 제1항 및 제30조 제1항 제a호 내지 제c호
통지 후(당사자 또는 중재판정부에 대한)	제80조
서면	제5조 제6항

제84조 경과규정

(1) 이 장의 규정은 이 장의 효력발생일 전에 개시된 중재절차에는 적용되지 아니한다.

(2) 이 장의 규정은 중재합의에 따라 이 장의 효력발생일 또는 그 이후에 개시된 중재절차에 적용된다. 중재합의의 시점은 묻지 않는다.

(3) 위 조항의 효력은 제109조 제2항의 명령에 따른 경과규정(중재절차의 개시명령에 관한 경과조항 설정권)에 따른다.

제2장   중재관련 기타 조항

국내중재합의

제85조   국내중재합의와 관련한 제1장 규정의 변경

(1) 국내중재합의의 경우 제1장의 규정은 아래 내용에 따라 변경된다.

(2) '국내중재합의'라 함은 중재합의의 당사자 중 어느 일방도 다음에 해당하지 않는 경우를 말한다.

(a) 영국 이외 국가의 국적을 갖고 있거나 그 국가에 상시 거주하는 개인인 경우, 또는

(b) 영국 이외의 국가에서 설립된 법인 또는 동 법인에 대한 관리와 경영이 영국 이외의 국가에서 행사되는 경우

그리고 위 중재합의에 따른 중재지(중재지가 결정된 경우)가 영국 내인 경우

in the United Kingdom.

(3) In subsection (2) "arbitration agreement" and "seat of the arbitration" have the same meaning as in Part I (see sections 3, 5(1) and 6).

86 Staying of legal proceedings

(1) In section 9 (stay of legal proceedings), subsection (4) (stay unless the arbitration agreement is null and void, inoperative, or incapable of being performed) does not apply to a domestic arbitration agreement.

(2) On an application under that section in relation to a domestic arbitration agreement the court shall grant a stay unless satisfied

(a) that the arbitration agreement is null and void, inoperative, or incapable of being performed, or

(b) that there are other sufficient grounds for not requiring the parties to abide by the arbitration agreement.

(3) The court may treat as a sufficient ground under subsection (2)(b) the fact that the applicant is or was at any material time not ready and willing to do all things necessary for the proper conduct of the arbitration or of any other dispute resolution procedures required to be exhausted before resorting to arbitration.

(4) For the purposes of this section the question whether an arbitration agreement is a domestic arbitration agreement shall be determined by reference to the facts at the time the legal proceedings are commenced.

87 Effectiveness of agreement to exclude court's jurisdiction

(1) In the case of a domestic arbitration agreement any agreement to exclude the jurisdiction of the court under

(a) section 45 (determination of preliminary point of law), or

(b) section 69 (challenging the award: appeal on point of law),

is not effective unless entered into after the commencement of the arbitral proceedings in which the question arises or the award is made.

(2) For this purpose the commencement of the arbitral proceedings has the same meaning as in Part I (see section 14).

(3) For the purposes of this section the question whether an arbitration agreement is a domestic arbitration agreement shall be determined by reference to the facts at the time the agreement is entered into.

88 Power to repeal or amend sections 85 to 87

(1) The Secretary of State may by order repeal or amend the provisions of sections 85 to 87.

(2) An order under this section may contain such supplementary, incidental and transitional

(3) 위의 제2항에서 '중재합의' 및 '중재지'라 함은 제1장의 정의(제3조, 제5조 제1항 및 제6조)와 같은 의미를 갖는다.

제86조 소송절차의 정지

(1) 제9조(소송절차의 중지) 제4항(중재합의가 무효이거나 효력 상실, 이행불능이 아닌 한 소송절차를 정지)의 규정은 국내중재합의에 관하여는 적용되지 아니한다.

(2) 국내중재합의와 관련하여 제9조에 따른 신청이 있는 경우 다음의 경우가 아닌 한 법원은 소송절차를 정지하여야 한다.

   (a) 중재합의가 무효, 실효 또는 이행불능인 경우, 또는

   (b) 당사자들에게 중재합의에 따르도록 요구해서는 아니 되는 타당한 사유가 있는 경우

(3) 법원은 신청인이 중재나 중재회부 전에 경유해야 하는 다른 분쟁해결절차의 수행에 필요한 사항을 특정 시기에 이행할 준비가 되어 있지 않거나 그러한 의사가 없는 경우 이를 전항 제b호에서 규정한 사유로 간주할 수 있다.

(4) 본조에 따른 중재합의가 국내중재합의에 해당하는지 여부는 소송절차가 개시되는 시점에서의 사실관계를 검토하여 결정한다.

제87조 법원의 관할권을 배제키로 하는 합의의 효력

(1) 국내중재합의의 경우

   (a) 제45조(본안 전 법률문제에 대한 결정), 또는

   (b) 제69조(중재판정에 대한 불복: 법률문제에 대한 항소)에 따른 법원의 관할을 배제하기로 하는 합의는

   중재절차의 개시 후에 성립된 경우에 한하여 효력을 갖는다.

(2) 여기서 말하는 '중재절차의 개시'라 함은 제1장(제14조)에서의 정의와 같다.

(3) 본조의 중재합의가 국내중재합의인지의 여부는 당해 중재합의가 성립될 당시의 사실관계를 검토하여 결정한다.

제88조 제85조 내지 제87조의 폐지 또는 개정

(1) 국무장관은 명령으로 제85조 내지 제87조의 규정을 폐지하거나 개정할 수 있다.

(2) 본조에 따른 명령은 적절하다고 판단되는 보칙 또는 경과규정을 포함할 수 있다.

provisions as appear to the Secretary of State to be appropriate.

(3) An order under this section shall be made by statutory instrument and no such order shall be made unless a draft of it has been laid before and approved by a resolution of each House of Parliament.

Consumer arbitration agreements

89 Application of unfair terms regulations to consumer arbitration agreements

(1) The following sections extend the application of the Unfair Terms in Consumer Contracts Regulations 1994 in relation to a term which constitutes an arbitration agreement.

For this purpose "arbitration agreement" means an agreement to submit to arbitration present or future disputes or differences (whether or not contractual).

(2) In those sections "the Regulations" means those regulations and includes any regulations amending or replacing those regulations.

(3) Those sections apply whatever the law applicable to the arbitration agreement.

90 Regulations apply where consumer is a legal person

The Regulations apply where the consumer is a legal person as they apply where the consumer is a natural person.

91 Arbitration agreement unfair where modest amount sought

(1) A term which constitutes an arbitration agreement is unfair for the purposes of the Regulations so far as it relates to a claim for a pecuniary remedy which does not exceed the amount specified by order for the purposes of this section.

(2) Orders under this section may make different provision for different cases and for different purposes.

(3) The power to make orders under this section is exercisable

(a) for England and Wales, by the Secretary of State with the concurrence of the Lord Chancellor,

(b) for Scotland, by the Secretary of State F1. . ., and

(c) for Northern Ireland, by the Department of Economic Development for Northern Ireland with the concurrence of the Lord Chancellor.

(4) Any such order for England and Wales or Scotland shall be made by statutory instrument which shall be subject to annulment in pursuance of a resolution of either House of Parliament.

(5) Any such order for Northern Ireland shall be a statutory rule for the purposes of the Statutory Rules (Northern Ireland) Order 1979 and shall be subject to negative resolution, within the meaning of section 41(6) of the Interpretation Act (Northern Ireland) 1954.

(3) 본조의 명령은 법률문서로 작성되어야 하며 그 초안은 의회에 제출하여 상하 양원의 결의와 승인을 얻어야 한다.

소비자분쟁 중재합의

제89조 소비자분쟁 중재합의에 대한 불공정약관규제법의 적용

(1) 아래의 규정은 「1994년 소비자계약에 관한 불공정약관규제법」의 내용을 중재합의에 관한 조건에 확대 적용한다.
여기서 '중재합의'라 함은 계약상의 분쟁인지 여부에 관계없이 현재 또는 장래의 분쟁을 중재에 회부하기로 하는 합의를 말한다.

(2) 「불공정약관규제법」이라 함은 이를 개정 또는 대체하는 여타의 규정을 포함한다.

(3) 아래의 규정은 중재합의에 적용되는 모든 법률을 적용한다.

제90조 소비자가 법인인 경우의 적용

불공정약관규제법은 소비자가 자연인인 경우에서처럼 법인에 대하여도 적용된다.

제91조 불공정한 중재합의

(1) 중재합의를 구성하는 계약조건이 본조에 따른 명령에서 정한 금액을 초과하지 않는 금전적 구제와 관련된 청구인 경우 이는 불공정한 계약조건이 된다.

(2) 본조에 따른 명령은 개별 사건과 목적에 따라 상이한 규정을 둘 수 있다.

(3) 본조에 따른 명령은
 (a) 영국과 웨일즈에서는 대법원장의 동의를 얻어 국무장관이,
 (b) 스코틀랜드에서는 대법원장의 동의를 얻어 국무장관이, 그리고
 (c) 북아일랜드에서는 대법원장의 동의를 얻어 경제개발부가 내릴 수 있다.

(4) 그러한 명령은 영국과 웨일즈의 경우 법률문서로 작성되어야 하며 상하 양원의 결의로 이를 폐지할 수 있다.

(5) 북아일랜드의 경우 그러한 명령은 「1979년 제정법상의 규칙에 관한 시행령」상의 제정법상 규칙이 되며 이는 「1954년 법해석에 관한 법률」 제41조 제6항에서 규정한 반대결의에 구속된다.

Small claims arbitration in the county court

92 Exclusion of Part I in relation to small claims arbitration in the county court

Nothing in Part I of this Act applies to arbitration under section 64 of the County Courts Act 1984.

Appointment of judges as arbitrators

93 Appointment of judges as arbitrators

(1) A judge of the Commercial Court or an official referee may, if in all the circumstances he thinks fit, accept appointment as a sole arbitrator or as umpire by or by virtue of an arbitration agreement.

(2) A judge of the Commercial Court shall not do so unless the Lord Chief Justice has informed him that, having regard to the state of business in the High Court and the Crown Court, he can be made available.

(3) An official referee shall not do so unless the Lord Chief Justice has informed him that, having regard to the state of official referees' business, he can be made available.

(4) The fees payable for the services of a judge of the Commercial Court or official referee as arbitrator or umpire shall be taken in the High Court.

(5) In this section

"arbitration agreement" has the same meaning as in Part I; and

"official referee" means a person nominated under section 68(1)(a) of the [F2Senior Courts Act 1981] to deal with official referees' business.

(6) The provisions of Part I of this Act apply to arbitration before a person appointed under this section with the modifications specified in Schedule 2.

Statutory arbitrations

94 Application of Part I to statutory arbitrations

(1) The provisions of Part I apply to every arbitration under an enactment (a "statutory arbitration"), whether the enactment was passed or made before or after the commencement of this Act, subject to the adaptations and exclusions specified in sections 95 to 98.

(2) The provisions of Part I do not apply to a statutory arbitration if or to the extent that their application

(a) is inconsistent with the provisions of the enactment concerned, with any rules or procedure authorised or recognised by it, or

(b) is excluded by any other enactment.

지방법원의 소액중재

제92조 　지방법원의 소액중재와 관련한 제1장의 적용 배제

이 법 제1장의 규정은「1984년 지방법원법」제64조상의 중재에는 적용되지 아니한다.

법원판사를 중재인으로 선정

제93조 　법원판사를 중재인으로 선정

(1) 상사법원의 판사 또는 공인중재인은 모든 정황에 비추어 적절하다고 판단하는 경우 단독중재인, 또는 중재합의에 따른 심판관으로서의 선정을 수락할 수 있다.

(2) 상사법원의 판사는 고등법원 또는 형사법원의 업무 형편상 중재인 수락이 가능하다고 수석재판관이 인정하는 경우에 한하여 위 중재인 선정을 수락할 수 있다.

(3) 공인중재인은 업무형편상 중재인 수락이 가능하다고 수석재판관이 인정하는 경우에 한하여 위 중재인 선정을 수락할 수 있다.

(4) 상사법원의 판사 또는 공인중재인의 수당은 고등법원에 귀속된다.

(5) 본조에서
'중재합의'라 함은 제1장의 정의와 같다; 그리고
'공인중재인'이라 함은「1982년 대법원법」제68조 제1항 제a호에 따라 선정된 자를 말한다.

(6) 이 법 제1장의 규정은 부속서 2상의 수정 규정 및 이 조의 규정에 따라 선정된 자가 수행하는 중재절차에 적용된다.

법정중재

제94조 　법정중재에 대한 제1장의 적용

(1) 제1장의 규정은 제정법률상의 모든 중재(법정중재, statutory arbitration)에 적용되며 당해 제정법률이 이 법의 시행 전·후에 통과되었는지 여부는 묻지 않는다. 다만 이는 제95조 내지 제98조의 규정에 구속된다.

(2) 다음의 경우 제1장의 규정은 법정중재에 적용되지 아니한다.
(a) 제1장의 적용이 법정중재에 관한 규정 및 법정중재에서 허용하는 규칙 또는 절차에 위배되는 경우, 또는
(b) 다른 제정법률에 의해 제1장의 적용이 배제되는 경우

(3) In this section and the following provisions of this Part "enactment"

    (a) in England and Wales, includes an enactment contained in subordinate legislation within the meaning of the Interpretation Act 1978;

    (b) in Northern Ireland, means a statutory provision within the meaning of section 1(f) of the Interpretation Act (Northern Ireland) 1954.

95 General adaptation of provisions in relation to statutory arbitrations

(1) The provisions of Part I apply to a statutory arbitration

    (a) as if the arbitration were pursuant to an arbitration agreement and as if the enactment were that agreement, and

    (b) as if the persons by and against whom a claim subject to arbitration in pursuance of the enactment may be or has been made were parties to that agreement.

(2) Every statutory arbitration shall be taken to have its seat in England and Wales or, as the case may be, in Northern Ireland.

96 Specific adaptations of provisions in relation to statutory arbitrations

(1) The following provisions of Part I apply to a statutory arbitration with the following adaptations.

(2) In section 30(1) (competence of tribunal to rule on its own jurisdiction), the reference in paragraph (a) to whether there is a valid arbitration agreement shall be construed as a reference to whether the enactment applies to the dispute or difference in question.

(3) Section 35 (consolidation of proceedings and concurrent hearings) applies only so as to authorise the consolidation of proceedings, or concurrent hearings in proceedings, under the same enactment.

(4) Section 46 (rules applicable to substance of dispute) applies with the omission of subsection (1)(b) (determination in accordance with considerations agreed by parties).

97 Provisions excluded from applying to statutory arbitrations

The following provisions of Part I do not apply in relation to a statutory arbitration

(a) section 8 (whether agreement discharged by death of a party);

(b) section 12 (power of court to extend agreed time limits);

(c) sections 9(5), 10(2) and 71(4) (restrictions on effect of provision that award condition precedent to right to bring legal proceedings).

98 Power to make further provision by regulations

(1) The Secretary of State may make provision by regulations for adapting or excluding any provision of Part I in relation to statutory arbitrations in general or statutory arbitrations of any particular description.

(3) 본조에서 그리고 이 장의 아래 조항에서 '제정법률'이라 함은

    (a) 영국과 웨일즈에서는, 「1978년 법해석에 관한 법률」의 하위 법률에 포함된 제정법률을 포함한다.

    (b) 북아일랜드에서는, 「1954년 법해석에 관한 법률」 제1조 제f항의 법률 규정을 의미한다.

제95조　법정중재와 관련한 규정의 일반적 조정

(1) 제1장의 규정이 법정중재에 적용됨에 있어

    (a) 이는 중재합의에 따른 중재와 동일하게 간주되며 당해 제정법률은 당사자간의 중재합의로 간주된다. 그리고

    (b) 법정중재 절차의 신청인 또는 피신청인은 위 중재합의의 당사자로 본다.

(2) 모든 법정중재는 영국 또는 웨일즈를 중재지로 하며 필요한 경우 북아일랜드로 한다.

제96조　법정중재와 관련한 조항의 특별한 조정

(1) 제1장의 아래 규정은 다음의 조정을 통해 법정중재에 적용된다.

(2) 유효한 중재합의의 존재 여부에 대한 제30조 제1항(관할권 결정에 관한 중재판정부의 권한) 제a호의 규정은 해당 제정법률이 당해 분쟁에 적용되는지에 대한 규정으로 해석되어야 한다.

(3) 제35조(절차병합과 병행심리)는 동일한 제정법률의 적용을 받는 중재절차의 병합 또는 병행심리를 허용하기 위한 경우에 한하여 적용된다.

(4) 제46조(분쟁의 실체에 적용되는 규칙)는 동조 제1항 제b호(당사자가 합의한 내용에 따른 결정)의 규정을 제외하고 적용된다.

제97조　법정중재에 적용이 배제되는 조항

제1장의 아래 규정은 법정중재에는 적용되지 아니한다.

(a) 제8조(당사자의 사망으로 인한 중재합의의 무효)

(b) 제12조(당사자가 합의한 기한을 법원이 연장할 수 있는 권한)

(c) 제9조 제5항, 제10조 제2항 및 제71조 제4항(중재판정이 소송절차의 개시를 위한 선결조건이라는 규정의 효력에 대한 제한)

제98조　법령 형식으로 추가조항을 설정할 수 있는 권한

(1) 국무장관은 법령을 통해 법정중재와 관련하여 제1장의 규정 일부를 조정 또는 배제하는 추가규정을 둘 수 있다.

(2) The power is exercisable whether the enactment concerned is passed or made before or after the commencement of this Act.

(3) Regulations under this section shall be made by statutory instrument which shall be subject to annulment in pursuance of a resolution of either House of Parliament.

PART III   RECOGNITION AND ENFORCEMENT OF CERTAIN FOREIGN AWARDS

Enforcement of Geneva Convention awards

99 Continuation of Part II of the Arbitration Act 1950

Part II of the Arbitration Act 1950 (enforcement of certain foreign awards) continues to apply in relation to foreign awards within the meaning of that Part which are not also New York Convention awards.

Recognition and enforcement of New York Convention awards

100 New York Convention awards

(1) In this Part a "New York Convention award" means an award made, in pursuance of an arbitration agreement, in the territory of a state (other than the United Kingdom) which is a party to the New York Convention.

(2) For the purposes of subsection (1) and of the provisions of this Part relating to such awards
   (a) "arbitration agreement" means an arbitration agreement in writing, and
   (b) an award shall be treated as made at the seat of the arbitration, regardless of where it was signed, despatched or delivered to any of the parties.
   In this subsection "agreement in writing" and "seat of the arbitration" have the same meaning as in Part I.

(3) If Her Majesty by Order in Council declares that a state specified in the Order is a party to the New York Convention, or is a party in respect of any territory so specified, the Order shall, while in force, be conclusive evidence of that fact.

(4) In this section "the New York Convention" means the Convention on the Recognition and Enforcement of Foreign Arbitral Awards adopted by the United Nations Conference on International Commercial Arbitration on 10th June 1958.

101 Recognition and enforcement of awards

(1) A New York Convention award shall be recognised as binding on the persons as between whom it was made, and may accordingly be relied on by those persons by way of defence,

(2) 위의 권한은 관련 제정법률이 이 법의 시행 전·후에 통과되었는지 여부와 상관없이 행사될 수 있다.

(3) 본조에서 말하는 법령은 법률문서의 형식을 갖추어야 하며 상하 양원의 결의로 이를 폐지할 수 있다.

제3장 외국중재판정의 승인 및 집행

제네바협약에 따른 중재판정의 집행

제99조 1950년 중재법 제2장의 존속

1950년 중재법 제2장(외국중재판정의 집행)의 규정은 뉴욕협약에 따른 중재판정이 아닌 경우에도 적용된다.

뉴욕협약에 따른 중재판정의 승인 및 집행

제100조 뉴욕협약에 따른 중재판정

(1) 이 장에서 '뉴욕협약에 따른 중재판정'이라 함은 중재합의에 따라 뉴욕협약 가입국(영국 이외에) 내에서 내려진 중재판정을 의미한다.

위 제1항 그리고 그러한 외국중재판정에 관한 이 장의 규정에서,

(a) '중재합의'라 함은 서면 중재합의를 의미한다. 그리고

(b) 중재판정은 서명 또는 당사자에게 발송, 송부된 장소에 관계없이, 당해 중재지에서 내려진 것으로 보아야 한다.

본조에서 '서면 중재합의', '중재지'는 제1장의 규정과 동일한 의미를 갖는다.

(3) 여왕이 각료이사회의 명령으로 특정국이 뉴욕협약의 가입국이거나 특정지역과 관련한 당사자임을 선언하는 경우 이는 뉴욕협약 가입의 확정적 증거가 된다.

(4) 본조에서 '뉴욕협약'이라 함은 1958년 UNCITRAL 제10차 회의에서 채택한 외국중재판정의 승인 및 집행에 관한 협약을 말한다.

제101조 중재판정의 승인 및 집행

(1) 뉴욕협약에 따른 중재판정은 당사자 사이에 구속력 있는 것으로 인정되며 이는 영국, 웨일즈 또는 북아일랜드에서의 소송절차에서 방어, 상계, 기타의 방법으로 원용될 수 있다.

set-off or otherwise in any legal proceedings in England and Wales or Northern Ireland.

(2) A New York Convention award may, by leave of the court, be enforced in the same manner as a judgment or order of the court to the same effect.

As to the meaning of "the court" see section 105.

(3) Where leave is so given, judgment may be entered in terms of the award.

102 Evidence to be produced by party seeking recognition or enforcement

(1) A party seeking the recognition or enforcement of a New York Convention award must produce

(a) the duly authenticated original award or a duly certified copy of it, and

(b) the original arbitration agreement or a duly certified copy of it.

(2) If the award or agreement is in a foreign language, the party must also produce a translation of it certified by an official or sworn translator or by a diplomatic or consular agent.

103 Refusal of recognition or enforcement

(1) Recognition or enforcement of a New York Convention award shall not be refused except in the following cases.

(2) Recognition or enforcement of the award may be refused if the person against whom it is invoked proves

(a) that a party to the arbitration agreement was (under the law applicable to him) under some incapacity;

(b) that the arbitration agreement was not valid under the law to which the parties subjected it or, failing any indication thereon, under the law of the country where the award was made;

(c) that he was not given proper notice of the appointment of the arbitrator or of the arbitration proceedings or was otherwise unable to present his case;

(d) that the award deals with a difference not contemplated by or not falling within the terms of the submission to arbitration or contains decisions on matters beyond the scope of the submission to arbitration (but see subsection (4));

(e) that the composition of the arbitral tribunal or the arbitral procedure was not in accordance with the agreement of the parties or, failing such agreement, with the law of the country in which the arbitration took place;

(f) that the award has not yet become binding on the parties, or has been set aside or suspended by a competent authority of the country in which, or under the law of which, it was made.

(2) 뉴욕협약에 따른 중재판정은 법원의 허가를 얻어, 법원 판결 또는 명령과 동일한 방법으로 집행될 수 있다.

본조에서 말하는 '법원'의 의미는 제105조를 참조한다.

(3) 법원의 허가를 얻은 때에는 중재판정에 대한 법원의 판결을 구할 수 있다.

제102조 중재판정의 승인 및 집행을 구하는 당사자가 제출해야 할 증거

(1) 뉴욕협약에 따른 중재판정의 승인 및 집행을 구하는 당사자는 다음 각 호의 서류를 제출해야 한다.

  (a) 정당하게 인증된 중재판정 원본 또는 그 사본, 그리고

  (b) 중재합의서 원본 또는 정당하게 인증된 그 사본

(2) 중재판정 또는 중재합의서가 외국어로 작성되어 있는 경우 당사자는 공식 또는 선서한 번역인, 외교관 또는 영사대리인에 의해 인증된 번역본을 제출해야 한다.

제103조 승인 및 집행의 거부

(1) 뉴욕협약에 따른 중재판정의 승인 및 집행은 다음의 경우를 제외하고는 거부되지 않는다.

(2) 중재판정의 승인 및 집행은 집행의 대상이 되는 자가 다음 각 호를 입증하는 경우 거부될 수 있다.

  (a) 중재합의의 당사자가 그 준거법에 의해 무능력자인 사실

  (b) 중재합의가 당사자가 지정한 법에 의하여 무효이거나 그러한 지정이 없는 경우에는 중재판정이 내려진 국가의 법에 의해 무효인 사실

  (c) 중재인 선정 또는 중재절차에 관하여 적절한 통지를 받지 못하였거나 기타의 사유로 인하여 본안에 관한 변론을 할 수 없었던 사실

  (d) 중재판정이 중재합의의 대상이 아닌 분쟁을 다룬 사실 또는 중재판정이 중재합의의 범위를 벗어난 사안을 다룬 사실

  (e) 중재판정부의 구성 또는 중재절차가 당사자간의 합의에 따르지 아니하거나 그러한 합의가 없는 경우 중재절차가 진행된 국가의 법에 따르지 아니하였다는 사실

  (f) 중재판정이 당사자에게 아직 구속력을 갖지 아니하였거나, 중재판정이 내려진 국가 또는 그 준거법이 속한 국가의 권한 있는 기관에 의해 취소 또는 보류된 사실

(3) Recognition or enforcement of the award may also be refused if the award is in respect of a matter which is not capable of settlement by arbitration, or if it would be contrary to public policy to recognise or enforce the award.

(4) An award which contains decisions on matters not submitted to arbitration may be recognised or enforced to the extent that it contains decisions on matters submitted to arbitration which can be separated from those on matters not so submitted.

(5) Where an application for the setting aside or suspension of the award has been made to such a competent authority as is mentioned in subsection (2)(f), the court before which the award is sought to be relied upon may, if it considers it proper, adjourn the decision on the recognition or enforcement of the award.

It may also on the application of the party claiming recognition or enforcement of the award order the other party to give suitable security.

104 Saving for other bases of recognition or enforcement

Nothing in the preceding provisions of this Part affects any right to rely upon or enforce a New York Convention award at common law or under section 66.

PART IV   GENERAL PROVISIONS

105 Meaning of "the court": jurisdiction of High Court and county court

(1) In this Act "the court" means the High Court or a county court, subject to the following provisions.

(2) The Lord Chancellor may by order make provision

(a) allocating proceedings under this Act to the High Court or to county courts; or

(b) specifying proceedings under this Act which may be commenced or taken only in the High Court or in a county court.

(3) The Lord Chancellor may by order make provision requiring proceedings of any specified description under this Act in relation to which a county court has jurisdiction to be commenced or taken in one or more specified county courts.

Any jurisdiction so exercisable by a specified county court is exercisable throughout England and Wales or, as the case may be, Northern Ireland.

(4) An order under this section

(a) may differentiate between categories of proceedings by reference to such criteria as the Lord Chancellor sees fit to specify, and

(b) may make such incidental or transitional provision as the Lord Chancellor considers

(3) 중재판정의 승인 및 집행은 중재판정의 대상이 된 분쟁이 중재로 해결될 수 없는 경우 또는 중재판정의 승인 또는 집행이 공서에 반하는 경우에 거부될 수 있다.

(4) 중재판정이 중재에 회부되지 않은 분쟁에 대한 결정을 포함한 경우에, 중재에 회부된 사항에 관한 부분과 그렇지 않은 부분으로 분리될 수 있는 때에는 중재에 회부된 사항에 관한 부분에 한하여 승인 또는 집행될 수 있다.

(5) 중재판정의 취소 또는 보류에 대한 신청이 본조 제2항 제f호의 권한 있는 기관에 접수된 경우, 법원은 적절하다고 판단되는 경우, 중재판정의 승인 또는 집행에 관한 결정을 연기할 수 있다.

법원은 중재판정의 승인 또는 집행을 구하는 당사자의 신청에 따라 상대방 당사자에게 적절한 담보를 제공할 것을 명할 수 있다.

제104조　기타 승인 및 집행에 관한 근거의 예외

이 장의 위의 어떠한 규정도 보통법 또는 제66조 따라 뉴욕협약상의 중재판정을 원용하거나 집행할 수 있는 당사자의 권리에 영향을 미치지 아니한다.

제4장　일반 규정

제105조　'법원'의 의미: 고등법원과 지방법원의 관할권

(1) 이 법에서 '법원'이라 함은 '고등법원' 또는 '지방법원'을 의미하며 아래 규정에 따른다.

(2) 대법원장은 명령으로써 아래의 규정을 둘 수 있다.

　(a) 이 법에 따른 절차를 고등법원 또는 지방법원에 할당하는 규정 또는

　(b) 고등법원 또는 지방법원에서 개시되거나 그 전속 관할에 속하는 이 법상의 절차를 명세하는 규정

(3) 대법원장은 명령으로써 특정 지방법원이 관할권을 갖는, 이 법의 규정이 적용되는 절차를 하나 또는 그 이상의 특정 지방법원에서 수행하도록 할 수 있다.

특정 지방법원이 행사할 수 있는 관할권은 영국, 웨일즈 또는 북아일랜드에서 행사될 수 있다.

(4) 본조에 따른 명령은

　(a) 대법원장이 특정하는 기준에 따라 개별 절차의 유형별로 내용이 상이할 수 있다. 그리고

　(b) 대법원장이 필요하다고 인정하는 임시 또는 경과조항을 둘 수 있다.

necessary or expedient.

(5) An order under this section for England and Wales shall be made by statutory instrument which shall be subject to annulment in pursuance of a resolution of either House of Parliament.

(6) An order under this section for Northern Ireland shall be a statutory rule for the purposes of the Statutory Rules (Northern Ireland) Order 1979 which shall be subject to [negative resolution (within the meaning of section 41(6) of the Interpretation Act (Northern Ireland) 1954)].

106 Crown application

(1) Part I of this Act applies to any arbitration agreement to which Her Majesty, either in right of the Crown or of the Duchy of Lancaster or otherwise, or the Duke of Cornwall, is a party.

(2) Where Her Majesty is party to an arbitration agreement otherwise than in right of the Crown, Her Majesty shall be represented for the purposes of any arbitral proceedings
  (a) where the agreement was entered into by Her Majesty in right of the Duchy of Lancaster, by the Chancellor of the Duchy or such person as he may appoint, and
  (b) in any other case, by such person as Her Majesty may appoint in writing under the Royal Sign Manual.

(3) Where the Duke of Cornwall is party to an arbitration agreement, he shall be represented for the purposes of any arbitral proceedings by such person as he may appoint.

(4) References in Part I to a party or the parties to the arbitration agreement or to arbitral proceedings shall be construed, where subsection (2) or (3) applies, as references to the person representing Her Majesty or the Duke of Cornwall.

107 Consequential amendments and repeals

(1) The enactments specified in Schedule 3 are amended in accordance with that Schedule, the amendments being consequential on the provisions of this Act.

(2) The enactments specified in Schedule 4 are repealed to the extent specified.

108 Extent

(1) The provisions of this Act extend to England and Wales and, except as mentioned below, to Northern Ireland.

(2) The following provisions of Part II do not extend to Northern Ireland
    section 92 (exclusion of Part I in relation to small claims arbitration in the county court), and
    section 93 and Schedule 2 (appointment of judges as arbitrators).

(3) Sections 89, 90 and 91 (consumer arbitration agreements) extend to Scotland and the provisions of Schedules 3 and 4 (consequential amendments and repeals) extend to Scotland

(5) 본조에 따른 명령은 영국과 웨일즈에 관하여는, 법률문서의 형식을 갖추어야 하며 의회의 결의에 따라 이를 폐지할 수 있다.

(6) 본조에 따른 명령은 북아일랜드에 관하여는, 「1979년 북아일랜드 제정규칙령」상의 제정 규칙이 되며 일반적인 법률문서와 마찬가지로 의회의 결의를 통해 무효화될 수 있고 아울러 「1946년 제정법률 문서법」 제5조의 규정이 이에 적용된다.

제106조   왕실과 관련한 분쟁에의 적용

(1) 이 법 제1장의 규정은 왕실이 중재합의의 일방당사자가 되는 경우에 적용된다.

(2) 여왕이 사인의 자격으로 중재합의의 당사자가 되는 경우, 중재절차에서

    (a) 중재합의를 여왕이 왕실의 권한으로 체결한 경우에는 대법관 또는 그가 지명하는 자가 여왕을 대리한다. 그리고

    (b) 기타의 경우에는 여왕이 지명하는 자가 대리한다.

(3) 공작(公爵)이 중재합의의 당사자가 되는 경우에는 그가 지명하는 자가 절차를 대리한다.

(4) 제1장에서 중재합의 또는 중재절차의 당사자라 함은 제2항 또는 제3항이 적용되는 경우에 있어서는 여왕 또는 공작을 대리하는 자를 가리킨다.

제107조   결과적 개정 및 폐지

(1) 부속서 3에 명시된 제정법률은 동 부속서에 따라 개정될 수 있으며 개정된 내용은 이 법의 규정에 효력을 미친다.

(2) 부속서 4에 명시된 제정법률은 그에 명신된 범위 내에서 폐지된다.

제108조   적용범위

(1) 이 법의 규정은 영국과 웨일즈에 효력을 미치며, 아래에 규정된 경우를 제외하고는 북아일랜드에도 효력을 미친다.

(2) 제2장의 아래 규정은 북아일랜드에는 적용되지 않는다. 제92조(지방법원에서의 소액중재와 관련한 제1장의 적용 배제), 제93조 및 부속서 2(법원판사의 중재인으로의 선정).

(3) 제89조, 제90조 및 제91조(소비자분쟁 중재합의)는 스코틀랜드에 효력을 미치며 부속서 3 및 부속서 4의 규정(결과적 개정 및 폐지)은 확대적용되는 제정법률과 관련되는 한도 내에서 스코틀랜드에 확대 적용된다.

so far as they relate to enactments which so extend, subject as follows.

(4) The repeal of the Arbitration Act 1975 extends only to England and Wales and Northern Ireland.

109 Commencement

(1) The provisions of this Act come into force on such day as the Secretary of State may appoint by order made by statutory instrument, and different days may be appointed for different purposes.

(2) An order under subsection (1) may contain such transitional provisions as appear to the Secretary of State to be appropriate.

110 Short title

This Act may be cited as the Arbitration Act 1996.

(4) 1975년 중재법의 폐지는 영국, 웨일즈 및 북아일랜드에 한하여 효력을 갖는다.

제109조 시행

(1) 이 법의 규정은 국무장관이 법률문서 형식의 명령으로 정한 일자에 효력을 발생하며, 다른 사유가 있는 경우에는 그 일자를 달리 정할 수 있다.

(2) 제1항에 따른 명령에는 국무장관이 적절하다고 판단하는 경과규정을 둘 수 있다.

제110조 약칭

이 법은 「1996년 중재법」으로 약칭될 수 있다.

GERMANY

Zivilprozessordnung
독일 중재법

05

Zivilprozessordnung

Buch 10
Schiedsrichterliches Verfahren

Abschnitt 1   Allgemeine Vorschriften

§ 1025   Anwendungsbereich

(1) Die Vorschriften dieses Buches sind anzuwenden, wenn der Ort des schiedsrichterlichen Verfahrens im Sinne des § 1043 Abs. 1 in Deutschland liegt.

(2) Die Bestimmungen der §§ 1032, 1033 und 1050 sind auch dann anzuwenden, wenn der Ort des schiedsrichterlichen Verfahrens im Ausland liegt oder noch nicht bestimmt ist.

(3) Solange der Ort des schiedsrichterlichen Verfahrens noch nicht bestimmt ist, sind die deutschen Gerichte für die Ausübung der in den §§ 1034, 1035, 1037 und 1038 bezeichneten gerichtlichen Aufgaben zuständig, wenn der Beklagte oder der Kläger seinen Sitz oder seinen gewöhnlichen Aufenthalt in Deutschland hat.

(4) Für die Anerkennung und Vollstreckung ausländischer Schiedssprüche gelten die §§ 1061 bis 1065.

§ 1026   Umfang gerichtlicher Tätigkeit

Ein Gericht darf in den in den §§ 1025 bis 1061 geregelten Angelegenheiten nur tätig werden, soweit dieses Buch es vorsieht.

§ 1027   Verlust des Rügerechts

Ist einer Bestimmung dieses Buches, von der die Parteien abweichen können, oder einem vereinbarten Erfordernis des schiedsrichterlichen Verfahrens nicht entsprochen worden, so kann eine Partei, die den Mangel nicht unverzüglich oder innerhalb einer dafür vorgesehenen Frist rügt, diesen später nicht mehr geltend machen. Dies gilt nicht, wenn der Partei der Mangel nicht bekannt war.

§ 1028   Empfang schriftlicher Mitteilungen bei unbekanntem Aufenthalt

(1) Ist der Aufenthalt einer Partei oder einer zur Entgegennahme berechtigten Person unbekannt, gelten, sofern die Parteien nichts anderes vereinbart haben, schriftliche Mitteilungen an

독일 중재법
– 민사소송법 제10권 중재절차 –

제1장　일반규정

제1025조　적용범위

(1) 이 권의 규정은 제1043조 제1항의 의미에 있어서 중재지가 독일 연방 내인 경우에 적용된다.

(2) 제1032조, 제1033조 및 제1050조의 규정은 중재지가 외국인 경우 또는 중재지를 아직 정하지 않은 경우에도 적용한다.

(3) 중재지가 아직 정해지지 않은 경우, 상대방 또는 신청인이 그의 주소 또는 거소가 독일 연방 내에 있는 경우에는, 독일 연방법원은 제1034조, 제1035조, 제1037조 및 제1038조에 규정된 법원의 임무를 수행하는 권한을 가진다.

(4) 외국중재판정의 승인 및 집행에 관해서는 제1061조 내지 제1065조의 규정이 적용된다.

제1026조　법원의 개입 범위

제1025조 내지 제1061조에 의해 규율되는 사항에 있어서, 이 권이 규정하고 있는 경우를 제외하고는 법원은 개입하여서는 아니 된다.

제1027조　이의제기권의 상실

이 권의 임의규정이나 중재절차상 합의된 요건이 위반된 사실을 알고서도 지체없이 또는 그에 관한 기간제한이 규정되어 있는 때에는 그러한 기간 내에 그러한 위반에 대하여 이의를 제기함이 없이 중재를 진행한 당사자는 나중에 그러한 이의를 제기하지 못한다. 다만 당사자가 그러한 위반을 알지 못했거나 알 수 없었던 경우에는 그러하지 아니하다.

제1028조　소재 불명의 경우 서면 통지의 수령

(1) 당사자 또는 수령 권한이 있는 자의 소재가 불분명한 경우에는 당사자가 달리 합의한 경우를 제외하고, 서면에 의한 통지는 배달증명부 우편에 의한 적법한 통지가 있었던 경우 또는 명의자의 최후로 알려진 우편주소, 영업소 또는 거소에 송달되었다는 사실을

dem Tag als empfangen, an dem sie bei ordnungsgemäßer Übermittlung durch Einschreiben gegen Rückschein oder auf eine andere Weise, welche den Zugang an der letztbekannten Postanschrift oder Niederlassung oder dem letztbekannten gewöhnlichen Aufenthalt des Adressaten belegt, dort hätten empfangen werden können.

(2) Absatz 1 ist auf Mitteilungen in gerichtlichen Verfahren nicht anzuwenden.

Abschnitt 2 Schiedsvereinbarung

§ 1029   Begriffsbestimmung

(1) Schiedsvereinbarung ist eine Vereinbarung der Parteien, alle oder einzelne Streitigkeiten, die zwischen ihnen in Bezug auf ein bestimmtes Rechtsverhältnis vertraglicher oder nichtvertraglicher Art entstanden sind oder künftig entstehen, der Entscheidung durch ein Schiedsgericht zu unterwerfen.

(2) Eine Schiedsvereinbarung kann in Form einer selbständigen Vereinbarung (Schiedsabrede) oder in Form einer Klausel in einem Vertrag (Schiedsklausel) geschlossen werden.

§ 1030   Schiedsfähigkeit

(1) Jeder vermögensrechtliche Anspruch kann Gegenstand einer Schiedsvereinbarung sein. Eine Schiedsvereinbarung über nichtvermögensrechtliche Ansprüche hat insoweit rechtliche Wirkung, als die Parteien berechtigt sind, über den Gegenstand des Streites einen Vergleich zu schließen.

(2) Eine Schiedsvereinbarung über Rechtsstreitigkeiten, die den Bestand eines Mietverhältnisses über Wohnraum im Inland betreffen, ist unwirksam. Dies gilt nicht, soweit es sich um Wohnraum der in § 549 Abs. 2 Nr. 1 bis 3 des Bürgerlichen Gesetzbuchs bestimmten Art handelt.

(3) Gesetzliche Vorschriften außerhalb dieses Buches, nach denen Streitigkeiten einem schiedsrichterlichen Verfahren nicht oder nur unter bestimmten Voraussetzungen unterworfen werden dürfen, bleiben unberührt.

§ 1031   Form der Schiedsvereinbarung

(1) Die Schiedsvereinbarung muss entweder in einem von den Parteien unterzeichneten Dokument oder in zwischen ihnen gewechselten Schreiben, Fernkopien, Telegrammen oder anderen Formen der Nachrichtenübermittlung, die einen Nachweis der Vereinbarung sicherstellen, enthalten sein.

(2) Die Form des Absatzes 1 gilt auch dann als erfüllt, wenn die Schiedsvereinbarung in einem von der einen Partei der anderen Partei oder von einem Dritten beiden Parteien übermittelten

증명하는 기타 다른 방식에 따라 적법한 송달이 이루어졌다고 인정되는 경우에는 이러한 방식에 의해 수령되었던 날에 수령된 것으로 간주된다.

(2) 제1항은 법원 절차상의 통지에는 적용되지 아니 한다.

제2장　중재합의

제1029조　정의

(1) "중재합의"는 당사자 간의 계약에 기초해서 일정한 법률관계 또는 계약에 기초하지 않은 일정한 법률관계에 관하여 발생하거나 발생할 수 있는 분쟁을 중재재판부의 판정에 회부하기로 하는 취지의 당사자의 합의를 말한다.

(2) 중재합의는, 독립된 합의(별도의 중재합의) 또는 계약 중의 조항(중재조항)의 형식으로 체결될 수 있다.

제1030조　중재가능성

(1) 어떠한 재산법상 청구(vermögensrechtlicher Anspruch)도 중재합의의 대상이 될 수 있다. 비재산법상 청구에 관한 중재합의는 당사자들이 분쟁의 대상에 관하여 화해할 수 있는 권한을 갖는 경우에 한하여 법적 효력을 갖는다.

(2) 독일 내에서의 주택의 임대차관계의 존부에 관한 분쟁에 대한 중재합의는 무효로 한다. 다만 민법 제549조 제1항 내지 제3항에서 특정된 주택에 관해서는 이를 적용하지 아니 한다.

(3) 이 권 이외의 규정에 있어서 분쟁을 중재절차에 회부하지 않거나 또는 특정 요건하에서 위탁할 수 있다고 하는 규정들은 이에 영향을 받지 아니 한다.

제1031조　중재합의의 방식

(1) 중재합의는 당사자에 의해 서명된 문서 또는 당사자 간에 교환된 서신, 팩스, 전보 또는 중재합의의 기록을 제공하는 기타의 통신수단에 의하여 포함되어 있어야 한다.

(2) 중재합의가 일방당사자로부터 상대방에게 또는 제3자로부터 양당사자에게 전송된 서면에 포함되어 있고—이에 대해 적시에 이의 제기가 이루어지지 않은 경우—그러한 서면의 내용이 일반적인 용법에 따라 계약의 일부가 된 것으로 판단되는 경우에는 제1항의 방식요건이 준수된 것으로 간주되어야 한다.

Dokument enthalten ist und der Inhalt des Dokuments im Falle eines nicht rechtzeitig erfolgten Widerspruchs nach der Verkehrssitte als Vertragsinhalt angesehen wird.

(3) Nimmt ein den Formerfordernissen des Absatzes 1 oder 2 entsprechender Vertrag auf ein Dokument Bezug, das eine Schiedsklausel enthält, so begründet dies eine Schiedsvereinbarung, wenn die Bezugnahme dergestalt ist, dass sie diese Klausel zu einem Bestandteil des Vertrages macht.

(4) (weggefallen)

(5) Schiedsvereinbarungen, an denen ein Verbraucher beteiligt ist, müssen in einer von den Parteien eigenhändig unterzeichneten Urkunde enthalten sein. Die schriftliche Form nach Satz 1 kann durch die elektronische Form nach § 126a des Bürgerlichen Gesetzbuchs ersetzt werden. Andere Vereinbarungen als solche, die sich auf das schiedsrichterliche Verfahren beziehen, darf die Urkunde oder das elektronische Dokument nicht enthalten; dies gilt nicht bei notarieller Beurkundung.

(6) Der Mangel der Form wird durch die Einlassung auf die schiedsgerichtliche Verhandlung zur Hauptsache geheilt.

§ 1032 Schiedsvereinbarung und Klage vor Gericht

(1) Wird vor einem Gericht Klage in einer Angelegenheit erhoben, die Gegenstand einer Schiedsvereinbarung ist, so hat das Gericht die Klage als unzulässig abzuweisen, sofern der Beklagte dies vor Beginn der mündlichen Verhandlung zur Hauptsache rügt, es sei denn, das Gericht stellt fest, dass die Schiedsvereinbarung nichtig, unwirksam oder undurchführbar ist.

(2) Bei Gericht kann bis zur Bildung des Schiedsgerichts Antrag auf Feststellung der Zulässigkeit oder Unzulässigkeit eines schiedsrichterlichen Verfahrens gestellt werden.

(3) Ist ein Verfahren im Sinne des Absatzes 1 oder 2 anhängig, kann ein schiedsrichterliches Verfahren gleichwohl eingeleitet oder fortgesetzt werden und ein Schiedsspruch ergehen.

§ 1033 Schiedsvereinbarung und einstweilige gerichtliche Maßnahmen

Eine Schiedsvereinbarung schließt nicht aus, dass ein Gericht vor oder nach Beginn des schiedsrichterlichen Verfahrens auf Antrag einer Partei eine vorläufige oder sichernde Maßnahme in Bezug auf den Streitgegenstand des schiedsrichterlichen Verfahrens anordnet.

Abschnitt 3 Bildung des Schiedsgerichts

§ 1034 Zusammensetzung des Schiedsgerichts

(1) Die Parteien können die Anzahl der Schiedsrichter vereinbaren. Fehlt eine solche

(3) 제1항 또는 제2항의 방식요건이 준수된 계약이 중재조항이 포함된 서면을 원용하는 경우에는 그 원용에 의하여 그 중재조항이 그 계약의 일부를 구성하는 때에는 중재합의가 성립된다.

(4) (삭제)

(5) 소비자가 당사자인 중재합의는 당사자들에 의해 자필로 서명된 문서에 포함되어 있어야 한다. 제1항에 따른 서면의 방식은 민법 제126조 제a항에 따라 전자적 방식으로 대체될 수 있다. 당해 중재절차에 대한 원용이 아닌 그 밖의 어떠한 합의도 서면 또는 전자문서에 포함될 수 없다. 이는 공증문서의 경우에는 적용되지 아니한다.

(6) 어떠한 방식요건의 하자도 중재절차에서 분쟁의 본안에 대한 변론이 들어가기 전에 치유될 수 있다.

제1032조 중재합의와 본안에 대한 법원에의 제소

(1) 중재합의의 대상이 되는 사건에 대하여 법원에서 소가 제기된 경우, 피고가 본안에 관하여 구술심리의 개시 전에 항변한다면, 법원은 그 소를 각하하여야 한다. 다만 법원이 중재합의가 무효 또는 이행불능으로 판단하는 경우에는 그러하지 아니하다.

(2) 중재판정부가 구성되기 전에, 법원에 대하여 중재의 허용가능 여부에 대한 판단을 구하는 신청은 가능하다.

(3) 제1항 또는 제2항에서 규정된 소 또는 신청이 이루어지는 경우, 중재절차는 그럼에도 불구하고 개시 또는 속행이 가능하며, 중재판정은 당해 사안이 법원에 계류 중인 경우에도 내려질 수 있다.

제1033조 중재합의와 법원의 임시적 처분

중재절차 전이나 중에, 법원이 일방당사자의 요청에 따라 중재의 대상과 관련된 임시적 보전처분을 허용하는 것은 중재합의에 반하지 아니한다.

제3장 중재판정부의 구성

제1034조 중재판정부의 구성

(1) 당사자들은 중재인의 수를 자유로이 정할 수 있다. 이러한 결정이 없는 경우, 중재인의 수는 3인으로 한다.

Vereinbarung, so ist die Zahl der Schiedsrichter drei.

(2) Gibt die Schiedsvereinbarung einer Partei bei der Zusammensetzung des Schiedsgerichts ein Übergewicht, das die andere Partei benachteiligt, so kann diese Partei bei Gericht beantragen, den oder die Schiedsrichter abweichend von der erfolgten Ernennung oder der vereinbarten Ernennungsregelung zu bestellen. Der Antrag ist spätestens bis zum Ablauf von zwei Wochen, nachdem der Partei die Zusammensetzung des Schiedsgerichts bekannt geworden ist, zu stellen. § 1032 Abs. 3 gilt entsprechend.

§ 1035   Bestellung der Schiedsrichter

(1) Die Parteien können das Verfahren zur Bestellung des Schiedsrichters oder der Schiedsrichter vereinbaren.

(2) Sofern die Parteien nichts anderes vereinbart haben, ist eine Partei an die durch sie erfolgte Bestellung eines Schiedsrichters gebunden, sobald die andere Partei die Mitteilung über die Bestellung empfangen hat.

(3) Fehlt eine Vereinbarung der Parteien über die Bestellung der Schiedsrichter, wird ein Einzelschiedsrichter, wenn die Parteien sich über seine Bestellung nicht einigen können, auf Antrag einer Partei durch das Gericht bestellt. In schiedsrichterlichen Verfahren mit drei Schiedsrichtern bestellt jede Partei einen Schiedsrichter; diese beiden Schiedsrichter bestellen den dritten Schiedsrichter, der als Vorsitzender des Schiedsgerichts tätig wird. Hat eine Partei den Schiedsrichter nicht innerhalb eines Monats nach Empfang einer entsprechenden Aufforderung durch die andere Partei bestellt oder können sich die beiden Schiedsrichter nicht binnen eines Monats nach ihrer Bestellung über den dritten Schiedsrichter einigen, so ist der Schiedsrichter auf Antrag einer Partei durch das Gericht zu bestellen.

(4) Haben die Parteien ein Verfahren für die Bestellung vereinbart und handelt eine Partei nicht entsprechend diesem Verfahren oder können die Parteien oder die beiden Schiedsrichter eine Einigung entsprechend diesem Verfahren nicht erzielen oder erfüllt ein Dritter eine ihm nach diesem Verfahren übertragene Aufgabe nicht, so kann jede Partei bei Gericht die Anordnung der erforderlichen Maßnahmen beantragen, sofern das vereinbarte Bestellungsverfahren zur Sicherung der Bestellung nichts anderes vorsieht.

(5) Das Gericht hat bei der Bestellung eines Schiedsrichters alle nach der Parteivereinbarung für den Schiedsrichter vorgeschriebenen Voraussetzungen zu berücksichtigen und allen Gesichtspunkten Rechnung zu tragen, die die Bestellung eines unabhängigen und unparteiischen Schiedsrichters sicherstellen. Bei der Bestellung eines Einzelschiedsrichters oder eines dritten Schiedsrichters hat das Gericht auch die Zweckmäßigkeit der Bestellung eines Schiedsrichters mit einer anderen Staatsangehörigkeit als derjenigen der Parteien in Erwägung zu ziehen.

(2) 중재합의가 중재판정부 구성에 있어 일방당사자에게 우선권을 부여함으로써 상대방이 불리한 처지에 놓이도록 하는 경우, 상대방은 법원에 그렇게 이루어진 지명이나 합의된 지명절차를 벗어나 중재인을 선정해 줄 것을 요청할 수 있다. 그 요청은 중재판정부 구성을 알게 된 날로부터 늦어도 2주 이내에 이루어져야 한다. 이 경우 제1032조 제3항이 준용된다.

제1035조 중재인의 선정

(1) 당사자들은 중재인 선정절차에 대해 자유로이 합의할 수 있다.

(2) 당사자들이 달리 합의하지 않은 경우에, 당사자는 자신의 중재인 선정이 상대방에게 통지된 때에 자신의 그러한 선정에 구속된다.

(3) 중재인 선정에 관한 당사자간 합의가 없는 경우, 단독중재인은 당사자들이 그 선정에 합의하지 못한 경우에는 일방당사자의 신청에 의하여 법원이 선정하여야 한다. 3인 중재판정부의 경우, 각 당사자가 1인의 중재인을 선정하고, 그렇게 선정된 2인의 중재인은 중재판정부의 의장중재인이 될 제3중재인을 선정하여야 한다. 일방당사자가 상대방으로부터 중재인의 선정 요청을 받은 날로부터 1개월 이내에 중재인 선정을 하지 못하는 경우, 또는 2인의 중재인이 그들이 선정된 날로부터 1개월 이내에 제3중재인에 합의하지 못하는 경우에는, 일방당사자의 신청에 따라 중재인은 법원에 의해 선정되어야 한다.

(4) 당사자들에 의해 합의된 선정절차하에서, 당사자들이 이러한 절차에 따라 이행하지 못하는 경우 또는 당사자들 또는 2인의 중재인들이 그러한 절차하에서 그들에게 기대되었던 합의에 이르지 못하는 경우, 또는 제3자가 이러한 절차하에서 부여된 기능을 이행하지 못하는 경우에는, 선정절차에 대한 합의가 그러한 선정을 보장할 수 있는 기타 수단에 대해 규정하고 있지 않다면, 어느 당사자도 법원에 필요한 조치를 취해 줄 것을 신청할 수 있다.

(5) 법원은 중재인의 선정에 있어 당사자들의 합의에 따라 요구되는 자격과 독립적이고 공정한 중재인의 선정을 보장하는 요소들을 고려하여야 한다. 단독중재인 또는 제3중재인의 경우, 법원은 당사자들의 국적 외의 국적을 가진 중재인을 선정하는 것이 바람직한 것인지에 대해서도 고려하여야 한다.

§ 1036   Ablehnung eines Schiedsrichters

(1) Eine Person, der ein Schiedsrichteramt angetragen wird, hat alle Umstände offen zu legen, die Zweifel an ihrer Unparteilichkeit oder Unabhängigkeit wecken können. Ein Schiedsrichter ist auch nach seiner Bestellung bis zum Ende des schiedsrichterlichen Verfahrens verpflichtet, solche Umstände den Parteien unverzüglich offen zu legen, wenn er sie ihnen nicht schon vorher mitgeteilt hat.

(2) Ein Schiedsrichter kann nur abgelehnt werden, wenn Umstände vorliegen, die berechtigte Zweifel an seiner Unparteilichkeit oder Unabhängigkeit aufkommen lassen, oder wenn er die zwischen den Parteien vereinbarten Voraussetzungen nicht erfüllt. Eine Partei kann einen Schiedsrichter, den sie bestellt oder an dessen Bestellung sie mitgewirkt hat, nur aus Gründen ablehnen, die ihr erst nach der Bestellung bekannt geworden sind.

§ 1037   Ablehnungsverfahren

(1) Die Parteien können vorbehaltlich des Absatzes 3 ein Verfahren für die Ablehnung eines Schiedsrichters vereinbaren.

(2) Fehlt eine solche Vereinbarung, so hat die Partei, die einen Schiedsrichter ablehnen will, innerhalb von zwei Wochen, nachdem ihr die Zusammensetzung des Schiedsgerichts oder ein Umstand im Sinne des § 1036 Abs. 2 bekannt geworden ist, dem Schiedsgericht schriftlich die Ablehnungsgründe darzulegen. Tritt der abgelehnte Schiedsrichter von seinem Amt nicht zurück oder stimmt die andere Partei der Ablehnung nicht zu, so entscheidet das Schiedsgericht über die Ablehnung.

(3) Bleibt die Ablehnung nach dem von den Parteien vereinbarten Verfahren oder nach dem in Absatz 2 vorgesehenen Verfahren erfolglos, so kann die ablehnende Partei innerhalb eines Monats, nachdem sie von der Entscheidung, mit der die Ablehnung verweigert wurde, Kenntnis erlangt hat, bei Gericht eine Entscheidung über die Ablehnung beantragen; die Parteien können eine andere Frist vereinbaren. Während ein solcher Antrag anhängig ist, kann das Schiedsgericht einschließlich des abgelehnten Schiedsrichters das schiedsrichterliche Verfahren fortsetzen und einen Schiedsspruch erlassen.

§ 1038   Untätigkeit oder Unmöglichkeit der Aufgabenerfüllung

(1) Ist ein Schiedsrichter rechtlich oder tatsächlich außerstande, seine Aufgaben zu erfüllen, oder kommt er aus anderen Gründen seinen Aufgaben in angemessener Frist nicht nach, so endet sein Amt, wenn er zurücktritt oder wenn die Parteien die Beendigung seines Amtes vereinbaren. Tritt der Schiedsrichter von seinem Amt nicht zurück oder können sich die Parteien über dessen Beendigung nicht einigen, kann jede Partei bei Gericht eine Entscheidung über die Beendigung des Amtes beantragen.

(2) Tritt ein Schiedsrichter in den Fällen des Absatzes 1 oder des § 1037 Abs. 2 zurück oder

제1036조 중재인 기피

(1) 중재인으로 임하도록 요청을 받은 자는 자신의 공정성과 독립성에 정당한 의심을 살 만한 모든 사정을 고지하여야 한다. 중재인은 자신이 중재인으로 선정된 때로부터 중재절차가 종료할 때까지 이러한 사정이 당사자들에게 이미 통지되지 않은 때에는 당사자들에게 지체 없이 고지하여야 한다.

(2) 중재인은 독립성과 공정성에 정당한 의심을 살 만한 사정이 발생하는 경우, 또는 중재인이 당사자들에 의해 합의된 요건을 충족시키지 못한 경우에는 기피될 수 있다. 당사자는 자신이 선정하였거나 선정에 관여한 중재인에 관해서는 선정이 이루어진 후 그러한 사유를 인지하게 된 때에만 기피할 수 있다.

제1037조 기피절차

(1) 당사자들은 본조 제3항의 규정에 따라, 중재인의 기피절차에 대해 자유로이 합의할 수 있다.

(2) 이러한 합의가 없는 경우, 중재인을 기피하고자 하는 당사자는 중재판정부 구성을 안 날로부터 또는 제1036조 제2항에서 규정된 사정을 안 날로부터 2주 이내에 중재판정부에 기피사유를 서면으로 통지하여야 한다. 기피신청을 받은 중재인이 사임하지 않거나 또는 상대방이 그 기피에 동의하지 않는 경우, 중재판정부는 그 기피신청에 대해 판단하여야 한다.

(3) 당사자간 합의된 절차 또는 본조 제2항에서 규정된 절차에 따른 기피가 실패하는 경우, 기피를 신청한 당사자는 기피 신청이 거부된 날로부터 1개월 이내에 법원에 기피에 관하여 판단해 줄 것을 신청할 수 있다. 당사자들은 이의기한에 대하여 달리 합의할 수 있다. 이러한 신청이 계류중인 동안에도 기피된 중재인을 포함한 중재판정부는 중재절차를 계속하고 중재판정을 내릴 수 있다.

제1038조 중재인의 직무불능 또는 불이행

(1) 중재인이 법률상 또는 사실상 그의 임무를 수행하지 못하거나 다른 이유로 부적법한 지연 없이 임무를 수행하지 못하는 경우, 그가 사임하거나 또는 당사자들이 해임에 합의하는 경우 그의 임무는 종료된다. 중재인이 사임하지 않거나 또는 당사자들이 중재인의 해임에 대해 합의하지 못하는 경우, 일방당사자는 법원에 중재인의 해임에 대해 판단해 줄 것을 신청할 수 있다.

(2) 만일 본조 제1항 또는 제1037조 제2항에 따라 중재인이 사임하거나 또는 일방당사자가 당해 중재인의 해임에 동의하는 경우, 본조 제1항 또는 제1036조 제2항에서 규정된 철회사유의 유효성을 인정하는 것으로 간주하지 아니한다.

stimmt eine Partei der Beendigung des Schiedsrichteramtes zu, so bedeutet dies nicht die Anerkennung der in Absatz 1 oder § 1036 Abs. 2 genannten Rücktrittsgründe.

§ 1039 Bestellung eines Ersatzschiedsrichters

(1) Endet das Amt eines Schiedsrichters nach den §§ 1037, 1038 oder wegen seines Rücktritts vom Amt aus einem anderen Grund oder wegen der Aufhebung seines Amtes durch Vereinbarung der Parteien, so ist ein Ersatzschiedsrichter zu bestellen. Die Bestellung erfolgt nach den Regeln, die auf die Bestellung des zu ersetzenden Schiedsrichters anzuwenden waren.

(2) Die Parteien können eine abweichende Vereinbarung treffen.

Abschnitt 4 Zuständigkeit des Schiedsgerichts

§ 1040 Befugnis des Schiedsgerichts zur Entscheidung über die eigene Zuständigkeit

(1) Das Schiedsgericht kann über die eigene Zuständigkeit und im Zusammenhang hiermit über das Bestehen oder die Gültigkeit der Schiedsvereinbarung entscheiden. Hierbei ist eine Schiedsklausel als eine von den übrigen Vertragsbestimmungen unabhängige Vereinbarung zu behandeln.

(2) Die Rüge der Unzuständigkeit des Schiedsgerichts ist spätestens mit der Klagebeantwortung vorzubringen. Von der Erhebung einer solchen Rüge ist eine Partei nicht dadurch ausgeschlossen, dass sie einen Schiedsrichter bestellt oder an der Bestellung eines Schiedsrichters mitgewirkt hat. Die Rüge, das Schiedsgericht überschreite seine Befugnisse, ist zu erheben, sobald die Angelegenheit, von der dies behauptet wird, im schiedsrichterlichen Verfahren zur Erörterung kommt. Das Schiedsgericht kann in beiden Fällen eine spätere Rüge zulassen, wenn die Partei die Verspätung genügend entschuldigt.

(3) Hält das Schiedsgericht sich für zuständig, so entscheidet es über eine Rüge nach Absatz 2 in der Regel durch Zwischenentscheid. In diesem Fall kann jede Partei innerhalb eines Monats nach schriftlicher Mitteilung des Entscheids eine gerichtliche Entscheidung beantragen. Während ein solcher Antrag anhängig ist, kann das Schiedsgericht das schiedsrichterliche Verfahren fortsetzen und einen Schiedsspruch erlassen.

§ 1041 Maßnahmen des einstweiligen Rechtsschutzes

(1) Haben die Parteien nichts anderes vereinbart, so kann das Schiedsgericht auf Antrag einer Partei vorläufige oder sichernde Maßnahmen anordnen, die es in Bezug auf den Streitgegenstand für erforderlich hält. Das Schiedsgericht kann von jeder Partei im

제1039조　보궐중재인의 선정

(1) 제1037조 또는 제1038조 또는 기타 사유로 인한 사임 또는 당사자 합의에 의한 사임의 경우, 보궐중재인은 교체된 중재인의 선정에 적용되었던 규칙에 따라 선정되어야 한다.

(2) 당사자들은 자유로이 절차를 달리 정할 수 있다.

제4장　중재판정부의 관할권

제1040조　자신의 관할권에 대한 중재판정부의 결정권한

(1) 중재판정부는 자신의 관할권 및 이와 관련된 중재합의의 존재 또는 유효성에 대하여 결정할 수 있다. 그러한 목적을 위하여, 계약의 일부를 구성하는 중재조항은 계약의 기타 조건들과는 독립된 합의로 취급되어야 한다.

(2) 중재판정부의 관할권부존재 항변은 늦어도 답변서가 제출되기 전까지는 제기되어야 한다. 당사자는 중재인을 선정하였거나 중재인의 선정에 관여하였다는 이유로, 이러한 항변의 제기를 방해받지 아니한다. 중재판정부가 그 권한을 유월한다는 항변은 그 주장된 사유가 중재절차 과정에서 제기되는 즉시 이루어져야 한다. 중재판정부는 어떠한 경우라도 당해 당사자의 항변의 지연이 정당하다고 판단하는 경우에는 이를 인정하여야 한다.

(3) 중재판정부가 스스로 관할권을 갖는다고 판단하는 경우, 중재판정부는 본조 제2항에서 규정된 항변에 대하여 원칙적으로 예비판정의 방식으로 판단한다. 이러한 경우 어느 당사자든 그러한 판정을 통지받은 후 1개월 이내에 법원에 이에 대한 판단을 신청할 수 있다. 그러한 신청이 계류되어 있는 동안 중재판정부는 중재절차를 계속하고 중재판정을 내릴 수 있다.

제1041조　임시적 보전처분

(1) 당사자들이 달리 합의하지 않는 한, 중재판정부는 당사자의 신청에 따라 분쟁의 대상에 대하여 필요하다고 인정되는 임시적 또는 보전적 처분을 명할 수 있다. 중재판정부는 당사자에게 이러한 처분과 관련하여 적절한 담보의 제공을 명할 수 있다.

Zusammenhang mit einer solchen Maßnahme angemessene Sicherheit verlangen.

(2) Das Gericht kann auf Antrag einer Partei die Vollziehung einer Maßnahme nach Absatz 1 zulassen, sofern nicht schon eine entsprechende Maßnahme des einstweiligen Rechtsschutzes bei einem Gericht beantragt worden ist. Es kann die Anordnung abweichend fassen, wenn dies zur Vollziehung der Maßnahme notwendig ist.

(3) Auf Antrag kann das Gericht den Beschluss nach Absatz 2 aufheben oder ändern.

(4) Erweist sich die Anordnung einer Maßnahme nach Absatz 1 als von Anfang an ungerechtfertigt, so ist die Partei, welche ihre Vollziehung erwirkt hat, verpflichtet, dem Gegner den Schaden zu ersetzen, der ihm aus der Vollziehung der Maßnahme oder dadurch entsteht, dass er Sicherheit leistet, um die Vollziehung abzuwenden. Der Anspruch kann im anhängigen schiedsrichterlichen Verfahren geltend gemacht werden.

Abschnitt 5 Durchführung des schiedsrichterlichen Verfahrens

§ 1042 Allgemeine Verfahrensregeln

(1) Die Parteien sind gleich zu behandeln. Jeder Partei ist rechtliches Gehör zu gewähren.

(2) Rechtsanwälte dürfen als Bevollmächtigte nicht ausgeschlossen werden.

(3) Im Übrigen können die Parteien vorbehaltlich der zwingenden Vorschriften dieses Buches das Verfahren selbst oder durch Bezugnahme auf eine schiedsrichterliche Verfahrensordnung regeln.

(4) Soweit eine Vereinbarung der Parteien nicht vorliegt und dieses Buch keine Regelung enthält, werden die Verfahrensregeln vom Schiedsgericht nach freiem Ermessen bestimmt. Das Schiedsgericht ist berechtigt, über die Zulässigkeit einer Beweiserhebung zu entscheiden, diese durchzuführen und das Ergebnis frei zu würdigen.

§ 1043 Ort des schiedsrichterlichen Verfahrens

(1) Die Parteien können eine Vereinbarung über den Ort des schiedsrichterlichen Verfahrens treffen. Fehlt eine solche Vereinbarung, so wird der Ort des schiedsrichterlichen Verfahrens vom Schiedsgericht bestimmt. Dabei sind die Umstände des Falles einschließlich der Eignung des Ortes für die Parteien zu berücksichtigen.

(2) Haben die Parteien nichts anderes vereinbart, so kann das Schiedsgericht ungeachtet des Absatzes 1 an jedem ihm geeignet erscheinenden Ort zu einer mündlichen Verhandlung, zur Vernehmung von Zeugen, Sachverständigen oder der Parteien, zur Beratung zwischen seinen Mitgliedern, zur Besichtigung von Sachen oder zur Einsichtnahme in Dokumente zusammentreten.

(2) 법원은 당사자의 신청에 따라 제1항에 규정된 처분의 집행을 허용할 수 있다. 다만 그에 상당하는 임시적 처분이 이미 법원에 신청되어 있는 경우에는 그러지 아니하다. 법원은 그 처분의 집행 목적상 필요하다면 다른 명령을 할 수 있다.

(3) 법원은 신청에 따라 제2항의 결정을 취소 또는 변경할 수 있다.

(4) 제1항에 따른 처분 명령이 애초부터 부당하였다는 것이 입증되는 경우, 그 집행을 성취한 당사자는 상대방에 대하여 그 처분의 집행 또는 집행을 정지하기 위한 담보의 제공으로 인하여 발생한 손해를 배상할 의무가 있다. 이러한 청구는 계류 중인 중재절차에서 주장될 수 있다.

제5장   중재절차의 진행

제1042조   절차에 대한 일반 규정

(1) 당사자들은 동등한 대우를 받아야 하며 각 당사자는 충분한 변론의 기회를 가져야 한다.

(2) 변호사가 대리인으로 행위하는 것은 금지되지 아니한다.

(3) 그 밖에, 이 권의 강행규정들의 제한하에, 당사자들은 절차를 스스로 자유로이 정하거나 또는 일련의 중재규칙을 원용함으로써 정할 수 있다.

(4) 당사자간 합의가 없는 경우, 또한 이 권에 규정이 없는 때에는 중재판정부는 자신이 적절하다고 판단하는 방식으로 중재를 진행할 수 있다. 중재판정부는 증거능력에 관해 판단하고 증거조사 및 증거를 자유로운 심증으로 평가하는 권한을 갖는다.

제1043조   중재지

(1) 당사자들은 중재지에 관하여 자유로이 합의할 수 있다. 이러한 합의가 없는 경우, 중재지는 당사자들의 편의를 포함한 사건의 제반사정을 고려하여 중재판정부가 정한다.

(2) 본조 제1항의 규정에도 불구하고 중재판정부는, 당사자들이 달리 합의하지 않는 한, 구술심리, 증인, 감정인 또는 당사자들에 대한 심리, 판정부 구성원들간의 협의 또는 재산 또는 서류의 조사를 위해 적절하다고 판단하는 어떠한 장소에서도 회합할 수 있다.

§ 1044   Beginn des schiedsrichterlichen Verfahrens

Haben die Parteien nichts anderes vereinbart, so beginnt das schiedsrichterliche Verfahren über eine bestimmte Streitigkeit mit dem Tag, an dem der Beklagte den Antrag, die Streitigkeit einem Schiedsgericht vorzulegen, empfangen hat. Der Antrag muss die Bezeichnung der Parteien, die Angabe des Streitgegenstandes und einen Hinweis auf die Schiedsvereinbarung enthalten.

§ 1045   Verfahrenssprache

(1) Die Parteien können die Sprache oder die Sprachen, die im schiedsrichterlichen Verfahren zu verwenden sind, vereinbaren. Fehlt eine solche Vereinbarung, so bestimmt hierüber das Schiedsgericht. Die Vereinbarung der Parteien oder die Bestimmung des Schiedsgerichts ist, sofern darin nichts anderes vorgesehen wird, für schriftliche Erklärungen einer Partei, mündliche Verhandlungen, Schiedssprüche, sonstige Entscheidungen und andere Mitteilungen des Schiedsgerichts maßgebend.

(2) Das Schiedsgericht kann anordnen, dass schriftliche Beweismittel mit einer Übersetzung in die Sprache oder die Sprachen versehen sein müssen, die zwischen den Parteien vereinbart oder vom Schiedsgericht bestimmt worden sind.

§ 1046   Klage und Klagebeantwortung

(1) Innerhalb der von den Parteien vereinbarten oder vom Schiedsgericht bestimmten Frist hat der Kläger seinen Anspruch und die Tatsachen, auf die sich dieser Anspruch stützt, darzulegen und der Beklagte hierzu Stellung zu nehmen. Die Parteien können dabei alle ihnen erheblich erscheinenden Dokumente vorlegen oder andere Beweismittel bezeichnen, derer sie sich bedienen wollen.

(2) Haben die Parteien nichts anderes vereinbart, so kann jede Partei im Laufe des schiedsrichterlichen Verfahrens ihre Klage oder ihre Angriffs- und Verteidigungsmittel ändern oder ergänzen, es sei denn, das Schiedsgericht lässt dies wegen Verspätung, die nicht genügend entschuldigt wird, nicht zu.

(3) Die Absätze 1 und 2 gelten für die Widerklage entsprechend.

§ 1047   Mündliche Verhandlung und schriftliches Verfahren

(1) Vorbehaltlich einer Vereinbarung der Parteien entscheidet das Schiedsgericht, ob mündlich verhandelt werden soll oder ob das Verfahren auf der Grundlage von Dokumenten und anderen Unterlagen durchzuführen ist. Haben die Parteien die mündliche Verhandlung nicht ausgeschlossen, hat das Schiedsgericht eine solche Verhandlung in einem geeigneten Abschnitt des Verfahrens durchzuführen, wenn eine Partei es beantragt.

(2) Die Parteien sind von jeder Verhandlung und jedem Zusammentreffen des Schiedsgerichts zu Zwecken der Beweisaufnahme rechtzeitig in Kenntnis zu setzen.

제1044조 중재절차의 개시

당사자들이 달리 합의하지 않는 한, 특정 분쟁에 관한 중재절차는 그 분쟁을 중재판정부에 회부하는 신청을 상대방이 수령한 날로부터 개시된다. 이 신청에는 당사자명, 분쟁의 대상이 기재되어야 하며, 중재합의에 대한 증빙서류가 포함되어 있어야 한다.

제1045조 절차의 언어

(1) 당사자들은 중재절차에서 사용될 하나 또는 복수의 언어에 대하여 자유로이 합의할 수 있다. 그러한 합의가 없는 경우, 중재절차에서 사용될 하나 또는 복수의 언어는 중재판정부가 정한다. 이러한 합의 또는 결정은 그 합의나 결정에서 달리 정하지 않았다면 당사자의 서면진술, 심리 및 중재판정, 결정 또는 중재판정부에 의한 기타 통지에도 적용된다.

(2) 중재판정부는 증거서류에 관하여 당사자들이 합의하였거나 중재판정부가 결정한 하나 또는 복수의 언어의 번역본을 첨부하도록 명할 수 있다.

제1046조 중재신청서와 답변서

(1) 당사자들이 합의하였거나 중재판정부가 정한 기간 내에, 신청인은 그의 청구 및 그 청구를 뒷받침하는 사실관계를 기재한 신청서를 작성하여야 하고, 피신청인은 그 각각에 대한 답변을 기재한 답변서를 작성하여야 한다. 당사자들은 적절하다고 판단하는 모든 서류와 함께 그러한 신청서와 답변서를 제출하여야 하되 그들이 제출할 기타 증거의 인용을 추가할 수 있다.

(2) 당사자들이 달리 합의하지 않는 한, 어느 당사자도 중재절차의 과정에서 그의 신청 또는 답변을 변경 또는 보충할 수 있다. 다만, 중재판정부가 그러한 변경의 허용이 충분한 정당성이 없는 지연과 관련이 있다고 판단하는 경우에는 그러하지 아니하다.

(3) 제1항 및 제2항은 반대신청에 준용된다.

제1047조 구술심리와 서면절차

(1) 당사자간 합의에 따라, 중재판정부는 구술심리를 개최할지 또는 절차를 서면과 기타 기록물에 근거하여 진행할지에 대하여 결정하여야 한다. 당사자들이 구술심리를 개최하지 않기로 합의하지 않았다면, 중재판정부는 당사자의 신청에 따라 절차의 적절한 단계에서 그러한 심리를 개최하여야 한다.

(2) 모든 심리와 증거조사를 목적으로 하는 중재판정부의 모든 회합은 충분히 사전에 당사자들에게 통지되어야 한다.

(3) Alle Schriftsätze, Dokumente und sonstigen Mitteilungen, die dem Schiedsgericht von einer Partei vorgelegt werden, sind der anderen Partei, Gutachten und andere schriftliche Beweismittel, auf die sich das Schiedsgericht bei seiner Entscheidung stützen kann, sind beiden Parteien zur Kenntnis zu bringen.

§ 1048   Säumnis einer Partei

(1) Versäumt es der Kläger, seine Klage nach § 1046 Abs. 1 einzureichen, so beendet das Schiedsgericht das Verfahren.

(2) Versäumt es der Beklagte, die Klage nach § 1046 Abs. 1 zu beantworten, so setzt das Schiedsgericht das Verfahren fort, ohne die Säumnis als solche als Zugeständnis der Behauptungen des Klägers zu behandeln.

(3) Versäumt es eine Partei, zu einer mündlichen Verhandlung zu erscheinen oder innerhalb einer festgelegten Frist ein Dokument zum Beweis vorzulegen, so kann das Schiedsgericht das Verfahren fortsetzen und den Schiedsspruch nach den vorliegenden Erkenntnissen erlassen.

(4) Wird die Säumnis nach Überzeugung des Schiedsgerichts genügend entschuldigt, bleibt sie außer Betracht. Im Übrigen können die Parteien über die Folgen der Säumnis etwas anderes vereinbaren.

§ 1049   Vom Schiedsgericht bestellter Sachverständiger

(1) Haben die Parteien nichts anderes vereinbart, so kann das Schiedsgericht einen oder mehrere Sachverständige zur Erstattung eines Gutachtens über bestimmte vom Schiedsgericht festzulegende Fragen bestellen. Es kann ferner eine Partei auffordern, dem Sachverständigen jede sachdienliche Auskunft zu erteilen oder alle für das Verfahren erheblichen Dokumente oder Sachen zur Besichtigung vorzulegen oder zugänglich zu machen.

(2) Haben die Parteien nichts anderes vereinbart, so hat der Sachverständige, wenn eine Partei dies beantragt oder das Schiedsgericht es für erforderlich hält, nach Erstattung seines schriftlichen oder mündlichen Gutachtens an einer mündlichen Verhandlung teilzunehmen. Bei der Verhandlung können die Parteien dem Sachverständigen Fragen stellen und eigene Sachverständige zu den streitigen Fragen aussagen lassen.

(3) Auf den vom Schiedsgericht bestellten Sachverständigen sind die §§ 1036, 1037 Abs. 1 und 2 entsprechend anzuwenden.

§ 1050   Gerichtliche Unterstützung bei der Beweisaufnahme und sonstige richterliche Handlungen

Das Schiedsgericht oder eine Partei mit Zustimmung des Schiedsgerichts kann bei Gericht Unterstützung bei der Beweisaufnahme oder die Vornahme sonstiger richterlicher Handlungen, zu denen das Schiedsgericht nicht befugt ist, beantragen. Das Gericht erledigt den Antrag,

(3) 당사자에 의하여 중재판정부에게 제출된 모든 준비서면, 서류 또는 기타 정보는 상대방에게 제공되어야 한다. 또한 중재판정부가 의사결정을 위해 의존하게 되는 모든 감정보고서 또는 증거서류는 양당사자에게 제공되어야 한다.

제1048조 당사자의 해태

(1) 신청인이 제1046조 제1항에 따라 중재신청서를 제출하지 않은 경우, 중재판정부는 절차를 종료하여야 한다.

(2) 피신청인이 제1046조 제1항에 따라 답변서를 제출하지 않은 경우, 중재판정부는 답변서의 미제출 자체가 신청인의 주장을 인정하는 것으로 취급하지 않고 절차를 진행하여야 한다.

(3) 어느 당사자가 구술심리에 출석하지 않거나 정해진 기간 내에 서면을 제출하지 않은 경우, 중재판정부는 절차를 진행할 수 있으며 제출된 증거에 근거하여 중재판정을 내릴 수 있다.

(4) 중재판정부가 정당하였다고 판단하는 해태는 무시될 수 있다. 이와는 별도로, 당사자들은 해태의 결과에 대해 달리 합의할 수 있다.

제1049조 중재판정부의 감정인 선정

(1) 당사자들이 달리 합의하지 않는 한, 중재판정부는 자신이 결정해야 할 특정 쟁점들에 대하여 그 결과를 보고해 줄 1인 또는 복수의 감정인을 선정할 수 있다. 중재판정부는 또한 감정인에게 관련 정보를 제공하도록 당사자에게 명하거나, 조사를 위해 관련 서류나 재산을 제출하거나 그에 접근할 수 있는 권한을 감정인에게 부여할 것을 명할 수 있다.

(2) 당사자들이 달리 합의하지 않는 한, 당사자가 신청하거나 중재판정부가 필요하다고 판단하는 경우, 감정인은 서면 또는 구두의 감정보고서가 제출된 후, 당사자들에게 그 감정인에게 질문할 기회와 문제가 되고 있는 쟁점들에 대하여 다른 감정인들로 하여금 증언할 기회를 부여하기 위하여, 구술심리에 참석하여야 한다.

(3) 중재판정부에 의해 선정된 감정인에 대해서는 제1036조와 제1037조 제1항 내지 제2항이 준용된다.

제1050조 증거조사와 기타 사법적 행위에 있어 법원의 협조

중재판정부 또는 중재판정부의 동의를 얻은 당사자는 법원에 대하여 증거조사의 협조 또는 중재판정부가 이행할 수 있으나 권한이 없는 기타 사법적 행위의 이행을 신청할 수 있다. 법원은 그 신청이 허용될 수 없다고 보지 않는 한, 그러한 신청에 대하여 증거조사 또는 기타 사법적 행위에 관한 규칙에 따라 실행하여야 한다. 중재인은 법원의 증서조사에 출석하고 질문할 권한을 가진다.

sofern es ihn nicht für unzulässig hält, nach seinen für die Beweisaufnahme oder die sonstige richterliche Handlung geltenden Verfahrensvorschriften. Die Schiedsrichter sind berechtigt, an einer gerichtlichen Beweisaufnahme teilzunehmen und Fragen zu stellen.

Abschnitt 6 — Schiedsspruch und Beendigung des Verfahrens

§ 1051 Anwendbares Recht

(1) Das Schiedsgericht hat die Streitigkeit in Übereinstimmung mit den Rechtsvorschriften zu entscheiden, die von den Parteien als auf den Inhalt des Rechtsstreits anwendbar bezeichnet worden sind. Die Bezeichnung des Rechts oder der Rechtsordnung eines bestimmten Staates ist, sofern die Parteien nicht ausdrücklich etwas anderes vereinbart haben, als unmittelbare Verweisung auf die Sachvorschriften dieses Staates und nicht auf sein Kollisionsrecht zu verstehen.

(2) Haben die Parteien die anzuwendenden Rechtsvorschriften nicht bestimmt, so hat das Schiedsgericht das Recht des Staates anzuwenden, mit dem der Gegenstand des Verfahrens die engsten Verbindungen aufweist.

(3) Das Schiedsgericht hat nur dann nach Billigkeit zu entscheiden, wenn die Parteien es ausdrücklich dazu ermächtigt haben. Die Ermächtigung kann bis zur Entscheidung des Schiedsgerichts erteilt werden.

(4) In allen Fällen hat das Schiedsgericht in Übereinstimmung mit den Bestimmungen des Vertrages zu entscheiden und dabei bestehende Handelsbräuche zu berücksichtigen.

§ 1052 Entscheidung durch ein Schiedsrichterkollegium

(1) Haben die Parteien nichts anderes vereinbart, so ist in schiedsrichterlichen Verfahren mit mehr als einem Schiedsrichter jede Entscheidung des Schiedsgerichts mit Mehrheit der Stimmen aller Mitglieder zu treffen.

(2) Verweigert ein Schiedsrichter die Teilnahme an einer Abstimmung, können die übrigen Schiedsrichter ohne ihn entscheiden, sofern die Parteien nichts anderes vereinbart haben. Die Absicht, ohne den verweigernden Schiedsrichter über den Schiedsspruch abzustimmen, ist den Parteien vorher mitzuteilen. Bei anderen Entscheidungen sind die Parteien von der Abstimmungsverweigerung nachträglich in Kenntnis zu setzen.

(3) Über einzelne Verfahrensfragen kann der vorsitzende Schiedsrichter allein entscheiden, wenn die Parteien oder die anderen Mitglieder des Schiedsgerichts ihn dazu ermächtigt haben.

제6장 중재판정과 절차의 종료

제1051조 분쟁의 실체에 대한 준거규칙

(1) 중재판정부는 당사자들이 분쟁의 실체에 적용되는 것으로 선택한 법규에 따라 당해 분쟁에 대하여 판정하여야 한다. 어느 국가의 법 또는 법체계의 지정은, 당사자들이 달리 명시하지 않은 경우, 그 국가의 실질법을 직접 지정하는 것으로 해석하며, 그 국가의 국제사법 규칙을 지정하는 것으로 해석하지 아니한다.

(2) 당사자들에 의한 지정이 없는 경우, 중재판정부는 그 중재의 대상과 가장 밀접한 관련이 있는 국가의 법을 적용하여야 한다.

(3) 중재판정부는 당사자들이 명시적으로 권한을 부여한 경우에 한하여 형평과 선 또는 우의적 중재인으로서 판정을 내려야 한다. 당사자들은 판정 시까지 중재판정부에게 그러한 권한을 부여할 수 있다.

(4) 어떠한 경우라도, 중재판정부는 계약의 조건에 따라 판정하여야 하며 당해 거래에 적용 가능한 상관습을 고려하여야 한다.

제1052조 중재판정부의 의사결정

(1) 2인 이상의 중재인에 의한 중재절차의 경우, 당사자들이 달리 합의하지 않는 한, 중재판정부의 판정은 그 모든 구성원의 다수결에 의한다.

(2) 1인의 중재인이 판정에 참가하는 것을 거부하는 경우, 당사자들이 달리 합의하지 않는 한, 그 자를 제외한 다른 중재인들이 중재판정을 내릴 수 있다. 중재판정에 참가하기를 거부한 중재인을 제외하고 중재판정을 내리겠다는 의사는 당사자들에게 사전에 통지되어야 한다. 중재판정 이외의 결정의 경우, 표결참여의 거부가 있었던 사실은 그 결정 후에 당사자들에게 통지되어야 한다.

(3) 절차에 관한 개별적인 문제들은 당사자들 또는 중재판정부의 모든 구성원들로부터 수권 받은 경우에는 의장중재인이 단독으로 결정할 수 있다.

§ 1053 Vergleich

(1) Vergleichen sich die Parteien während des schiedsrichterlichen Verfahrens über die Streitigkeit, so beendet das Schiedsgericht das Verfahren. Auf Antrag der Parteien hält es den Vergleich in der Form eines Schiedsspruchs mit vereinbartem Wortlaut fest, sofern der Inhalt des Vergleichs nicht gegen die öffentliche Ordnung (ordre public) verstößt.

(2) Ein Schiedsspruch mit vereinbartem Wortlaut ist gemäß § 1054 zu erlassen und muss angeben, dass es sich um einen Schiedsspruch handelt. Ein solcher Schiedsspruch hat dieselbe Wirkung wie jeder andere Schiedsspruch zur Sache.

(3) Soweit die Wirksamkeit von Erklärungen eine notarielle Beurkundung erfordert, wird diese bei einem Schiedsspruch mit vereinbartem Wortlaut durch die Aufnahme der Erklärungen der Parteien in den Schiedsspruch ersetzt.

(4) Mit Zustimmung der Parteien kann ein Schiedsspruch mit vereinbartem Wortlaut auch von einem Notar, der seinen Amtssitz im Bezirk des nach § 1062 Abs. 1, 2 für die Vollstreckbarerklärung zuständigen Gerichts hat, für vollstreckbar erklärt werden. Der Notar lehnt die Vollstreckbarerklärung ab, wenn die Voraussetzungen des Absatzes 1 Satz 2 nicht vorliegen.

§ 1054 Form und Inhalt des Schiedsspruchs

(1) Der Schiedsspruch ist schriftlich zu erlassen und durch den Schiedsrichter oder die Schiedsrichter zu unterschreiben. In schiedsrichterlichen Verfahren mit mehr als einem Schiedsrichter genügen die Unterschriften der Mehrheit aller Mitglieder des Schiedsgerichts, sofern der Grund für eine fehlende Unterschrift angegeben wird.

(2) Der Schiedsspruch ist zu begründen, es sei denn, die Parteien haben vereinbart, dass keine Begründung gegeben werden muss, oder es handelt sich um einen Schiedsspruch mit vereinbartem Wortlaut im Sinne des § 1053.

(3) Im Schiedsspruch sind der Tag, an dem er erlassen wurde, und der nach § 1043 Abs. 1 bestimmte Ort des schiedsrichterlichen Verfahrens anzugeben. Der Schiedsspruch gilt als an diesem Tag und diesem Ort erlassen.

(4) Jeder Partei ist ein von den Schiedsrichtern unterschriebener Schiedsspruch zu übermitteln.

§ 1055 Wirkungen des Schiedsspruchs

Der Schiedsspruch hat unter den Parteien die Wirkungen eines rechtskräftigen gerichtlichen Urteils.

§ 1056 Beendigung des schiedsrichterlichen Verfahrens

(1) Das schiedsrichterliche Verfahren wird mit dem endgültigen Schiedsspruch oder mit einem Beschluss des Schiedsgerichts nach Absatz 2 beendet.

(2) Das Schiedsgericht stellt durch Beschluss die Beendigung des schiedsrichterlichen

제1053조 화해

(1) 중재철차의 과정에서 당사자들이 분쟁에 관하여 합의하는 경우, 중재판정부는 절차를 종료하여야 한다. 당사자들의 신청이 있는 경우, 중재판정부는 합의된 조건에 따라 중재판정의 형식으로 합의안을 기록하여야 하되, 다만 합의의 내용이 공서에 반하지 아니하여야 한다.

(2) 합의된 조건에 대한 중재판정은 제1054조에 따라 이루어져야 하며, 이것이 중재판정이라는 사실이 기재되어야 한다. 그러한 중재판정은 사건의 본안에 관한 다른 중재판정과 동일한 효력을 갖는다.

(3) 의사표시가 유효하기 위해 공증인의 공증이 필요한 때에는, 이는, 합의된 조건에 따른 중재판정의 경우, 중재판정에 당사자들의 의사표시를 기재함으로써 대체될 수 있다.

(4) 당사자간 합의가 있는 경우, 합의된 조건에 따른 중재판정은 제1062조 제1항 제2호에 따라 집행문 부여에 관한 관할법원의 구역 내에 공증사무실이 있는 공증인에 의하여도 집행문이 부여될 수 있다. 그 공증인은 제1항 제2문의 요건이 준수되지 않은 경우에는 집행문 부여를 거부하여야 한다.

제1054조 화해판정과 형식

(1) 중재판정은 서면으로 작성되어야 하며 중재인에 의해 서명되어야 한다. 2인 이상의 중재인에 의한 중재절차에서, 중재판정부 모든 구성원의 과반수의 서명이 있으면 충분하며, 서명이 없는 경우에는 그 이유가 기재되어야 한다.

(2) 당사자들이 이유를 기재하지 않기로 합의한 경우 또는 제1053조에 따라 합의된 조건에 따라 작성된 중재판정인 경우가 아니라면, 중재판정에는 판단의 근거가 되는 이유가 기재되어야 한다.

(3) 중재판정에는 판정일 및 제1043조 제1항에 따라 결정된 중재지가 기재되어야 한다. 중재판정은 그 일자 및 장소에서 작성된 것으로 간주된다.

(4) 중재인들에 의해 서명된 중재판정의 정본은 각 당사자에게 송달되어야 한다.

제1055조 중재판정의 효력

중재판정은 당사자 사이에 있어서 법원의 확정판결과 동일한 효력을 갖는다.

제1056조 절차의 종료

(1) 중재절차는 최종판정 또는 본조 제2항에 따른 중재판정부의 결정에 의하여 종료한다.

(2) 중재판정부는 다음의 경우 중재절차 종료명령을 내려야 한다.

Verfahrens fest, wenn

1. der Kläger

    a) es versäumt, seine Klage nach § 1046 Abs. 1 einzureichen und kein Fall des § 1048 Abs. 4 vorliegt, oder

    b) seine Klage zurücknimmt, es sei denn, dass der Beklagte dem widerspricht und das Schiedsgericht ein berechtigtes Interesse des Beklagten an der endgültigen Beilegung der Streitigkeit anerkennt; oder

2. die Parteien die Beendigung des Verfahrens vereinbaren; oder

3. die Parteien das schiedsrichterliche Verfahren trotz Aufforderung des Schiedsgerichts nicht weiter betreiben oder die Fortsetzung des Verfahrens aus einem anderen Grund unmöglich geworden ist.

(3) Vorbehaltlich des § 1057 Abs. 2 und der §§ 1058, 1059 Abs. 4 endet das Amt des Schiedsgerichts mit der Beendigung des schiedsrichterlichen Verfahrens.

§ 1057   Entscheidung über die Kosten

(1) Sofern die Parteien nichts anderes vereinbart haben, hat das Schiedsgericht in einem Schiedsspruch darüber zu entscheiden, zu welchem Anteil die Parteien die Kosten des schiedsrichterlichen Verfahrens einschließlich der den Parteien erwachsenen und zur zweckentsprechenden Rechtsverfolgung notwendigen Kosten zu tragen haben. Hierbei entscheidet das Schiedsgericht nach pflichtgemäßem Ermessen unter Berücksichtigung der Umstände des Einzelfalles, insbesondere des Ausgangs des Verfahrens.

(2) Soweit die Kosten des schiedsrichterlichen Verfahrens feststehen, hat das Schiedsgericht auch darüber zu entscheiden, in welcher Höhe die Parteien diese zu tragen haben. Ist die Festsetzung der Kosten unterblieben oder erst nach Beendigung des schiedsrichterlichen Verfahrens möglich, wird hierüber in einem gesonderten Schiedsspruch entschieden.

§ 1058   Berichtigung, Auslegung und Ergänzung des Schiedsspruchs

(1) Jede Partei kann beim Schiedsgericht beantragen,

1. Rechen-, Schreib- und Druckfehler oder Fehler ähnlicher Art im Schiedsspruch zu berichtigen;

2. bestimmte Teile des Schiedsspruchs auszulegen;

3. einen ergänzenden Schiedsspruch über solche Ansprüche zu erlassen, die im schiedsrichterlichen Verfahren zwar geltend gemacht, im Schiedsspruch aber nicht behandelt worden sind.

(2) Sofern die Parteien keine andere Frist vereinbart haben, ist der Antrag innerhalb eines Monats nach Empfang des Schiedsspruchs zu stellen.

(3) Das Schiedsgericht soll über die Berichtigung oder Auslegung des Schiedsspruchs innerhalb

1. 신청인이

    a) 제1046조 제1항에 따른 중재신청을 하지 않고 또한 제1048조 제4항이 적용되지 않는 경우, 또는

    b) 신청인이 중재신청을 철회한 경우. 다만 상대방이 이의를 제기하고 중재판정부가 분쟁의 종국적인 해결이 상대방의 정당한 이익이 된다고 인정하는 때에는 그러하지 아니하다.

2. 당사자들이 절차의 종료에 합의한 경우, 또는

3. 중재판정부의 요구에도 불구하고 당사자들이 중재절차를 진행하지 않거나 또는 절차의 계속이 다른 이유에 의해 불가능한 경우.

(3) 제1057조 제2항, 제1058조 및 제1059조 제4항의 경우를 제외하고, 중재판정부의 임무는 중재절차의 종료에 의하여 종료된다.

제1057조　비용 결정

(1) 당사자들이 달리 합의하지 않는 한, 중재판정부는 중재판정으로 중재신청 또는 답변의 적절한 수행을 위해 필요한 당사자들에 의해 발생된 비용들을 포함한 중재비용을 당사자간에 할당하여야 한다. 중재판정부는 당해 사건의 제반사정, 특히 절차의 결과를 고려하여 재량으로 할당하여야 한다.

(2) 중재절차의 비용이 확정된 범위 내에서, 중재판정부는 또한 각 당사자가 부담해야 할 금액에 대해서도 결정하여야 한다. 비용이 확정되지 않았거나 또는 중재절차가 종료되어야 그 금액을 확정할 수 있는 경우, 그러한 결정은 별도의 중재판정으로 결정되어야 한다.

제1058조　중재판정의 정정 및 해석; 추가판정

(1) 어떤 당사자도 중재판정부에 다음의 신청을 할 수 있다.

    1. 중재판정에 계산상 오류, 오기나 오식 또는 이와 유사한 오류의 정정,

    2. 중재판정의 특정한 부분에 관한 해석 요청,

    3. 중재절차에서 주장되었으나 중재판정에서 누락된 부분에 대한 추가판정의 신청

(2) 당사자간 달리 합의하지 않았다면, 그러한 신청은 중재판정 수령일로부터 1개월 이내에 이루어져야 한다.

(3) 중재판정부는 1개월 이내에 정정 또는 해석 판정을 내리거나 또는 2개월 이내에 추가 판정을 내려야 한다.

eines Monats und über die Ergänzung des Schiedsspruchs innerhalb von zwei Monaten entscheiden.

(4) Eine Berichtigung des Schiedsspruchs kann das Schiedsgericht auch ohne Antrag vornehmen.

(5) § 1054 ist auf die Berichtigung, Auslegung oder Ergänzung des Schiedsspruchs anzuwenden.

Abschnitt 7 Rechtsbehelf gegen den Schiedsspruch

§ 1059 Aufhebungsantrag

(1) Gegen einen Schiedsspruch kann nur der Antrag auf gerichtliche Aufhebung nach den Absätzen 2 und 3 gestellt werden.

(2) Ein Schiedsspruch kann nur aufgehoben werden,

  1. wenn der Antragsteller begründet geltend macht, dass

    a) eine der Parteien, die eine Schiedsvereinbarung nach den §§ 1029, 1031 geschlossen haben, nach dem Recht, das für sie persönlich maßgebend ist, hierzu nicht fähig war, oder dass die Schiedsvereinbarung nach dem Recht, dem die Parteien sie unterstellt haben oder, falls die Parteien hierüber nichts bestimmt haben, nach deutschem Recht ungültig ist oder

    b) er von der Bestellung eines Schiedsrichters oder von dem schiedsrichterlichen Verfahren nicht gehörig in Kenntnis gesetzt worden ist oder dass er aus einem anderen Grund seine Angriffs- oder Verteidigungsmittel nicht hat geltend machen können oder

    c) der Schiedsspruch eine Streitigkeit betrifft, die in der Schiedsabrede nicht erwähnt ist oder nicht unter die Bestimmungen der Schiedsklausel fällt, oder dass er Entscheidungen enthält, welche die Grenzen der Schiedsvereinbarung überschreiten; kann jedoch der Teil des Schiedsspruchs, der sich auf Streitpunkte bezieht, die dem schiedsrichterlichen Verfahren unterworfen waren, von dem Teil, der Streitpunkte betrifft, die ihm nicht unterworfen waren, getrennt werden, so kann nur der letztgenannte Teil des Schiedsspruchs aufgehoben werden; oder

    d) die Bildung des Schiedsgerichts oder das schiedsrichterliche Verfahren einer Bestimmung dieses Buches oder einer zulässigen Vereinbarung der Parteien nicht entsprochen hat und anzunehmen ist, dass sich dies auf den Schiedsspruch ausgewirkt hat; oder

  2. wenn das Gericht feststellt, dass

    a) der Gegenstand des Streites nach deutschem Recht nicht schiedsfähig ist oder

    b) die Anerkennung oder Vollstreckung des Schiedsspruchs zu einem Ergebnis führt, das

(4) 중재판정부는 직권으로 중재판정을 정정할 수 있다.

(5) 제1054조는 중재판정의 정정, 해석 또는 추가판정에 적용된다.

제7장　중재판정의 불복

제1059조　중재판정의 취소 신청

(1) 중재판정에 대한 불복은 오직 본조 제2항 및 제3항에 따라 법원에 대한 중재판정 취소 소송을 통해서만 가능하다.

(2) 중재판정은 다음의 경우에만 취소할 수 있다.

　1. 중재판정의 취소를 구하는 자가 다음의 사유를 충분히 증명하는 경우

　　a) 제1029조 및 제1031조의 중재합의의 당사자가 그의 준거법상 무능력자인 사실, 또는 그 중재합의가 당사자들이 지정한 법, 또는 그러한 지정이 없는 경우에는 독일법에 따라 무효인 사실, 또는

　　b) 그가 중재인의 선정 또는 중재절차에 관하여 적절한 통지를 받지 못한 사실 또는 그 밖의 사유로 변론을 하지 못한 사실, 또는

　　c) 중재판정이 중재합의의 대상이 아닌 분쟁을 다룬 사실 또는 중재합의의 범위를 벗어난 결정을 포함하고 있는 사실. 다만 중재에 회부된 문제에 대한 판정이 중재합의의 대상이 아닌 부분과 분리될 수 있는 경우, 대상이 아닌 중재판정 부분만 취소될 수 있다. 또는

　　d) 중재판정부의 구성 또는 중재절차가 이 권의 규정에 따르지 않거나 또는 당사자의 적법한 합의에 따르지 않고 이것이 중재판정에 영향을 주었을 것으로 추정된다는 사실, 또는

　2. 법원이 다음을 인정하는 경우

　　a) 분쟁의 대상이 독일법에 따라 중재로 해결될 수 없음. 또는

　　b) 중재판정의 승인 또는 집행이 공서에 반하는 결과에 이름.

der öffentlichen Ordnung (ordre public) widerspricht.

(3) Sofern die Parteien nichts anderes vereinbaren, muss der Aufhebungsantrag innerhalb einer Frist von drei Monaten bei Gericht eingereicht werden. Die Frist beginnt mit dem Tag, an dem der Antragsteller den Schiedsspruch empfangen hat. Ist ein Antrag nach § 1058 gestellt worden, verlängert sich die Frist um höchstens einen Monat nach Empfang der Entscheidung über diesen Antrag. Der Antrag auf Aufhebung des Schiedsspruchs kann nicht mehr gestellt werden, wenn der Schiedsspruch von einem deutschen Gericht für vollstreckbar erklärt worden ist.

(4) Ist die Aufhebung beantragt worden, so kann das Gericht in geeigneten Fällen auf Antrag einer Partei unter Aufhebung des Schiedsspruchs die Sache an das Schiedsgericht zurückverweisen.

(5) Die Aufhebung des Schiedsspruchs hat im Zweifel zur Folge, dass wegen des Streitgegenstandes die Schiedsvereinbarung wiederauflebt.

Abschnitt 8 | Voraussetzungen der Anerkennung und Vollstreckung von Schiedssprüchen

§ 1060 Inländische Schiedssprüche

(1) Die Zwangsvollstreckung findet statt, wenn der Schiedsspruch für vollstreckbar erklärt ist.

(2) Der Antrag auf Vollstreckbarerklärung ist unter Aufhebung des Schiedsspruchs abzulehnen, wenn einer der in § 1059 Abs. 2 bezeichneten Aufhebungsgründe vorliegt. Aufhebungsgründe sind nicht zu berücksichtigen, soweit im Zeitpunkt der Zustellung des Antrags auf Vollstreckbarerklärung ein auf sie gestützter Aufhebungsantrag rechtskräftig abgewiesen ist. Aufhebungsgründe nach § 1059 Abs. 2 Nr. 1 sind auch dann nicht zu berücksichtigen, wenn die in § 1059 Abs. 3 bestimmten Fristen abgelaufen sind, ohne dass der Antragsgegner einen Antrag auf Aufhebung des Schiedsspruchs gestellt hat.

§ 1061 Ausländische Schiedssprüche

(1) Die Anerkennung und Vollstreckung ausländischer Schiedssprüche richtet sich nach dem Übereinkommen vom 10. Juni 1958 über die Anerkennung und Vollstreckung ausländischer Schiedssprüche (BGBl. 1961 II S. 121). Die Vorschriften in anderen Staatsverträgen über die Anerkennung und Vollstreckung von Schiedssprüchen bleiben unberührt.

(2) Ist die Vollstreckbarerklärung abzulehnen, stellt das Gericht fest, dass der Schiedsspruch im Inland nicht anzuerkennen ist.

(3) Wird der Schiedsspruch, nachdem er für vollstreckbar erklärt worden ist, im Ausland aufgehoben, so kann die Aufhebung der Vollstreckbarerklärung beantragt werden.

(3) 당사자들이 달리 합의하지 않는 한, 중재판정의 취소소송은 3개월의 기간 내에 법원에 제기되어야 한다. 이 기간은 중재판정 취소소송을 제기한 한 당사자가 중재판정을 받은 날로부터 개시된다. 제1058조에 따라 신청이 이루어진 경우, 이 기간은 그 신청에 대한 판정을 받은 날로부터 1개월이 넘지 않는 한도 내에서 연장된다. 중재판정이 집행이 가능한 것으로 독일 법원에 의해 확인되었다면 중재판정 취소소송은 허용되지 아니한다.

(4) 중재판정의 취소를 구하는 소송에서 법원은 적절하다면, 중재판정을 취소하고 중재판정부로 사건을 반송할 수 있다.

(5) 중재판정의 취소는 달리 표시가 없는 때에는 분쟁의 대상에 관하여 중재합의를 다시 유효하게 만든다.

제8장   중재판정의 승인 및 집행

제1060조 국내중재판정

(1) 중재판정은 그 집행이 가능한 것으로 확인된 경우에 집행된다.

(2) 집행가능성의 확인을 구하는 신청은 제1059조 제2항에 규정된 취소사유 중 어느 하나가 존재하는 경우에는 거부되어야 한다. 중재판정의 취소사유는, 집행가능성의 확인을 구하는 신청이 송달된 시점에, 그러한 취소사유에 근거한 판정취소 신청이 최종적으로 거부된 경우에는, 고려되어서는 아니 된다. 제1059조 제2항 제1호에 따른 판정취소의 사유들은 집행가능성의 확인을 구하는 신청에 반대하는 당사자가 중재판정 취소소송을 제기하지 않은 상태에서 제1059조 제3항에서 정해진 기간이 도과된 경우에도 고려되어서는 아니 된다.

제1061조 외국중재판정

(1) 외국중재판정의 승인 및 집행은 1958년 6월 10일 외국중재판정의 승인 및 집행에 관한 협약(BGBl. 1961 Part II s. 121)에 따른다. 중재판정의 승인 및 집행에 관한 다른 조약의 규정들은 영향을 받지 아니한다.

(2) 집행이 거부되어야 하는 경우, 법원은 그 중재판정이 독일 내에서는 승인되지 않는 것으로 판결하여야 한다.

(3) 집행가능성이 확인된 후에 그 중재판정이 외국에서 취소된 경우에, 그 집행가능성을 확인한 판결의 취소를 신청할 수 있다.

Abschnitt 9 — Gerichtliches Verfahren

§ 1062 Zuständigkeit

(1) Das Oberlandesgericht, das in der Schiedsvereinbarung bezeichnet ist oder, wenn eine solche Bezeichnung fehlt, in dessen Bezirk der Ort des schiedsrichterlichen Verfahrens liegt, ist zuständig für Entscheidungen über Anträge betreffend

    1. die Bestellung eines Schiedsrichters (§§ 1034, 1035), die Ablehnung eines Schiedsrichters (§ 1037) oder die Beendigung des Schiedsrichteramtes (§ 1038);

    2. die Feststellung der Zulässigkeit oder Unzulässigkeit eines schiedsrichterlichen Verfahrens (§ 1032) oder die Entscheidung eines Schiedsgerichts, in der dieses seine Zuständigkeit in einem Zwischenentscheid bejaht hat (§ 1040);

    3. die Vollziehung, Aufhebung oder Änderung der Anordnung vorläufiger oder sichernder Maßnahmen des Schiedsgerichts (§ 1041);

    4. die Aufhebung (§ 1059) oder die Vollstreckbarerklärung des Schiedsspruchs (§§ 1060 ff.) oder die Aufhebung der Vollstreckbarerklärung (§ 1061).

(2) Besteht in den Fällen des Absatzes 1 Nr. 2 erste Alternative, Nr. 3 oder Nr. 4 kein deutscher Schiedsort, so ist für die Entscheidungen das Oberlandesgericht zuständig, in dessen Bezirk der Antragsgegner seinen Sitz oder gewöhnlichen Aufenthalt hat oder sich Vermögen des Antragsgegners oder der mit der Schiedsklage in Anspruch genommene oder von der Maßnahme betroffene Gegenstand befindet, hilfsweise das Kammergericht.

(3) In den Fällen des § 1025 Abs. 3 ist für die Entscheidung das Oberlandesgericht zuständig, in dessen Bezirk der Kläger oder der Beklagte seinen Sitz oder seinen gewöhnlichen Aufenthalt hat.

(4) Für die Unterstützung bei der Beweisaufnahme und sonstige richterliche Handlungen (§ 1050) ist das Amtsgericht zuständig, in dessen Bezirk die richterliche Handlung vorzunehmen ist.

(5) Sind in einem Land mehrere Oberlandesgerichte errichtet, so kann die Zuständigkeit von der Landesregierung durch Rechtsverordnung einem Oberlandesgericht oder dem obersten Landesgericht übertragen werden; die Landesregierung kann die Ermächtigung durch Rechtsverordnung auf die Landesjustizverwaltung übertragen. Mehrere Länder können die Zuständigkeit eines Oberlandesgerichts über die Ländergrenzen hinaus vereinbaren.

§ 1063 Allgemeine Vorschriften

(1) Das Gericht entscheidet durch Beschluss. Vor der Entscheidung ist der Gegner zu hören.

(2) Das Gericht hat die mündliche Verhandlung anzuordnen, wenn die Aufhebung des Schiedsspruchs beantragt wird oder wenn bei einem Antrag auf Anerkennung oder

제9장 　법원 절차

제1062조 　관할

(1) 중재합의에서 지정된 고등법원(Oberlandesgericht), 또는 그러한 지정이 없는 때에는 중재지가 있는 지역 내에 있는 고등법원이 다음 각호의 사항에 관한 신청에 대한 관할을 갖는다.
　　1. 중재인의 선정(제1034조 및 제1035조), 중재인의 기피(제1037조), 또는 중재인의 권한 종료(제1038조)
　　2. 중재의 허용 또는 불허의 결정(제1032조) 또는 예비판정으로 자신의 권한을 확인하는 중재판정부의 결정(제1040조)
　　3. 중재판정부의 임시적 보전처분명령의 집행, 취소 또는 변경(제1041조)
　　4. 중재판정의 취소(제1059조) 또는 집행확인(제1060조 이하) 또는 집행확인의 취소(제1061조).

(2) 제1항 제2호의 전자, 제3호 및 제4호의 경우에 중재지가 독일 내에 있지 않는 경우, 그 신청에 반대하는 당사자의 영업소 또는 거소, 또는 그 당사자의 재산 또는 분쟁의 대상이 된 재산 또는 당해 처분에 의해 영향을 받는 재산이 위치한 고등법원이 관할을 갖는다. 어디에도 해당되지 않는 때에는 베를린 고등법원("Kammergericht")이 관할을 갖는다.

(3) 제1025조 제3항의 경우, 신청인 또는 피신청인이 그의 영업소 또는 거소가 있는 지역의 고등법원이 관할을 갖는다.

(4) 증거조사 및 기타 사법적 행위(제1050조)에 관한 협조의 경우, 그 사법적 행위가 수행되어야 할 지역에 있는 지방법원("Amtsgericht")이 관할을 갖는다.

(5) 1개의 주 내에 복수의 고등법원이 설치되어 있는 경우, 그 주정부는 관할을 법령에 의해 1개의 고등법원에 또는, 최고법원이 있다면 그 최고법원에 이전할 수 있다. 주정부는 그러한 권한을 법령에 의해 관련 주 법무부에 이양할 수 있다. 여러 주정부들은 하나의 고등법원에 주제적 관할권을 인정하기로 합의할 수 있다.

제1063조 　일반 규정

(1) 법원은 명령의 방법으로 결정하여야 한다. 그러한 신청에 반대하는 당사자에게는 결정이 내려지기 전에 의견진술의 기회를 주어야 한다.

(2) 법원은 중재판정의 취소가 신청된 경우나, 중재판정의 승인이나 집행선언 신청에 대하여 제1059조 제2항에서 규정하는 중재판정 취소 사유가 고려되어야 하는 경우에는 구술심리의 개최를 명하여야 한다.

Vollstreckbarerklärung des Schiedsspruchs Aufhebungsgründe nach § 1059 Abs. 2 in Betracht kommen.

(3) Der Vorsitzende des Zivilsenats kann ohne vorherige Anhörung des Gegners anordnen, dass der Antragsteller bis zur Entscheidung über den Antrag die Zwangsvollstreckung aus dem Schiedsspruch betreiben oder die vorläufige oder sichernde Maßnahme des Schiedsgerichts nach § 1041 vollziehen darf. Die Zwangsvollstreckung aus dem Schiedsspruch darf nicht über Maßnahmen zur Sicherung hinausgehen. Der Antragsgegner ist befugt, die Zwangsvollstreckung durch Leistung einer Sicherheit in Höhe des Betrages, wegen dessen der Antragsteller vollstrecken kann, abzuwenden.

(4) Solange eine mündliche Verhandlung nicht angeordnet ist, können zu Protokoll der Geschäftsstelle Anträge gestellt und Erklärungen abgegeben werden.

§ 1064   Besonderheiten bei der Vollstreckbarerklärung von Schiedssprüchen

(1) Mit dem Antrag auf Vollstreckbarerklärung eines Schiedsspruchs ist der Schiedsspruch oder eine beglaubigte Abschrift des Schiedsspruchs vorzulegen. Die Beglaubigung kann auch von dem für das gerichtliche Verfahren bevollmächtigten Rechtsanwalt vorgenommen werden.

(2) Der Beschluss, durch den ein Schiedsspruch für vollstreckbar erklärt wird, ist für vorläufig vollstreckbar zu erklären.

(3) Auf ausländische Schiedssprüche sind die Absätze 1 und 2 anzuwenden, soweit Staatsverträge nicht ein anderes bestimmen.

§ 1065   Rechtsmittel

(1) Gegen die in § 1062 Abs. 1 Nr. 2 und 4 genannten Entscheidungen findet die Rechtsbeschwerde statt. Im Übrigen sind die Entscheidungen in den in § 1062 Abs. 1 bezeichneten Verfahren unanfechtbar.

(2) Die Rechtsbeschwerde kann auch darauf gestützt werden, dass die Entscheidung auf einer Verletzung eines Staatsvertrages beruht. Die §§ 707, 717 sind entsprechend anzuwenden.

Abschnitt 10   Außervertragliche Schiedsgerichte

§ 1066   Entsprechende Anwendung der Vorschriften des Buches 10

Für Schiedsgerichte, die in gesetzlich statthafter Weise durch letztwillige oder andere nicht auf Vereinbarung beruhende Verfügungen angeordnet werden, gelten die Vorschriften dieses Buches entsprechend.

(3) 민사재판부의 재판장은, 그 신청을 반대하는 당사자를 사전 심리하지 않고, 그러한 신청에 대한 결정에 이르기 전까지, 그 신청인이 중재판정의 집행 또는 제1041조에 따라 법원에 중재의 임시적 보전처분의 집행을 진행할 수 있도록 하는 명령을 내릴 수 있다. 중재판정의 경우, 중재판정의 집행은 보전처분을 초과할 수 없다. 그러한 신청에 반대하는 당사자는 신청인에 의해 집행될 수 있는 액수에 상응하는 담보를 제공함으로써 집행을 막을 수 있다.

(4) 구술심리가 명하여지지 않는 한, 신청과 결정은 법원 사무국에 등록할 수 있다.

제1064조   중재판정 집행에 관한 특칙

(1) 중재판정의 집행가능성 확인을 신청하는 때에는, 중재판정 또는 그 중재판정의 인증된 사본이 제출되어야 한다. 그러한 인증은 소송절차에서 당사자를 대리할 수 있는 권한을 위임 받은 변호사가 할 수 있다.

(2) 중재판정이 집행될 수 있다고 확인하는 결정에는 가집행될 수 있다고 명시되어야 한다.

(3) 조약에 달리 정함이 없는 한, 외국중재판정에 대해서는 제1항 및 제2항이 적용된다.

제1065조   법적 구제

(1) 제1062조 제1항 제2호 및 제4호의 결정에 대해서는 법률문제에 관한 이의제기가 가능하다. 제1062조 제1항에 규정된 절차에서 내려진 결정에 대해서는 불복할 수 없다.

(2) 법률문제에 대한 이의제기는 또한 당해 결정이 조약을 위반하였다는 사유를 근거로 하여서도 이루어질 수 있다. 이러한 경우에는 제701조 및 제717조가 준용된다.

제10장   합의에 의해 구성되지 않은 중재판정부

제1066조   제10권 규정의 준용

사망 처분 또는 합의에 근거하지 않은 기타 처분에 의해 합법적으로 구성된 중재판정부에 대해서는 이 권의 규정이 준용된다.

FRANCE

세 | 계 | 중 | 재 | 법 | 령

Décrets, arrêtés, circulaires

프랑스 중재법

06

Décrets, arrêtés, circulaires

TEXTES GÉNÉRAUX

MINISTÈRE DE LA JUSTICE ET DES LIBERTÉS

Décret n° 2011-48 du 13 janvier 2011
portant réforme de l'arbitrage

NOR : JUSC1025421D

Publics concernés : professions judiciaires et juridiques, personnes ayant le pouvoir de conclure desconventions d'arbitrage.

Objet : réforme du droit de l'arbitrage.

Entrée en vigueur : 1er mai 2011, sous réserve des dispositions particulières.

Notice : le décret modernise le droit français de l'arbitrage, tant interne qu'international. Il assouplit les règles relatives au compromis d'arbitrage, à l'exequatur et à la notification des sentences arbitrales. Il affirme l'autorité de la juridiction arbitrale, en lui permettant notamment de prononcer à l'égard des parties à l'arbitrage des mesures provisoires ou conservatoires, à l'exception des saisies conservatoires et sûretés judiciaires. Il consacre la place du juge français en tant que « juge d'appui » de la procédure arbitrale. Il clarifie et améliore les règles relatives aux recours en matière d'arbitrage.

Références : le livre IV du code de procédure civile, modifié par le présent décret, peut être consulté sur le site Légifrance (http://www.legifrance.gouv.fr).

Le Premier ministre,

Sur le rapport du garde des sceaux, ministre de la justice et des libertés,

Vu le code civil, notamment ses articles 2059 à 2061 ;

Vu le code de procédure civile, notamment son livre IV ;

Le Conseil d'Etat (section de l'intérieur) entendu,

Décrète :

Art. 1er. − Les articles 1508 à 1519 du code de procédure civile deviennent respectivement les articles 1570 à 1582.

Art. 2. − Le livre IV du code de procédure civile est rédigé comme suit :

프랑스 중재법

− 민사소송법 제4권 −
법률 제2011−48호(2011. 1. 13.)
중재를 규율하는 법률 개정

법률은 다음과 같다(Decrees that):

제1조

민사소송법 제1508조 내지 제1519조는 각각 제1570조 내지 제1582조가 된다.

제2조

민사소송법 제4권의 규정은 다음과 같다.

LIVRE IV L'ARBITRAGE

TITRE Ier   L'ARBITRAGE INTERNE

CHAPITRE Ier **La convention d'arbitrage**

« Art. 1442

La convention d'arbitrage prend la forme d'une clause compromissoire ou d'un compromis.

« La clause compromissoire est la convention par laquelle les parties à un ou plusieurs contrats s'engagent à soumettre à l'arbitrage les litiges qui pourraient naître relativement à ce ou à ces contrats.

« Le compromis est la convention par laquelle les parties à un litige né soumettent celui-ci à l'arbitrage.

« Art. 1443

A peine de nullité, la convention d'arbitrage est écrite. Elle peut résulter d'un échange d'écrits ou d'un document auquel il est fait référence dans la convention principale.

« Art. 1444

La convention d'arbitrage désigne, le cas échéant par référence à un règlement d'arbitrage, le ou les arbitres, ou prévoit les modalités de leur désignation. A défaut, il est procédé conformément aux dispositions des articles 1451 à 1454.

« Art. 1445

A peine de nullité, le compromis détermine l'objet du litige.

« Art. 1446

Les parties peuvent compromettre même au cours d'une instance déjà engagée devant une juridiction.

« Art. 1447

La convention d'arbitrage est indépendante du contrat auquel elle se rapporte. Elle n'est pas affectée par l'inefficacité de celui-ci.

« Lorsqu'elle est nulle, la clause compromissoire est réputée non écrite.

제4권   중재

제1편   국내중재

제1장   중재합의

제1442조

중재합의는 중재조항 또는 중재부탁계약의 형태로 이루어질 수 있다.

중재조항이란 단수 또는 복수의 계약 당사자들이 당해 계약(들)과 관련하여 발생할 수 있는 분쟁을 중재에 회부하기로 약정하는 합의를 말한다.

중재부탁 계약이란 분쟁의 당사자들이 그러한 분쟁을 중재에 회부하기로 하는 합의를 말한다.

제1443조

중재합의가 유효하기 위해서는 서면으로 이루어져야 한다. 이는 문서의 교환 또는 주계약 내에서 원용된 문서에 중재합의가 포함됨으로써 가능하다.

제1444조

중재합의는, 중재규칙에 따르기로 하는 방법 등의 방법으로 중재인 또는 중재인들을 지정하거나 중재인 선정절차를 규정하여야 한다. 그러한 정함이 없는 때에는 제1451조 내지 제1454조가 적용된다.

제1445조

중재부탁계약이 유효하기 위해서는 분쟁의 대상이 특정되어야 한다.

제1446조

당사자들은 법원에 이미 계류 중인 경우에도 그들의 분쟁을 중재에 회부할 수 있다.

제1447조

중재합의는 관련 계약과 독립적이다. 중재합의는 그러한 계약이 무효인 경우라도 이에 영향을 받지 아니한다.

중재조항이 무효인 경우, 그 조항은 서면으로 작성되지 않은 것으로 본다.

« Art. 1448

Lorsqu'un litige relevant d'une convention d'arbitrage est porté devant une juridiction de l'Etat, celle-ci se déclare incompétente sauf si le tribunal arbitral n'est pas encore saisi et si la convention d'arbitrage est manifestement nulle ou manifestement inapplicable.

« La juridiction de l'Etat ne peut relever d'office son incompétence.

« Toute stipulation contraire au présent article est réputée non écrite.

« Art. 1449

L'existence d'une convention d'arbitrage ne fait pas obstacle, tant que le tribunal arbitral n'est pas constitué, à ce qu'une partie saisisse une juridiction de l'Etat aux fins d'obtenir une mesure d'instruction ou une mesure provisoire ou conservatoire.

« Sous réserve des dispositions régissant les saisies conservatoires et les sûretés judiciaires, la demande est portée devant le président du tribunal de grande instance ou de commerce, qui statue sur les mesures d'instruction dans les conditions prévues à l'article 145 et, en cas d'urgence, sur les mesures provisoires ou conservatoires sollicitées par les parties à la convention d'arbitrage.

CHAPITRE II Le tribunal arbitral

« Art. 1450

La mission d'arbitre ne peut être exercée que par une personne physique jouissant du plein exercice de ses droits.

« Si la convention d'arbitrage désigne une personne morale, celle-ci ne dispose que du pouvoir d'organiser l'arbitrage.

« Art. 1451

Le tribunal arbitral est composé d'un ou de plusieurs arbitres en nombre impair.

« Il est complété si la convention d'arbitrage prévoit la désignation d'arbitres en nombre pair.

« Si les parties ne s'accordent pas sur la désignation d'un arbitre complémentaire, le tribunal arbitral est complété dans un délai d'un mois à compter de l'acceptation de leur désignation par les arbitres choisis ou, à défaut, par le juge d'appui mentionné à l'article 1459.

제1448조

중재합의의 대상이 된 분쟁이 법원에 제소된 경우, 법원은 중재판정부가 아직 당해 분쟁을 맡기 전이고 그 중재합의가 명백히 무효이거나 적용가능하지 않은 경우를 제외하고는, 자신의 관할권을 부인하여야 한다.

법원은 직권으로 관할권을 부인할 수 없다.

본조에 반하는 약정은 서면으로 작성되지 않은 것으로 본다.

제1449조

중재합의가 존재하더라도, 중재판정부가 구성되기 전에는, 당사자가 증거조사 또는 임시적 또는 보전적 처분과 관련한 조치를 위해 법원에 신청하는 것은 금지되지 아니한다.

보전적 압류 및 사법적 담보를 규율하는 규정들의 제한하에, 신청은 제1심법원 또는 상사법원의 장에게 하여야 하며 그 제1심법원 또는 상사법원은 제145조 규정에 따라 증거조사에 관한 조치들에 대해 재판하여야 하고, 사안이 긴급한 경우에는, 중재합의의 당사자들이 신청한 임시적 또는 보전적 처분을 내려야 한다.

제2장 중재판정부

제1450조

그의 또는 그녀의 권리를 전면적으로 행사할 수 있는 중립적인 자만이 중재인으로 행동할 수 있다.

중재합의에서 법인을 지정한 경우, 그 법인은 단지 중재를 관리할 수 있는 권한만 갖는다.

제1451조

중재판정부는 단독중재인 또는 홀수의 중재인들로 구성되어야 한다.

중재합의가 짝수의 중재인들을 규정하는 경우에는, 한 명의 추가적인 중재인이 선정되어야 한다.

당사자들이 추가적인 중재인의 선정에 합의하지 못하는 경우, 그 또는 그녀는 다른 중재인들에 의하여 그들이 그 중재인직을 수락한 날로부터 한 달 이내에 선정되어야 하며, 그들이 그렇게 추가적인 중재인을 신청하지 않는 경우에, 제1459조에서 규정하는 중재를 후견하는 역할을 하는 판사(juge d'appui)에 의해 선정되어야 한다.

« Art. 1452

En l'absence d'accord des parties sur les modalités de désignation du ou des arbitres :

« 1° En cas d'arbitrage par un arbitre unique, si les parties ne s'accordent pas sur le choix de l'arbitre, celui-ci est désigné par la personne chargée d'organiser l'arbitrage ou, à défaut, par le juge d'appui ;

« 2° En cas d'arbitrage par trois arbitres, chaque partie en choisit un et les deux arbitres ainsi choisis désignent le troisième ; si une partie ne choisit pas d'arbitre dans un délai d'un mois à compter de la réception de la demande qui lui en est faite par l'autre partie ou si les deux arbitres ne s'accordent pas sur le choix du troisième dans un délai d'un mois à compter de l'acceptation de leur désignation, la personne chargée d'organiser l'arbitrage ou, à défaut, le juge d'appui procède à cette désignation.

« Art. 1453

Lorsque le litige oppose plus de deux parties et que celles-ci ne s'accordent pas sur les modalités de constitution du tribunal arbitral, la personne chargée d'organiser l'arbitrage ou, à défaut, le juge d'appui, désigne le ou les arbitres.

« Art. 1454

Tout autre différend lié à la constitution du tribunal arbitral est réglé, faute d'accord des parties, par la personne chargée d'organiser l'arbitrage ou, à défaut, tranché par le juge d'appui.

« Art. 1455

Si la convention d'arbitrage est manifestement nulle ou manifestement inapplicable, le juge d'appui déclare n'y avoir lieu à désignation.

« Art. 1456

Le tribunal arbitral est constitué lorsque le ou les arbitres ont accepté la mission qui leur est confiée. A cette date, il est saisi du litige.

« Il appartient à l'arbitre, avant d'accepter sa mission, de révéler toute circonstance susceptible d'affecter son indépendance ou son impartialité. Il lui est également fait obligation de révéler sans délai toute circonstance de même nature qui pourrait naître après l'acceptation de sa mission.

« En cas de différend sur le maintien de l'arbitre, la difficulté est réglée par la personne chargée d'organiser l'arbitrage ou, à défaut, tranchée par le juge d'appui, saisi dans le mois qui suit la révélation ou la découverte du fait litigieux.

제1452조

당사자들이 중재인(들)을 선정하는 절차에 합의하지 못하는 경우에

(1) 단독중재인이 선정되어야 하는 경우이고 당사자들이 그러한 중재인 선정에 합의하지 못하는 경우에는, 그 또는 그녀는 당해 중재 관리를 책임지는 자에 의해 선정되어야 하거나 그러한 자가 없는 경우에는 중재 후견판사에 의해 선정되어야 한다.

(2) 3인의 중재인으로 구성되어야 하는 경우, 각 당사자는 각기 1인의 중재인을 선정하고 그렇게 선정된 2인의 중재인은 제3의 중재인을 선정하여야 한다. 당사자가 상대방으로부터 1인의 중재인을 선정하도록 요청받은 날로부터 1개월 이내에 선정하지 못하는 경우, 또는 그 2인의 중재인이 중재인 취임 수락일로부터 1개월 이내에 합의하지 못하는 경우에는, 그 중재의 관리를 책임지는 자, 또는 그러한 자가 없다면 중재 후견판사가 선정하여야 한다.

제1453조

분쟁의 당사자가 둘 이상이고 그들이 중재판정부 구성에 대한 절차에 대해 합의하지 못하는 경우, 그 중재의 관리를 책임지는 자, 또는 그러한 자가 없다면 중재 후견판사가 선정하여야 한다.

제1454조

중재판정부 구성과 관련된 분쟁 이외의 분쟁들은 당사자들이 합의하지 못하는 경우, 그 중재의 관리를 책임지는 자, 또는 그러한 자가 없다면 중재 후견판사에 의해 해결되어야 한다.

제1455조

중재합의가 명백히 무효이거나 적용이 불가능한 경우에 중재 후견판사는 더 이상의 선정이 필요 없음을 선언하여야 한다.

제1456조

중재판정부의 구성은 중재인들의 중재인 취임 수락에 의해 완료된다. 이 날부터 중재판정부는 당해 분쟁을 맡게 된다.

중재인 취임 수락에 앞서, 중재인은 그 또는 그녀의 독립성 또는 공정성에 영향을 줄 수 있는 모든 사정을 고지하여야 한다. 그 또는 그녀는 중재인 취임 수락 후에 그러한 사정이 발생한 경우에도 신속히 고지하여야 한다.

당사자들이 중재인의 해임에 합의하는 경우, 그러한 문제는 그 사실이 고지된 날 또는 그 사실을 알게 된 날로부터 1개월 이내에 신청된 경우에는 그 중재의 관리를 책임지는 자, 또는 그러한 자가 없는 경우에는, 중재 후견판사에 의해 해결되어야 한다.

« Art. 1457

Il appartient à l'arbitre de poursuivre sa mission jusqu'au terme de celle-ci à moins qu'il justifie d'un empêchement ou d'une cause légitime d'abstention ou de démission.

« En cas de différend sur la réalité du motif invoqué, la difficulté est réglée par la personne chargée d'organiser l'arbitrage ou, à défaut, tranchée par le juge d'appui saisi dans le mois qui suit l'empêchement, l'abstention ou la démission.

« Art. 1458

L'arbitre ne peut être révoqué que du consentement unanime des parties. A défaut d'unanimité, il est procédé conformément aux dispositions du dernier alinéa de l'article 1456.

« Art. 1459

Le juge d'appui compétent est le président du tribunal de grande instance.

« Toutefois, si la convention d'arbitrage le prévoit expressément, le président du tribunal de commerce est compétent pour connaître des demandes formées en application des articles 1451 à 1454. Dans ce cas, il peut faire application de l'article 1455.

« Le juge territorialement compétent est celui désigné par la convention d'arbitrage ou, à défaut, celui dans le ressort duquel le siège du tribunal arbitral a été fixé. En l'absence de toute stipulation de la convention d'arbitrage, le juge territorialement compétent est celui du lieu où demeure le ou l'un des défendeurs à l'incident ou, si le défendeur ne demeure pas en France, du lieu où demeure le demandeur.

« Art. 1460

Le juge d'appui est saisi soit par une partie, soit par le tribunal arbitral ou l'un de ses membres.

« La demande est formée, instruite et jugée comme en matière de référé.

« Le juge d'appui statue par ordonnance non susceptible de recours. Toutefois, cette ordonnance peut être frappée d'appel lorsque le juge déclare n'y avoir lieu à désignation pour une des causes prévues à l'article 1455.

« Art. 1461

Sous réserve des dispositions du premier alinéa de l'article 1456, toute stipulation contraire aux règles édictées au présent chapitre est réputée non écrite.

제1457조

중재인들은 그들이 법적으로 무능력자가 되었거나 임무수행을 거절하거나 사임할 합법적인 사유가 없는 한, 그들의 중재인직이 완료되기 전 까지 업무를 수행하여야 한다.

제기된 사유의 중요성에 대해 합의가 이루어지지 않는 경우, 이는 그러한 무능력, 임무수행 거절 또는 사임이 있었던 날로부터 1개월 이내에 신청된 경우에는 그 중재의 관리를 책임지는 자, 또는 그러한 자가 없다면 중재 후견판사에 의해 해결되어야 한다.

제1458조

중재인은 당사자들의 만장일치에 의하여서만 해임될 수 있다. 만장일치에 의한 동의가 없는 경우, 제1456조 마지막 문단의 규정이 적용된다.

제1459조

중재 후견판사는 제1심법원장이 맡는다.

그러나 상사법원장은 중재합의에 명시적인 규정이 있는 경우 제1451조 내지 제1454조에 기초한 신청에 대하여 재판관할을 갖는다. 이러한 경우, 그 또는 그녀는 제1455조를 적용할 수 있다.

어느 법원이 토지관할을 갖는지는 중재합의에 의하여 결정하며, 그에 의하여 결정되지 않는 경우에, 중재판정부가 소재하는 곳의 법원이 관할을 갖는다. 중재합의에서 침묵하는 경우, 그러한 신청에 반대하는 당사자 또는 그러한 당사자들 중 1인이 거주하는 곳의 법원 또는, 그 당사자가 프랑스 내에 거주하지 않는 경우에는 그 신청인이 거주하는 장소의 법원이 토지관할을 갖는다.

제1460조

중재 후견판사에 대한 신청은 당사자 또는 중재판정부 또는 중재판정부의 어느 구성원이 할 수 있다.

그러한 신청은 신속절차(référé)처럼 이루어지고, 심리되고 재판되어야 한다.

중재 후견판사는 불복이 허용되지 아니 하는 명령의 형식으로 재판하여야 한다. 그러나 그러한 명령은 그 판사가 제1455조에 규정된 사유들 중 하나에 해당되어 후견판사의 선정이 필요 없다는 재판이 내려진 경우에는 상소가 가능하다.

제1461조

제1456조 첫 번째 문단의 규정의 제한하에, 이 장에서 규정된 규칙에 반하는 약정은 서면으로 작성되지 않은 것으로 본다.

CHAPITRE III L'instance arbitrale

« Art. 1462

Le litige est soumis au tribunal arbitral soit conjointement par les parties, soit par la partie la plus diligente.

« Art. 1463

Si la convention d'arbitrage ne fixe pas de délai, la durée de la mission du tribunal arbitral est limitée à six mois à compter de sa saisine.

« Le délai légal ou conventionnel peut être prorogé par accord des parties ou, à défaut, par le juge d'appui.

« Art. 1464

A moins que les parties n'en soient convenues autrement, le tribunal arbitral détermine la procédure arbitrale sans être tenu de suivre les règles établies pour les tribunaux étatiques.

« Toutefois, sont toujours applicables les principes directeurs du procès énoncés aux articles 4 à 10, au premier alinéa de l'article 11, aux deuxième et troisième alinéas de l'article 12 et aux articles 13 à 21, 23 et 23-1.

« Les parties et les arbitres agissent avec célérité et loyauté dans la conduite de la procédure.

« Sous réserve des obligations légales et à moins que les parties n'en disposent autrement, la procédure arbitrale est soumise au principe de confidentialité.

« Art. 1465

Le tribunal arbitral est seul compétent pour statuer sur les contestations relatives à son pouvoir juridictionnel.

« Art. 1466

La partie qui, en connaissance de cause et sans motif légitime, s'abstient d'invoquer en temps utile une irrégularité devant le tribunal arbitral est réputée avoir renoncé à s'en prévaloir.

« Art. 1467

Le tribunal arbitral procède aux actes d'instruction nécessaires à moins que les parties ne l'autorisent à commettre l'un de ses membres.

« Le tribunal arbitral peut entendre toute personne. Cette audition a lieu sans prestation de serment.

제3장 중재절차

제1462조

분쟁은 당사자들에 의해 공동으로 또는 그 중 가장 성실한 당사자에 의해 회부될 수 있다.

제1463조

중재합의에서 기한이 정해지지 않은 경우, 중재인직 수행기간은 중재판정부가 당해 사건을 맡은 날로부터 6개월 이내로 제한된다.

법률상 또는 계약상의 기한은 당사자들의 합의에 의해 연장 가능하고, 그러한 합의가 없는 경우에는 중재 후견판사에 의해 가능하다.

제1464조

당사자들이 달리 합의하지 않는 한, 중재판정부는 중재에서 준수하여야 할 절차를 정하여야 한다. 법원절차를 규율하는 규칙을 고수할 의무는 존재하지 아니 한다.

그러나 제4조, 제10조, 제11조 첫 번째 문단, 제12조 두 번째 내지 세 번째 문단, 제13조 내지 제21조, 제23조 및 제23-1조에서 규정된 법원절차를 규율하는 기본원칙들은 적용되어야 한다.

양당사자 및 중재인들은 중재절차에 행함에 있어 성실하게 신의에 따라 행동하여야 한다.

법적 요건의 제한하에, 그리고 당사자들에 의해 달리 합의되지 않는 한, 중재절차는 대외비로 이루어져야 한다.

제1465조

중재판정부는 그 자신의 관할권에 대한 항변에 대해 판단할 전속관할을 갖는다.

제1466조

어떠한 부정에 대해 중재판정부에게 적시에, 고의로 그리고 적법한 사유 없이, 이의를 제기하지 못할 당사자는 그 자신에게 부여된 이의신청권을 포기한 것으로 간주된다.

제1467조

중재판정부는 증거 및 절차적 문제들과 관련된 모든 필요한 조치들을 취하여야 한다. 다만 당사자들이 중재인들 중 1인에게 그러한 임무를 위임하도록 권한을 부여하지 않는 경우에는 그러하지 아니하다.

중재판정부는 어느 누구에게도 증언 제공을 요청할 수 있다. 증인들은 증인선서를 하지 아니한다.

« Si une partie détient un élément de preuve, le tribunal arbitral peut lui enjoindre de le produire selon les modalités qu'il détermine et au besoin à peine d'astreinte.

« Art. 1468

Le tribunal arbitral peut ordonner aux parties, dans les conditions qu'il détermine et au besoin à peine d'astreinte, toute mesure conservatoire ou provisoire qu'il juge opportune. Toutefois, la juridiction de l'Etat est seule compétente pour ordonner des saisies conservatoires et sûretés judiciaires.

« Le tribunal arbitral peut modifier ou compléter la mesure provisoire ou conservatoire qu'il a ordonnée.

« Art. 1469

Si une partie à l'instance arbitrale entend faire état d'un acte authentique ou sous seing privé auquel elle n'a pas été partie ou d'une pièce détenue par un tiers, elle peut, sur invitation du tribunal arbitral, faire assigner ce tiers devant le président du tribunal de grande instance aux fins d'obtenir la délivrance d'une expédition ou la production de l'acte ou de la pièce.

« La compétence territoriale du président du tribunal de grande instance est déterminée conformément aux articles 42 à 48.

« La demande est formée, instruite et jugée comme en matière de référé.

« Le président, s'il estime la demande fondée, ordonne la délivrance ou la production de l'acte ou de la pièce, en original, en copie ou en extrait, selon le cas, dans les conditions et sous les garanties qu'il fixe, au besoin à peine d'astreinte.

« Cette décision n'est pas exécutoire de plein droit.

« Elle est susceptible d'appel dans un délai de quinze jours suivant la signification de la décision.

« Art. 1470

Sauf stipulation contraire, le tribunal arbitral a le pouvoir de trancher l'incident de vérification d'écriture ou de faux conformément aux dispositions des articles 287 à 294 et de l'article 299.

« En cas d'inscription de faux incident, il est fait application de l'article 313.

« Art. 1471

L'interruption de l'instance est régie par les dispositions des articles 369 à 372.

만일 일방당사자가 어떤 증거 항목을 보유하고 있다면, 중재판정부는 그 당사자에게 그 증거의 제출을 명할 수 있으며, 그 증거가 어떠한 방식으로 제출되어야 하는지 결정할 수 있고, 만일 필요하다면 그러한 명령에 벌칙을 부과할 수 있다.

제1468조

중재판정부는 그가 적절하다고 판단하는 어떠한 보전적 또는 임시적 조치도 당사자들에게 명할 수 있으며, 그러한 조치에 조건들을 설정할 수도 있고, 만일 필요하다면 그러한 명령에 벌칙을 부과할 수 있다. 그러나 법원만이 보전적 가압류 및 법적 담보를 명할 수 있다.

중재판정부는 그가 내린 어떠한 임시적 또는 보전적 처분에 대해 변경 또는 추가할 수 있는 권한을 갖는다.

제1469조

중재절차의 당사자들 중 일방이 당해 절차의 당사자가 아닌 자의 공적 증서(acte authentique) 또는 사적 증서(acte sous seing privé), 또는 증거를 보유하고 있는 제3의 당사자에게 의탁하려 하는 경우, 그 당사자는, 중재판정부의 허가를 얻어, 그러한 사본을 획득하기 위한 목적으로 또는 그러한 증거의 증서 또는 항목의 제출을 목적으로 제1심법원장에게 해당 제3자를 소환해 줄 것을 요청할 수 있다.

이와 관련하여 어떤 1심법원이 토지관할을 갖는지는 제42조 내지 제48조에 의하여 결정된다.

이러한 신청은 신속절차(référé)처럼 이루어지고, 심리되고 결정되어야 한다.

당해 법원장은 그러한 신청이 충분한 근거가 있다고 판단한다면, 그 또는 그녀가 결정하는 조건 및 담보하에, 해당 증서의 원본, 사본 또는 발췌본 또는 증거의 항목의 발급 또는 제출을 명령하여야 하며, 그리고 필요하다면 그러한 명령에 벌칙을 부과하여야 한다.

그러한 명령은 가집행할 수 없다.

이에 대한 상소는 명령이 내려진 날로부터 15일 이내에 가능하다.

제1470조

달리 규정이 없는 한, 중재판정부는 제287조 내지 제294조 및 제299조에 따라 필적검증 신청 또는 위조 주장에 대해 판정할 수 있는 권한을 갖는다.

공문서에 대한 부수적인 위조 주장이 제기되는 경우에는 제313조가 적용된다.

제1471조

절차의 금지(l'interruption)에 대해서는 제369조 내지 제372조에 의해 규율된다.

« Art. 1472

Le tribunal arbitral peut, s'il y a lieu, surseoir à statuer. Cette décision suspend le cours de l'instance pour le temps ou jusqu'à la survenance de l'événement qu'elle détermine.

« Le tribunal arbitral peut, suivant les circonstances, révoquer le sursis ou en abréger le délai.

« Art. 1473

Sauf stipulation contraire, l'instance arbitrale est également suspendue en cas de décès, d'empêchement, d'abstention, de démission, de récusation ou de révocation d'un arbitre jusqu'à l'acceptation de sa mission par l'arbitre désigné en remplacement.

« Le nouvel arbitre est désigné suivant les modalités convenues entre les parties ou, à défaut, suivant celles qui ont présidé à la désignation de l'arbitre qu'il remplace.

« Art. 1474

L'interruption ou la suspension de l'instance ne dessaisit pas le tribunal arbitral.

« Le tribunal arbitral peut inviter les parties à lui faire part de leurs initiatives en vue de reprendre l'instance ou de mettre un terme aux causes d'interruption ou de suspension. En cas de carence des parties, il peut mettre fin à l'instance.

« Art. 1475

L'instance reprend son cours en l'état où elle se trouvait au moment où elle a été interrompue ou suspendue lorsque les causes de son interruption ou de sa suspension cessent d'exister.

« Au moment de la reprise de l'instance et par exception à l'article 1463, le tribunal arbitral peut décider que le délai de l'instance sera prorogé pour une durée qui n'excède pas six mois.

« Art. 1476

Le tribunal arbitral fixe la date à laquelle le délibéré sera prononcé.

« Au cours du délibéré, aucune demande ne peut être formée, aucun moyen soulevé et aucune pièce produite, si ce n'est à la demande du tribunal arbitral.

« Art. 1477

L'expiration du délai d'arbitrage entraîne la fin de l'instance arbitrale.

제1472조

필요하다면, 중재판정부는 중재절차를 정지하여야 한다. 그러한 절차는 정지명령에서 정해진 기간 동안 또는 당해 명령에서 정해진 사안이 발생하는 때까지 정지되어야 한다.

중재판정부는 사정상 필요한 경우 그러한 정지를 해제하거나 단축시킬 수 있다.

제1473조

달리 규정하지 않는 한, 중재절차는 중재인의 사망, 법률상 무능력, 행위거절, 사임, 기피 또는 해임되는 경우, 그리고 보궐중재인이 중재인직을 수락하기 전까지 정지되어야 한다.

보궐중재인은 당사자간에 합의되었던 절차에 따라 선정되어야 하며, 그에 따른 선정에 실패하는 경우에는, 원래의 중재인의 선정을 위하여 채택된 절차에 따라야 한다.

제1474조

절차의 중단(l'interruption) 또는 정지가 중재판정부의 권한을 종료시키는 것은 아니다.

중재판정부는 당사자들에게 절차를 재개하거나 중단 또는 중지를 야기하였던 상황을 종료하는 방향으로 취해진 조치가 있었는지 보고할 것을 요청할 수 있다. 만일 당사자들이 그러한 조치를 취하지 않은 경우, 중재판정부는 당해 절차를 종료할 수 있다.

제1475조

중재절차는 중단 또는 정지를 초래한 사유들이 소멸하는 즉시 그러한 중단 또는 정지 전까지 도달했던 단계에서 재개되어야 한다.

절차가 재개될 때, 그리고 제1463조의 예외로서, 중재판정부는 6개월을 초과하지 않는 기간 내에서 중재절차의 기간을 연장할 수 있다.

제1476조

중재판정부는 중재판정이 내려질 일자를 정하여야 한다.

중재판정부 심의(délibéré) 과정 동안에는, 어떠한 주장도 이루어질 수 없고, 중재판정부의 요청이 있는 경우를 제외하고는 어떠한 반박도 제기될 수 없으며, 어떠한 증거도 제출될 수 없다.

제1477조

중재절차는 당해 중재를 위해 정해진 기한이 만료되는 때에 종료되어야 한다.

CHAPITRE IV — La sentence arbitrale

« Art. 1478

Le tribunal arbitral tranche le litige conformément aux règles de droit, à moins que les parties lui aient confié la mission de statuer en amiable composition.

« Art. 1479

Les délibérations du tribunal arbitral sont secrètes.

« Art. 1480

La sentence arbitrale est rendue à la majorité des voix.

« Elle est signée par tous les arbitres.

« Si une minorité d'entre eux refuse de la signer, la sentence en fait mention et celle-ci produit le même effet que si elle avait été signée par tous les arbitres.

« Art. 1481

La sentence arbitrale contient l'indication :

« 1° Des nom, prénoms ou dénomination des parties ainsi que de leur domicile ou siège social ;

« 2° Le cas échéant, du nom des avocats ou de toute personne ayant représenté ou assisté les parties ;

« 3° Du nom des arbitres qui l'ont rendue ;

« 4° De sa date ;

« 5° Du lieu où la sentence a été rendue.

« Art. 1482

La sentence arbitrale expose succinctement les prétentions respectives des parties et leurs moyens.

« Elle est motivée.

« Art. 1483

Les dispositions de l'article 1480, celles de l'article 1481 relatives au nom des arbitres et à la date de la sentence et celles de l'article 1482 concernant la motivation de la sentence sont prescrites à peine de nullité de celle-ci.

« Toutefois, l'omission ou l'inexactitude d'une mention destinée à établir la régularité de la sentence ne peut entraîner la nullité de celle-ci s'il est établi, par les pièces de la procédure ou par tout autre moyen, que les prescriptions légales ont été, en fait, observées.

제4장　중재판정

제1478조

중재판정부는, 당사자들이 우의적 중재인(amiable compositeur)으로서 판정할 수 있는 권한을 중재판정부에게 부여하지 않을 때에는, 법에 따라 분쟁을 판정하여야 한다.

제1479조

중재판정부 심의(délibéré)는 대외비로 이루어져야 한다.

제1480조

중재판정은 다수결로 이루어져야 한다.

중재판정은 모든 중재인에 의해 서명되어야 한다.

중재판정부 중 소수가 서명을 거절하는 경우에는, 중재판정은 그러한 사실을 기재하여야 하고 마치 모든 중재인들에 의해 서명된 것과 같은 효력을 갖는다.

제1481조

중재판정은 다음과 같은 사항이 기재되어야 한다.

(1) 당사자들의 성명, 그들의 주소 또는 본사

(2) 해당되는 경우, 변호사 또는 기타 당사자들을 대리 또는 보조하는 자들

(3) 지명하였다면 중재인의 성명

(4) 중재판정이 작성된 날짜

(5) 중재판정이 내려진 장소

제1482조

중재판정은 당사자들의 각 청구 및 주장을 간결하게 기술하여야 한다.

중재판정은 판단의 근거가 되는 이유들을 기재하여야 한다.

제1483조

제1480조 규정들, 중재인들의 성명 및 중재판정의 일자와 관련된 제1481조 규정들, 그리고 중재판정의 이유와 관련한 제1482조에 포함된 규정들을 준수하지 않은 중재판정은 무효이다.

그러나 중재판정이 유효하기 위해 필요한 사항들의 누락 또는 오류(inexctitude)가, 사건기록 또는 기타 수단을 통하여, 실제로는, 해당 법적 요건들이 준수되었음이 입증되는 경우에는, 당해 판정을 무효로 만들지 아니한다.

« Art. 1484

La sentence arbitrale a, dès qu'elle est rendue, l'autorité de la chose jugée relativement à la contestation qu'elle tranche.

« Elle peut être assortie de l'exécution provisoire.

« Elle est notifiée par voie de signification à moins que les parties en conviennent autrement.

« Art. 1485

La sentence dessaisit le tribunal arbitral de la contestation qu'elle tranche.

« Toutefois, à la demande d'une partie, le tribunal arbitral peut interpréter la sentence, réparer les erreurs et omissions matérielles qui l'affectent ou la compléter lorsqu'il a omis de statuer sur un chef de demande. Il statue après avoir entendu les parties ou celles-ci appelées.

« Si le tribunal arbitral ne peut être à nouveau réuni et si les parties ne peuvent s'accorder pour le reconstituer, ce pouvoir appartient à la juridiction qui eût été compétente à défaut d'arbitrage.

« Art. 1486

Les demandes formées en application du deuxième alinéa de l'article 1485 sont présentées dans un délai de trois mois à compter de la notification de la sentence.

« Sauf convention contraire, la sentence rectificative ou complétée est rendue dans un délai de trois mois à compter de la saisine du tribunal arbitral. Ce délai peut être prorogé conformément au second alinéa de l'article 1463.

« La sentence rectificative ou complétée est notifiée dans les mêmes formes que la sentence initiale.

CHAPITRE V — L'exequatur

« Art. 1487

La sentence arbitrale n'est susceptible d'exécution forcée qu'en vertu d'une ordonnance d'exequatur émanant du tribunal de grande instance dans le ressort duquel cette sentence a été rendue.

« La procédure relative à la demande d'exequatur n'est pas contradictoire.

« La requête est déposée par la partie la plus diligente au greffe de la juridiction accompagnée de l'original de la sentence et d'un exemplaire de la convention d'arbitrage ou de leurs copies réunissant les conditions requises pour leur authenticité.

제1484조

판정이 내려지는 즉시 그 중재판정은 그 판정의 대상이 된 청구들과 관련하여 기판력(res judicata)을 갖는다.

중재판정은 가집행이 가능하다고 선고될 수 있다.

중재판정은 당사자들이 달리 합의하지 않는 한 송달에 의하여 통지되어야 한다.

제1485조

중재판정이 내려지는 즉시 중재판정부는 중재판정의 대상이 된 청구에 대해 더 이상 판정할 수 있는 권한을 갖지 아니한다.

그러나 당사자의 신청에 의해, 중재판정부는 중재판정의 해석, 오기 및 누락의 정정, 또는 특정 청구에 대한 판정이 누락된 경우 추가판정을 할 수 있다. 중재판정부는 당사자들에게 충분한 변론의 기회를 부여한 후 판정을 내려야 한다.

중재판정부는 다시 소집될 수 없고 당사자들이 새로운 판정부의 구성에 합의하지 못하는 경우에는, 동 권한은 중재가 없었다면 관할권을 가졌을 법원이 갖는다.

제1486조

제1485조 두 번째 문단에 따른 신청은 중재판정 송달일로부터 3개월 이내에 제기되어야 한다.

달리 합의가 없는 한, 중재판정에 대한 정정 결정 또는 추가판정은 중재판정부에게 신청된 날로부터 3개월 이내에 내려져야 한다. 이 기한은 제1463조 두 번째 문단에 따라 연장될 수 있다.

중재판정에 대한 정정 결정 또는 추가판정은 애초의 중재판정과 동일한 방식으로 통지되어야 한다.

제5장 집행명령

제1487조

중재판정은 그 판정이 내려진 장소의 제1심법원이 발급하는 집행명령(exequatur)에 의해서만 집행될 수 있다.

집행명령 절차는 대심(對審; contradictoire)의 방식으로 이루어져는 아니 된다.

집행명령 신청은 가장 성실한 당사자에 의해, 중재판정 및 중재합의 원본, 또는 동 서류들의 적법하게 인증된 사본들과 함께, 법원 사무국(greffe)에 하여야 한다.

« L'exequatur est apposé sur l'original ou, si celui-ci n'est pas produit, sur la copie de la sentence arbitrale répondant aux conditions prévues à l'alinéa précédent.

« Art. 1488

L'exequatur ne peut être accordé si la sentence est manifestement contraire à l'ordre public.

« L'ordonnance qui refuse l'exequatur est motivée.

CHAPITRE VI Les voies de recours

Section 1 L'appel

« Art. 1489

La sentence n'est pas susceptible d'appel sauf volonté contraire des parties.

« Art. 1490

L'appel tend à la réformation ou à l'annulation de la sentence.

« La cour statue en droit ou en amiable composition dans les limites de la mission du tribunal arbitral.

Section 2 Le recours en annulation

« Art. 1491

La sentence peut toujours faire l'objet d'un recours en annulation à moins que la voie de l'appel soit ouverte conformément à l'accord des parties.

« Toute stipulation contraire est réputée non écrite.

« Art. 1492

Le recours en annulation n'est ouvert que si :

« 1° Le tribunal arbitral s est déclaré à tort compétent ou incompétent ou

« 2° Le tribunal arbitral a été irrégulièrement constitué ou

« 3° Le tribunal arbitral a statué sans se conformer à la mission qui lui avait été confiée ou

« 4° Le principe de la contradiction n'a pas été respecté ou

« 5° La sentence est contraire à l'ordre public ou

« 6° La sentence n'est pas motivée ou n'indique pas la date à laquelle elle a été rendue ou le nom du ou des arbitres qui l'ont rendue ou ne comporte pas la ou les signatures requises ou n'a pas été rendue à la majorité des voix.

집행명령은 중재판정의 원본 또는, 원본이 제출되지 않는 경우에는 앞의 문단에 따라 적법하게 인증된 사본에 부기되어야 한다.

제1488조

중재판정이 공서에 명백히 위배되는 경우에는 집행명령을 내려서는 아니된다.

집행을 거절하는 명령은 그 기초가 된 이유들을 기재하여야 한다.

제6장 불 복

제1절 상 소

제1489조

중재판정은 당사자들에 의해 달리 합의되지 않는 한 상소할 수 없다.

제1490조

중재판정의 번복 또는 취소를 구하기 위한 상소는 가능하다.

법원은 중재판정부의 수임 범위 내에서 법률에 따라 크거나 우의적 중재인으로서 재판하여야 한다.

제2절 중재판정 취소의 소

제1491조

중재판정 취소의 소는 당사자들이 상소 가능하다고 합의한 경우를 제외하고 제기 가능하다.

이에 반하는 약정은 서면으로 작성되지 않은 것으로 본다.

제1492조

중재판정은 다음의 경우에만 취소될 수 있다.

(1) 중재판정부가 관할권을 잘못 인정하거나 부정하는 경우 또는

(2) 중재판정부가 부적절하게 구성된 경우 또는

(3) 중재판정부가 그에게 부여된 권한을 위반하여 판정한 경우 또는

(4) 적법절차에 위배된 경우 또는

(5) 중재판정이 공서에 반하는 경우 또는

(6) 중재판정에 판단의 근거가 된 이유, 중재판정 작성일자, 중재인(들)의 성명 또는 서명이 누락되었거나 중재판정이 다수결에 의해 내려지지 않은 경우.

« Art. 1493

Lorsque la juridiction annule la sentence arbitrale, elle statue sur le fond dans les limites de la mission de l'arbitre, sauf volonté contraire des parties.

Section 3 Dispositions communes à l'appel et au recours en annulation

« Art. 1494

L'appel et le recours en annulation sont portés devant la cour d'appel dans le ressort de laquelle la sentence a été rendue.

« Ces recours sont recevables dès le prononcé de la sentence. Ils cessent de l'être s'ils n'ont pas été exercés dans le mois de la notification de la sentence.

« Art. 1495

L'appel et le recours en annulation sont formés, instruits et jugés selon les règles relatives à la procédure en matière contentieuse prévues aux articles 900 à 930-1.

« Art. 1496

Le délai pour exercer l'appel ou le recours en annulation ainsi que l'appel ou le recours exercé dans ce délai suspendent l'exécution de la sentence arbitrale à moins qu'elle soit assortie de l'exécution provisoire.

« Art. 1497

Le premier président statuant en référé ou, dès qu'il est saisi, le conseiller de la mise en état peut :

« 1° Lorsque la sentence est assortie de l'exécution provisoire, arrêter ou aménager son exécution lorsqu'elle risque d'entraîner des conséquences manifestement excessives ou

« 2° Lorsque la sentence n'est pas assortie de l'exécution provisoire, ordonner l'exécution provisoire de tout ou partie de cette sentence.

« Art. 1498

Lorsque la sentence est assortie de l'exécution provisoire ou qu'il est fait application du 2o de l'article 1497, le premier président ou, dès qu'il est saisi, le conseiller de la mise en état peut conférer l'exequatur à la sentence arbitrale.

« Le rejet de l'appel ou du recours en annulation confère l'exequatur à la sentence arbitrale ou à celles de ses dispositions qui ne sont pas atteintes par la censure de la cour.

제1493조

법원이 중재판정을 취소할 때에는 당사자들이 달리 합의하지 않는 한, 중재인의 권한 한도 내에서 본안의 실체에 대하여 판정하여야 한다.

제3절 상소 및 중재판정 취소의 소—공통 규정

제1494조

상소 및 중재판정 취소의 소는 당해 중재판정이 내려진 곳의 항소법원에 제기되어야 한다. 그러한 불복은 중재판정이 내려지는 즉시 가능하다. 중재판정 송달일로부터 1개월 이내에 신청이 이루어지지 않으면, 불복은 허용되지 아니한다.

제1495조

상소 및 중재판정 취소의 소는 제900조 내지 제930-1조에서 규정되어 있는 대심(對審; contradictoire) 절차에 적용 가능한 규정들에 따라 이루어지고, 심리되고 결정되어야 한다.

제1496조

중재판정이 가집행될 수 없는 경우, 집행은 상소 또는 중재판정 취소의 소를 위해 규정된 기한의 만료 전까지, 또는 이 기간 동안 상소가 신청되거나 중재판정 취소의 소가 신청되는 즉시 정지되어야 한다.

제1497조

신속절차(référé)에서 판결을 내리는 최초의 법원장, 또는 그 사건이 배당된 판사(conseiller de la mise en état)는, 당해 사건이 그 또는 그녀에게 회부되는 즉시 다음과 같이 할 수 있다.
(1) 중재판정의 가집행이 가능하고 집행이 명백히 과도한 결과를 초래할 수 있는 때에는, 중재판정의 집행을 정지하거나 또는 그 집행을 위한 조건을 설정할 수 있다. 또는
(2) 중재판정의 가집행이 불가능한 경우에는, 중재판정 또는 그 판정의 일부에 대해 가집행이 가능하다는 명령을 내릴 수 있다.

제1498조

중재판정의 가집행이 가능하거나 제1497조 제2항에 따라 가집행이 가능한 것으로 재판이 내려진 경우에 첫 번째 법원장, 또는 그 사건이 배당된 판사(conseiller de la mise en état)는 당해 사건이 그 또는 그녀에게 회부되는 즉시 중재판정의 집행명령을 허용할 수 있다. 상소 또는 중재판정 취소의 소를 기각하는 결정은 그 중재판정의 집행명령 또는 그 중재판정 중 법원에 의해 번복되지 않은 부분에 대한 집행명령으로 간주된다.

Section 4 Recours contre l'ordonnance statuant sur la demande d'exequatur

« Art. 1499

L'ordonnance qui accorde l'exequatur n'est susceptible d'aucun recours.

« Toutefois, l'appel ou le recours en annulation de la sentence emporte de plein droit, dans les limites de la saisine de la cour, recours contre l'ordonnance du juge ayant statué sur l'exequatur ou dessaisissement de ce juge.

« Art. 1500

L'ordonnance qui refuse l'exequatur peut être frappée d'appel dans le délai d'un mois à compter de sa signification.

« Dans ce cas, la cour d'appel connaît, à la demande d'une partie, de l'appel ou du recours en annulation formé à l'encontre de la sentence arbitrale, si le délai pour l'exercer n'est pas expiré.

Section 5 Autres voies de recours

« Art. 1501

La sentence arbitrale peut être frappée de tierce opposition devant la juridiction qui eût été compétente à défaut d'arbitrage, sous réserve des dispositions du premier alinéa de l'article 588.

« Art. 1502

Le recours en révision est ouvert contre la sentence arbitrale dans les cas prévus pour les jugements à l'article 595 et sous les conditions prévues aux articles 594, 596, 597 et 601 à 603.

« Le recours est porté devant le tribunal arbitral.

« Toutefois, si le tribunal arbitral ne peut à nouveau être réuni, le recours est porté devant la cour d'appel qui eût été compétente pour connaître des autres recours contre la sentence.

« Art. 1503

La sentence arbitrale n'est pas susceptible d'opposition et de pourvoi en cassation.

제4절 집행의 허용 또는 거부 명령에 대한 불복

제1499조

중재판정의 집행허용명령에 대한 불복은 허용되지 아니한다.

그러나 상소 또는 중재판정 취소의 소의 제기는 집행에 관하여 재판한 판사의 명령에 대한 불복으로 간주되거나 그 중재판정 중 불복의 대상이 된 부분에 관하여 그 판사의 관할권을 종료시킨다.

제1500조

집행의 기각 명령은 그 명령이 송달된 날로부터 1개월 이내에 상소가 제기되어야 한다.

상소되는 경우, 그리고 당사자들 중 일방이 중재판정 취소의 소의 신청을 하는 경우, 항소법원은, 당해 상소 또는 신청의 기한이 만료되지 않았다면, 그 상소 또는 신청에 대해 재판하여야 한다.

제5절 기타 불복수단

제1501조

제3자들은, 제588조 첫 번째 문단의 규정의 제한하에, 중재가 없었더라면 관할을 가졌을 법원에 신청하여 중재판정에 불복할 수 있다.

제1502조

중재판정 정정 신청은 법원 판결에 관한 제595조에서 규정된 사정하에서, 그리고 제594조, 제596조, 제597조 및 제601조 내지 제603조에서 규정된 조건들하에서 이루어질 수 있다.

이는 중재판정부에 신청하여야 한다.

그러나 중재판정부가 다시 소집될 수 없는 경우에는, 중재판정에 대한 기타 불복수단에 대해 심리할 관할을 갖는 항소법원에 이루어져야 한다.

제1503조

중재판정에 대한 어떠한 이의제기(Opposition)도 신청할 수 없으며, 파기원(Cour de Cassation)에 중재판정을 폐기해 달라는 신청도 할 수 없다.

TITRE II   L'ARBITRAGE INTERNATIONAL

« Art. 1504

Est international l'arbitrage qui met en cause des intérêts du commerce international.

« Art. 1505

En matière d'arbitrage international, le juge d'appui de la procédure arbitrale est, sauf clause contraire, le président du tribunal de grande instance de Paris lorsque :

« 1° L'arbitrage se déroule en France ou

« 2° Les parties sont convenues de soumettre l'arbitrage à la loi de procédure française ou

« 3° Les parties ont expressément donné compétence aux juridictions étatiques françaises pour connaître des différends relatifs à la procédure arbitrale ou

« 4° L'une des parties est exposée à un risque de déni de justice.

« Art. 1506

A moins que les parties en soient convenues autrement et sous réserve des dispositions du présent titre, s'appliquent à l'arbitrage international les articles :

« 1° 1446, 1447, 1448 (alinéas 1 et 2) et 1449, relatifs à la convention d'arbitrage ;

« 2° 1452 à 1458 et 1460, relatifs à la constitution du tribunal arbitral et à la procédure applicable devant le juge d'appui ;

« 3° 1462, 1463 (alinéa 2), 1464 (alinéa 3), 1465 à 1470 et 1472 relatifs à l'instance arbitrale ;

« 4° 1479, 1481, 1482, 1484 (alinéas 1 et 2), 1485 (alinéas 1 et 2) et 1486 relatifs à la sentence arbitrale ;

« 5° 1502 (alinéas 1 et 2) et 1503 relatifs aux voies de recours autres que l'appel et le recours en annulation.

CHAPITRE Ier   La convention d'arbitrage international

« Art. 1507

La convention d'arbitrage n'est soumise à aucune condition de forme.

제2편   국제중재

제1504조

국제거래의 이해관계가 달려 있다면 그 중재는 국제적이다.

제1505조

국제중재에 있어서, 그리고 달리 규정이 없는 한, 파리 제1심법원의 장이 다음의 경우에는 중재 후견판사가 된다.

(1) 중재가 프랑스 내에서 개최되는 경우 또는

(2) 당사자들이 중재에 프랑스 절차법이 적용되어야 한다고 합의한 경우 또는

(3) 당사자들이 중재절차와 관련된 분쟁에 대해 프랑스 법원들이 관할권을 명백하게 허용한 경우 또는

(4) 당사자들 중 일방이 재판거부(déni de justice)의 위기에 노출된 경우

제1506조

당사자들이 달리 합의하지 않는 한, 그리고 이 편(Titre)의 규정의 제한하에, 다음의 조항들이 국제중재에 적용된다.

(1) 중재합의에 관하여는, 제1446조, 제1447조, 제1448조(첫 번째 및 두 번째 문단) 그리고 제1449조

(2) 중재판정부의 구성 및 중재 후견판사에 대한 신청을 규율하는 절차에 관하여는 제1452조 내지 제1458조 그리고 제1460조

(3) 중재절차에 관하여서는 제1462조, 제1463조(두 번째 문단), 제1464조(세 번째 문단), 제1465조 내지 제1470조 그리고 제1472조

(4) 중재판정에 관하여서는 제1479조, 제1481조, 제1482조, 제1484조(첫 번째 및 두 번째 문단), 제1485조(첫 번째 및 두 번째 문단) 그리고 제1486조

(5) 상소 또는 중재판정 취소의 소를 제외한 불복수단들에 관하여는 제1502조(첫 번째 및 두 번째 문단) 및 제1503조.

제1장   국제중재합의

제1507조

중재합의는 형식에 관하여는 어떠한 요건도 요구되지 아니한다.

« Art. 1508

La convention d'arbitrage peut, directement ou par référence à un règlement d'arbitrage ou à des règles de procédure, désigner le ou les arbitres ou prévoir les modalités de leur désignation.

CHAPITRE II L'instance et la sentence arbitrales

« Art. 1509

La convention d'arbitrage peut, directement ou par référence à un règlement d'arbitrage ou à des règles de procédure, régler la procédure à suivre dans l'instance arbitrale.

« Dans le silence de la convention d'arbitrage, le tribunal arbitral règle la procédure autant qu'il est besoin, soit directement, soit par référence à un règlement d'arbitrage ou à des règles de procédure.

« Art. 1510

Quelle que soit la procédure choisie, le tribunal arbitral garantit l'égalité des parties et respecte le principe de la contradiction.

« Art. 1511

Le tribunal arbitral tranche le litige conformément aux règles de droit que les parties ont choisies ou, à défaut, conformément à celles qu'il estime appropriées.

« Il tient compte, dans tous les cas, des usages du commerce.

« Art. 1512

Le tribunal arbitral statue en amiable composition si les parties lui ont confié cette mission.

« Art. 1513

Dans le silence de la convention d'arbitrage, la sentence est rendue à la majorité des voix. Elle est signée par tous les arbitres.

« Toutefois, si une minorité d'entre eux refuse de la signer, les autres en font mention dans la sentence.

« A défaut de majorité, le président du tribunal arbitral statue seul. En cas de refus de signature des autres arbitres, le président en fait mention dans la sentence qu'il signe alors seul.

« La sentence rendue dans les conditions prévues à l'un ou l'autre des deux alinéas précédents produit les mêmes effets que si elle avait été signée par tous les arbitres ou rendue à la majorité des voix.

제1508조

중재합의에서 직접적으로 중재인(들)을 지정하거나 중재규칙이나 절차규칙을 원용함으로써 중재인의 선정을 위한 절차를 정할 수 있다.

제2장 **중재절차 및 중재판정**

제1509조

중재합의에서 직접적으로 또는 중재규칙이나 절차규칙을 원용함으로써 중재절차가 따라야 할 절차들을 정할 수 있다.

중재합의에서 달리 규정하지 않는 한, 중재판정부는 직접적으로 또는 중재규칙 또는 절차규칙을 원용함으로써 필요한 절차를 정하여야 한다.

제1510조

채택된 절차와 관계없이, 중재판정부는 당사자들이 공평하게 대우받도록 하고 적법절차의 원칙을 준수하여야 한다.

제1511조

중재판정부는 당사자들에 의해 선택된 법규에 따라, 또는 그러한 선택이 없는 경우에는 중재판정부가 적절하다고 판단한 법규에 따라 분쟁을 판정하여야 한다.

어떠한 경우에도 중재판정부는 상관습을 고려하여야 한다.

제1512조

중재판정부는 당사자들이 중재판정부에게 우의적 중재인(amiable compositeur)으로서 판정할 수 있는 권한을 부여하는 경우에는 우의적 중재인으로서 판정하여야 한다.

제1513조

중재합의에서 달리 정하지 않는 한, 중재판정은 다수결에 의하여야 한다. 중재판정은 모든 중재인들에 의해 서명되어야 한다.

그러나 그들 중 소수가 서명을 거절하는 경우에, 다른 중재인들은 중재판정에 그러한 사항을 기재하여야 한다.

다수의 의견이 없는 경우에는, 중재판정부의 의장이 단독으로 판정한다. 다른 중재인들이 서명을 거절하는 경우에, 의장중재인은 중재판정에 그러한 사항을 기재하고 그 또는 그녀만이 서명한다.

위의 두 문단 중 어느 하나에 해당하는 상황하에서 내려진 중재판정은 그것이 모든 중재인

La reconnaissance et l'exécution des sentences arbitrales rendues à l'étranger ou en matière d'arbitrage international

« Art. 1514

Les sentences arbitrales sont reconnues ou exécutées en France si leur existence est établie par celui qui s'en prévaut et si cette reconnaissance ou cette exécution n'est pas manifestement contraire à l'ordre public international.

« Art. 1515

L'existence d'une sentence arbitrale est établie par la production de l'original accompagné de la convention d'arbitrage ou des copies de ces documents réunissant les conditions requises pour leur authenticité.

« Si ces documents ne sont pas rédigés en langue française, la partie requérante en produit une traduction. Elle peut être invitée à produire une traduction établie par un traducteur inscrit sur une liste d'experts judiciaires ou par un traducteur habilité à intervenir auprès des autorités judiciaires ou administratives d'un autre Etat membre de l'Union européenne, d'un Etat partie à l'accord sur l'Espace économique européen ou de la Confédération suisse.

« Art. 1516

La sentence arbitrale n'est susceptible d'exécution forcée qu'en vertu d'une ordonnance d'exequatur émanant du tribunal de grande instance dans le ressort duquel elle été rendue ou du tribunal de grande instance de Paris lorsqu'elle a été rendue à l'étranger.

« La procédure relative à la demande d'exequatur n'est pas contradictoire.

« La requête est déposée par la partie la plus diligente au greffe de la juridiction accompagnée de l'original de la sentence et d'un exemplaire de la convention d'arbitrage ou de leurs copies réunissant les conditions requises pour leur authenticité.

« Art. 1517

L'exequatur est apposé sur l'original ou, si celui-ci n'est pas produit, sur la copie de la sentence arbitrale répondant aux conditions prévues au dernier alinéa de l'article 1516.

« Lorsque la sentence arbitrale n'est pas rédigée en langue française, l'exequatur est également apposé sur la traduction opérée dans les conditions prévues à l'article 1515.

« L'ordonnance qui refuse d'accorder l'exequatur à la sentence arbitrale est motivée.

들에 의해 서명되거나 다수결에 의해 내려진 것과 같은 효력을 갖는다.

제3장 국내 또는 국제중재에서 내려진 중재판정의 승인 및 집행

제1514조

중재판정은 승인 및 집행에 의지하는 당사자가 그러한 중재판정의 존재와 그러한 승인 또는 집행이 국제공서에 명백히 반하지 않는다는 것을 입증하는 경우에는 프랑스 내에서 승인 및 집행되어야 한다.

제1515조

중재판정의 존재는 중재판정 원본과 중재합의, 또는 그러한 서류들에 대해 적법하게 인증받은 사본들과 함께 제출함으로써 입증되어야 한다.

그러한 서류들이 불어 이외의 언어로 작성된 경우, 승인 및 집행을 신청하는 당사자는 번역본을 제출하여야 한다. 그 신청인은 법원 전문가 명부에 등재된 번역가에 의해 또는 다른 유럽연합(EU) 회원국, 유럽경제구역(EEA)의 체약국 또는 스위스 연방의 행정기관 또는 사법기관으로부터 승인을 받은 번역가에 의한 번역문의 제출을 요구받을 수 있다.

제1516조

중재판정은 당해 판정이 내려진 장소의 제1심법원 또는 그 판정이 해외에서 내려진 경우에는 파리 제1심법원에 의해 발행된 집행명령에 의해서만 집행될 수 있다.

집행명령 절차는 대심(對審; contradictoire)의 방식으로 진행되어서는 아니 된다.

집행명령 신청은 가장 성실한 당사자에 의해, 중재판정 및 중재합의 원본, 또는 동 서류들의 적법하게 인증된 사본들과 함께, 법원 사무국(greffe)에 접수되어야 한다.

제1517조

집행명령은 중재판정의 원본, 또는 원본이 제출되지 않는 경우에는, 제1516조 마지막 문단에 따라, 적법하게 인증된 사본에 첨부되어야 한다.

중재판정이 불어 이외의 언어로 작성된 경우, 집행명령 역시 제1515조에 따라 작성된 번역문에 첨부되어야 한다.

중재판정 집행의 기각 명령은 판단의 기초가 되는 이유들이 기재되어야 한다.

CHAPITRE IV Les voies de recours

Section 1 Sentences rendues en France

« **Art. 1518**

La sentence rendue en France en matière d'arbitrage international ne peut faire l'objet que d'un recours en annulation.

« **Art. 1519**

Le recours en annulation est porté devant la cour d'appel dans le ressort de laquelle la sentence a été rendue.

« Ce recours est recevable dès le prononcé de la sentence. Il cesse de l'être s'il n'a pas été exercé dans le mois de la notification de la sentence.

« La notification est faite par voie de signification à moins que les parties en conviennent autrement.

« **Art. 1520**

Le recours en annulation n'est ouvert que si :

« 1° Le tribunal arbitral s'est déclaré à tort compétent ou incompétent ou

« 2° Le tribunal arbitral a été irrégulièrement constitué ou

« 3° Le tribunal arbitral a statué sans se conformer à la mission qui lui avait été confiée ou

« 4° Le principe de la contradiction n'a pas été respecté ou

« 5° La reconnaissance ou l'exécution de la sentence est contraire à l'ordre public international.

« **Art. 1521**

Le premier président ou, dès qu'il est saisi, le conseiller de la mise en état peut conférer l'exequatur à la sentence.

« **Art. 1522**

Par convention spéciale, les parties peuvent à tout moment renoncer expressément au recours en annulation.

« Dans ce cas, elles peuvent toujours faire appel de l'ordonnance d'exequatur pour l'un des motifs prévus à l'article 1520.

« L'appel est formé dans le délai d'un mois à compter de la notification de la sentence revêtue de l'exequatur. La notification est faite par voie de signification à moins que les parties en conviennent autrement.

제4장 불복

제1절 프랑스 내에서 내려진 중재판정

제1518조

국제중재의 경우 프랑스 내에서 내려진 중재판정에 대한 유일한 불복의 수단은 중재판정 취소의 소이다.

제1519조

중재판정 취소의 소는 그 판정이 내려진 곳의 항소법원에 제기되어야 한다.

그러한 불복은 중재판정이 내려지는 즉시 신청될 수 있다.

중재판정은, 당사자간에 달리 합의가 없는 한, 송달의 방식으로 통지되어야 한다.

제1520조

중재판정은 다음의 경우에만 취소될 수 있다.

(1) 중재판정부가 관할권을 잘못 인정하거나 부정하는 경우 또는

(2) 중재판정부가 부적법하게 구성된 경우 또는

(3) 중재판정부가 그에게 부여된 권한을 위반하여 판정한 경우 또는

(4) 적법한 절차에 위배된 경우 또는

(5) 중재판정의 승인 또는 집행이 국제적 공서에 반하는 경우

제1521조

첫 번째 법원장, 또는 그 사건이 배당된 판사는 당해 사건이 그 또는 그녀에게 회부되는 즉시 중재판정의 집행명령을 내릴 수 있다.

제1522조

특약의 형태로 당사자들은 언제라도 중재판정 취소의 소를 제기할 권리를 명시적으로 포기할 수 있다.

그러한 권리를 포기하는 경우에, 당사자들은 그럼에도 불구하고 제1520조에서 규정하고 있는 사유들 중 하나에 근거하여 집행명령에 대해 상소할 수 있는 권리를 보유한다.

그러한 상소는 집행명령을 포함하는 중재판정을 송달받은 날로부터 1개월 이내에 제기되어야 한다. 집행명령을 허용하는 중재판정은, 당사자간에 달리 합의가 없는 한, 송달의 방식으로 통지되어야 한다.

« Art. 1523

La décision qui refuse la reconnaissance ou l'exequatur d'une sentence arbitrale internationale rendue en France est susceptible d'appel.

« L'appel est formé dans le délai d'un mois à compter de la signification de la décision.

« Dans ce cas, la cour d'appel connaît, à la demande d'une partie, du recours en annulation à l'encontre de la sentence à moins qu'elle ait renoncé à celui-ci ou que le délai pour l'exercer soit expiré.

« Art. 1524

L'ordonnance qui accorde l'exequatur n'est susceptible d'aucun recours sauf dans le cas prévu au deuxième alinéa de l'article 1522.

« Toutefois, le recours en annulation de la sentence emporte de plein droit, dans les limites de la saisine de la cour, recours contre l'ordonnance du juge ayant statué sur l'exequatur ou dessaisissement de ce juge.

Section 2 Sentences rendues à l'étranger

« Art. 1525

La décision qui statue sur une demande de reconnaissance ou d'exequatur d'une sentence arbitrale rendue à l'étranger est susceptible d'appel.

« L'appel est formé dans le délai d'un mois à compter de la signification de la décision.

« Les parties peuvent toutefois convenir d'un autre mode de notification lorsque l'appel est formé à l'encontre de la sentence revêtue de l'exequatur.

« La cour d'appel ne peut refuser la reconnaissance ou l'exequatur de la sentence arbitrale que dans les cas prévus à l'article 1520.

Section 3 Dispositions communes aux sentences rendues en France et à l'étranger

« Art. 1526

Le recours en annulation formé contre la sentence et l'appel de l'ordonnance ayant accordé l'exequatur ne sont pas suspensifs.

« Toutefois, le premier président statuant en référé ou, dès qu'il est saisi, le conseiller de la mise en état peut arrêter ou aménager l'exécution de la sentence si cette exécution est susceptible de léser gravement les droits de l'une des parties.

제1523조

프랑스 내에서 내려진 국제중재판정의 승인 및 집행을 거부하는 명령은 상소 가능하다.

상소는 그러한 명령의 송달일로부터 1개월 이내에 제기되어야 한다.

그 명령에 대해 상소가 제기되는 경우, 그리고 당사자 중 일방이 중재판정 취소의 소를 제기하는 경우, 항소법원은 당사자들이 그러한 권리를 포기하지 않았거나 그러한 소의 제기 기한이 만료되지 않았다면 판정 취소의 소에 대해 재판하여야 한다.

제1524조

중재판정의 집행명령에 대한 불복은 제1522조 두 번째 문단에 규정된 경우를 제외하고는 허용되지 아니한다.

그러나 상소 또는 중재판정 취소의 소의 제기는 집행에 관하여 재판한 판사의 명령에 대한 불복으로 간주되거나 그 중재판정 중 불복의 대상이 된 부분에 관하여 그 판사의 관할권을 종료시킨다.

제2절 해외에서 내려진 중재판정

제1525조

외국에서 내려진 중재판정의 승인 또는 집행의 허용 또는 기각 명령에 대한 상소는 가능하다.

그 상소는 그러한 명령을 받은 날로부터 1개월 이내에 제기되어야 한다.

그러나 당사자들은 집행명령을 허용한 중재판정에 대해 상소가 제기된 때 통지에 대한 다른 수단에 대해 합의할 수 있다.

항소법원은 제1520조에 열거되어 있는 사유들에 한해서만 중재판정의 승인 및 집행을 거부할 수 있다.

제3절 프랑스 국내 및 해외에서 내려진 중재판정—공통 규정

제1526조

중재판정 취소의 소 또는 집행명령에 대한 상소 모두 중재판정의 집행을 보류시키지 아니한다. 그러나 신속절차(référé)에서 판결을 내리는 최초의 법원장, 또는 그 사건이 배당된 판사(conseiller de la mise en état)는, 당해 사건이 그 또는 그녀에게 회부되는 즉시 그러한 집행이 당사자들 중 일방의 권리에 심각한 해를 끼칠 수 있는 경우에는 중재판정의 집행을 정지하거나 조건들을 설정할 수 있다.

« Art. 1527

L'appel de l'ordonnance ayant statué sur l'exequatur et le recours en annulation de la sentence sont formés, instruits et jugés selon les règles relatives à la procédure contentieuse prévues aux articles 900 à 930-1.

« Le rejet de l'appel ou du recours en annulation confère l'exequatur à la sentence arbitrale ou à celles de ses dispositions qui ne sont pas atteintes par la censure de la cour. »

Art. 3

Les dispositions du présent décret entrent en vigueur le premier jour du quatrième mois suivant celui de sa publication, sous réserve des dispositions suivantes :

1° Les dispositions des articles 1442 à 1445, 1489 et des 2o et 3o de l'article 1505 du code de procédure civile s'appliquent lorsque la convention d'arbitrage a été conclue après la date mentionnée au premier alinéa ;

2° Les dispositions des articles 1456 à 1458, 1486, 1502, 1513 et 1522 du même code s'appliquent lorsque le tribunal a été constitué postérieurement à la date mentionnée au premier alinéa ;

3° Les dispositions de l'article 1526 du même code s'appliquent aux sentences arbitrales rendues après la date mentionnée au premier alinéa.

Art. 4

Le présent décret est applicable dans les îles Wallis-et-Futuna.

Art. 5

Le garde des sceaux, ministre de la justice et des libertés, et le ministre de l'intérieur, de l'outre-mer, des collectivités territoriales et de l'immigration sont chargés, chacun en ce qui le concerne, de l'exécution du présent décret, qui sera publié au Journal officiel de la République française. Fait le 13 janvier 2011.

제1527조

중재판정 집행 허용 또는 거부 명령에 대한 상소 및 중재판정 취소의 소는 제900조 내지 제930-1조에서 규정된 대심(對審; contradictoire) 절차에 적용 가능한 규칙들에 따라 제기되고, 심리되며 결정되어야 한다.

상소를 또는 중재판정 취소의 소 신청을 거부하는 결정은 중재판정 또는 그 판정 중 법원에 의해 번복되지 않은 부분에 대한 집행명령으로 간주된다.

제3조

이 법률의 규정들은, 다음의 조문들을 제외하고 공표일로부터 네 번째 달의 첫째 날에 발효한다.

(1) 민사소송법 제1442조 내지 제1445조, 제1489조 및 제1505조 두 번째와 세 번째 문단의 규정들은 동조의 첫 번째 문단에서 언급된 날짜 이후에 중재합의가 체결된 경우에 적용된다.

(2) 동법 제1456조 내지 제1458조, 제1502조, 제1513조 및 제1522조의 규정들은 동조의 첫 번째 문단에서 언급된 날짜 이후에 중재판정부가 구성된 경우에 적용된다.

(3) 동법 제1526조의 규정은 동조의 첫 번째 문단에서 언급된 날짜 이후에 중재판정이 내려진 경우에 적용된다.

제4조

이 법은 프랑스령 월리스푸투나 제도(Wallis et Futuna)에 적용된다.

제5조

국새(國璽) 관리자(garde des sceaux)인 법무부장관(ministre de la justice et des libertés) 및 내무부장관(le ministre de l'intérieur, de l'outre-mer, des collectivités territoriales et de l'immigration)은, 각자의 법률상 능력을 가지고, 이 법의 시행을 책임지며, 이 법은 프랑스 공화국의 공식 관보에 게재된다.

JAPAN

仲裁法

일본 중재법

07

仲裁法

（平成十五年八月一日法律第百三十八号）

最終改正：平成一六年一二月一日法律第一四七号

総則

第一条（趣旨）

仲裁地が日本国内にある仲裁手続及び仲裁手続に関して裁判所が行う手続については、他の法令に定めるもののほか、この法律の定めるところによる。

第二条（定義）

1 この法律において「仲裁合意」とは、既に生じた民事上の紛争又は将来において生ずる一定の法律関係（契約に基づくものであるかどうかを問わない。）に関する民事上の紛争の全部又は一部の解決を一人又は二人以上の仲裁人にゆだね、かつ、その判断（以下「仲裁判断」という。）に服する旨の合意をいう。

2 この法律において「仲裁廷」とは、仲裁合意に基づき、その対象となる民事上の紛争について審理し、仲裁判断を行う一人の仲裁人又は二人以上の仲裁人の合議体をいう。

3 この法律において「主張書面」とは、仲裁手続において当事者が作成して仲裁廷に提出する書面であって、当該当事者の主張が記載されているものをいう。

第三条（適用範囲）

1 こ次章から第七章まで、第九章及び第十章の規定は、次項及び第八条に定めるものを除き、仲裁地が日本国内にある場合について適用する。

2 こ第十四条第一項及び第十五条の規定は、仲裁地が日本国内にある場合、仲裁地が日本国外にある場合及び仲裁地が定まっていない場合に適用する。

3 こ第八章の規定は、仲裁地が日本国内にある場合及び仲裁地が日本国外にある場合に適用する。

第四条（裁判所の関与）

仲裁手続に関しては、裁判所は、この法律に規定する場合に限り、その権限を行使す

중재법

(2003년 8월 1일 법률 제138호)

최종개정 : 2004년 12월 1일 법률 제147호

제1장　총칙

제1조 (취지)

중재지가 일본 국내인 중재절차 및 중재절차에 관한 법원의 절차에 대하여는 다른 법령에 정하는 것이 없으면 이 법률이 정한다.

제2조 (정의)

① 이 법률에서 "중재합의"란 이미 발생한 민사상 분쟁 또는 장래에 발생할 수 있는 일정한 법률관계(계약에 기초한 것인지 여부를 불문한다)에 관한 민사상 분쟁의 전부 또는 일부의 해결을 1명 또는 2명 이상의 중재인에게 맡기고 그 판정(이하 "중재판정"이라 한다)에 따르도록 하는 취지의 합의를 말한다.

② 이 법률에서 "중재판정부"란 중재합의에 기초하여 그 대상이 되는 민사상 분쟁에 대하여 심리하고 중재판정을 하는 1명의 중재인 또는 2명 이상의 중재인으로 구성되는 중재인단을 말한다.

③ 이 법률에서 "준비서면"이란 중재절차에서 당사자가 작성하여 중재판정부에 제출하는 서면으로서 그 당사자의 주장이 기재된 것을 말한다.

제3조 (적용범위)

① 제2장부터 제7장까지, 제9장 및 제10장의 규정은 제2항 및 제8조에서 정한 것이 아니면 중재지가 일본 국내인 경우에 대하여 적용한다.

② 제14조 제1항 및 제15조의 규정은 중재지가 일본 국내인 경우, 중재지가 일본 국외인 경우 및 중재지를 정하지 아니한 경우에 적용한다.

③ 제8장의 규정은 중재지가 일본 국내인 경우 및 중재지가 일본 국외인 경우에 적용한다.

제4조 (법원의 관여)

법원은 중재절차에 관하여 이 법률에서 규정한 경우에만 그 권한을 행사할 수 있다.

ることができる。

第五条（裁判所の管轄）

1 この法律の規定により裁判所が行う手続に係る事件は、次に掲げる裁判所の管轄に専属する。
　一 当事者が合意により定めた地方裁判所
　二 仲裁地（一の地方裁判所の管轄区域のみに属する地域を仲裁地として定めた場合に限る。）を管轄する地方裁判所
　三 当該事件の被申立人の普通裁判籍の所在地を管轄する地方裁判所
2 この法律の規定により二以上の裁判所が管轄権を有するときは、先に申立てがあった裁判所が管轄する。
3 裁判所は、この法律の規定により裁判所が行う手続に係る事件の全部又は一部がその管轄に属しないと認めるときは、申立てにより又は職権で、これを管轄裁判所に移送しなければならない。

第六条（任意的口頭弁論）

この法律の規定により裁判所が行う手続に係る裁判は、口頭弁論を経ないですることができる。

第七条（裁判に対する不服申立て）

この法律の規定により裁判所が行う手続に係る裁判につき利害関係を有する者は、この法律に特別の定めがある場合に限り、当該裁判に対し、その告知を受けた日から二週間の不変期間内に、即時抗告をすることができる。

第八条（仲裁地が定まっていない場合における裁判所の関与）

1 裁判所に対する次の各号に掲げる申立ては、仲裁地が定まっていない場合であって、仲裁地が日本国内となる可能性があり、かつ、申立人又は被申立人の普通裁判籍（最後の住所により定まるものを除く。）の所在地が日本国内にあるときも、することができる。この場合においては、当該各号に掲げる区分に応じ、当該各号に定める規定を適用する。
　一 第十六条第三項の申立て　同条
　二 第十七条第二項から第五項までの申立て　同条
　三 第十九条第四項の申立て　第十八条及び第十九条
　四 第二十条の申立て　同条
2 前項の場合における同項各号に掲げる申立てに係る事件は、第五条第一項の規定にかかわらず、前項に規定する普通裁判籍の所在地を管轄する地方裁判所の管轄に専

제5조 (법원의 관할)

① 이 법률의 규정에 의한 법원의 절차에 관계된 사건은 다음 각 호에 해당하는 법원이 관할한다.

 1. 당사자가 합의하여 정한 지방법원

 2. 중재지(1개 지방법원의 관할구역에만 속하는 지역을 중재지로 정한 경우에 한한다)를 관할하는 지방법원

 3. 해당 사건 피신청인의 보통재판적 소재지를 관할하는 지방법원

② 이 법률의 규정에 의하여 둘 이상의 법원이 관할권을 가지게 되는 경우에는 먼저 신청을 받은 법원이 관할한다.

③ 법원은 이 법률의 규정에 의한 법원의 절차에 관계된 사건의 전부 또는 일부가 그 관할에 속하지 아니한다고 인정하는 때에는 신청에 의하여 또는 직권으로 이를 관할법원에 이송하여야 한다.

제6조 (임의적 구술변론)

이 법률의 규정에 의한 법원의 절차에 관계된 재판은 구술변론를 거치지 아니할 수 있다.

제7조 (재판에 대한 불복신청)

이 법률의 규정에 의한 법원의 절차에 관계된 재판에 관하여 이해관계가 있는 자는 이 법률에서 특별히 정한 경우에만 그 재판에 대하여 고지를 받은 날부터 2주간의 불변기간 내에 즉시항고를 할 수 있다.

제8조 (중재지를 정하지 아니한 경우 법원의 관여)

① 법원에 대한 다음 각 호에 해당하는 신청은 중재지를 정하지 아니한 경우로서 중재지가 일본 국내일 가능성이 있고 신청인 또는 피신청인의 보통재판적(최후로 알려진 주소에 의하여 결정되는 경우를 제외한다) 소재지가 일본 국내인 경우에도 할 수 있다. 이 경우 다음 각 호에 해당하는 구분에 따라 다음 각 호에서 정하는 규정을 적용한다.

 1. 제16조 제3항의 신청: 제16조

 2. 제17조 제2항부터 제5항까지의 신청: 제17조

 3. 제19조 제4항의 신청: 제18조 및 제19조

 4. 제20조의 신청: 제20조

② 제1항의 경우에 같은 항 각 호에 해당하는 신청에 관계된 사건은 제5조 제1항의 규정에 불구하고 제1항에서 규정하는 보통재판적 소재지를 관할하는 지방법원이 관할한다.

属する。

第九条（裁判所が行う手続に係る事件の記録の閲覧等）

この法律の規定により裁判所が行う手続について利害関係を有する者は、裁判所書記官に対し、次に掲げる事項を請求することができる。

一 事件の記録の閲覧又は謄写

二 事件の記録中の電子的方式、磁気的方式その他人の知覚によっては認識することができない方式で作られた記録の複製

三 事件の記録の正本、謄本又は抄本の交付

四 事件に関する事項の証明書の交付

第十条 （裁判所が行う手続についての民事訴訟法の準用）

この法律の規定により裁判所が行う手続に関しては、特別の定めがある場合を除き、民事訴訟法（平成八年法律第百九号）の規定を準用する。

第十一条（最高裁判所規則）

この法律に定めるもののほか、この法律の規定により裁判所が行う手続に関し必要な事項は、最高裁判所規則で定める。

第十二条（書面によってする通知）

1 仲裁手続における通知を書面によってするときは、当事者間に別段の合意がない限り、名あて人が直接当該書面を受領した時又は名あて人の住所、常居所、営業所、事務所若しくは配達場所（名あて人が発信人からの書面の配達を受けるべき場所として指定した場所をいう。以下この条において同じ。）に当該書面が配達された時に、通知がされたものとする。

2 裁判所は、仲裁手続における書面によってする通知について、当該書面を名あて人の住所、常居所、営業所、事務所又は配達場所に配達することが可能であるが、発信人が当該配達の事実を証明する資料を得ることが困難である場合において、必要があると認めるときは、発信人の申立てにより、裁判所が当該書面の送達をする旨の決定をすることができる。この場合における送達については、民事訴訟法第百四条及び第百十条から第百十三条までの規定は適用しない。

3 前項の規定は、当事者間に同項の送達を行わない旨の合意がある場合には、適用しない。

4 第二項の申立てに係る事件は、第五条第一項の規定にかかわらず、同項第一号及び第二号に掲げる裁判所並びに名あて人の住所、常居所、営業所、事務所又は配達場所の所在地を管轄する地方裁判所の管轄に専属する。

제9조 (법원의 절차에 관계된 사건기록의 열람 등)

이 법률의 규정에 의한 법원의 절차에 관하여 이해관계를 가진 자는 법원 서기에게 다음 각 호에 해당하는 사항을 청구할 수 있다.

1. 사건기록의 열람 또는 복사
2. 사건기록 중 전자적(電子的) 방식, 자기적(磁気的) 방식, 그 밖에 사람의 지각으로 인식할 수 없는 방식으로 만들어진 기록의 복제
3. 사건기록의 정본, 등본 또는 초본의 교부
4. 사건에 관한 사항의 증명서 교부

제10조 (법원의 절차에 관한 『민사소송법』의 준용)

이 법률의 규정에 의한 법원의 절차에 관하여는 특별히 정한 경우가 아니면 『민사소송법』 (1996년 법률 제109호)의 규정을 준용한다.

제11조 (최고법원규칙)

이 법률에서 정하는 것이 없으면 이 법률의 규정에 의한 법원의 절차에 관하여 필요한 사항은 『최고법원규칙』으로 정한다.

제12조 (서면에 의한 통지)

① 중재절차에서 서면으로 통지를 하는 경우에 당사자간에 다른 합의가 없으면 수취인이 직접 해당 서면을 수령한 때 또는 수취인의 주소, 상거소, 영업소, 사무소 또는 배달장소(수취인이 발신인의 서면을 배달받을 장소로 지정한 장소를 말한다. 이하 이 조에서 같다)에 해당 서면이 배달된 때에 통지된 것으로 본다.

② 법원은 중재절차 중의 서면의 통지에 관하여 해당 서면을 수취인의 주소, 상거소, 영업소, 사무소 또는 배달장소에 배달하는 것은 가능하지만, 발신인이 그 배달사실을 증명하는 자료를 얻기가 곤란한 경우에 필요하다고 인정하는 때에는 발신인의 신청을 받아 법원이 그 서면이 송달되었다는 취지의 결정을 내릴 수 있다. 이 경우 송달에 대하여는 『민사소송법』 제104조 및 제110조부터 제113조까지의 규정은 적용되지 아니한다.

③ 제2항의 규정은 당사자 간에 같은 항의 송달을 하지 아니한다는 취지의 합의가 있는 경우에는 적용되지 아니한다.

④ 제2항의 신청에 관계된 사건은 제5조 제1항의 규정에 불구하고 같은 항 제1호 및 제2호에 해당하는 법원 및 수취인의 주소, 상거소, 영업소, 사무소 또는 배달장소의 소재지를 관할하는 지방법원이 관할한다.

5 仲裁手続における通知を書面によってする場合において、名あて人の住所、常居所、営業所、事務所及び配達場所のすべてが相当の調査をしても分からないときは、当事者間に別段の合意がない限り、発信人は、名あて人の最後の住所、常居所、営業所、事務所又は配達場所にあてて当該書面を書留郵便その他配達を試みたことを証明することができる方法により発送すれば足りる。この場合においては、当該書面が通常到達すべきであった時に通知がされたものとする。

6 第一項及び前項の規定は、この法律の規定により裁判所が行う手続において通知を行う場合については、適用しない。

第二章　仲裁合意

第十三条（仲裁合意の効力等）

1 仲裁合意は、法令に別段の定めがある場合を除き、当事者が和解をすることができる民事上の紛争（離婚又は離縁の紛争を除く。）を対象とする場合に限り、その効力を有する。

2 仲裁合意は、当事者の全部が署名した文書、当事者が交換した書簡又は電報（ファクシミリ装置その他の隔地者間の通信手段で文字による通信内容の記録が受信者に提供されるものを用いて送信されたものを含む。）その他の書面によってしなければならない。

3 書面によってされた契約において、仲裁合意を内容とする条項が記載された文書が当該契約の一部を構成するものとして引用されているときは、その仲裁合意は、書面によってされたものとする。

4 仲裁合意がその内容を記録した電磁的記録（電子的方式、磁気的方式その他人の知覚によっては認識することができない方式で作られる記録であって、電子計算機による情報処理の用に供されるものをいう。）によってされたときは、その仲裁合意は、書面によってされたものとする。

5 仲裁手続において、一方の当事者が提出した主張書面に仲裁合意の内容の記載があり、これに対して他方の当事者が提出した主張書面にこれを争う旨の記載がないときは、その仲裁合意は、書面によってされたものとみなす。

6 仲裁合意を含む一の契約において、仲裁合意以外の契約条項が無効、取消しその他の事由により効力を有しないものとされる場合においても、仲裁合意は、当然には、その効力を妨げられない。

⑤ 중재절차에서 통지를 서면으로 하는 경우에 적절한 조회를 하였음에도 수취인의 주소, 상거소, 영업소, 사무소 및 배달장소를 모두 알 수 없는 경우에 당사자간에 특별한 합의가 없으면 발신인은 최후로 알려진 수취인의 주소, 상거소, 영업소, 사무소 및 배달장소에 해당 서면을 등기우편이나 그 밖에 배달을 시도한 것을 증명할 수 있는 방법에 의하여 발송하면 된다. 이 경우에 그 서면이 통상적으로 도달할 수 있었던 때에 통지된 것으로 본다.

⑥ 제1항 및 제5항의 규정은 이 법률의 규정에 의하여 법원이 통지를 하는 경우에는 적용되지 아니한다.

제2장 중재합의

제13조 (중재합의의 효력 등)

① 중재합의는 법령에 특별히 정한 경우가 아니면 당사자가 화해할 수 있는 민사상 분쟁(이혼 또는 파양 분쟁을 제외한다)을 대상으로 하는 경우에만 그 효력을 가진다.

② 중재합의는 당사자가 모두 서명한 문서, 당사자가 교환한 서신 또는 전보(팩시밀리 장치, 그 밖의 격지자간의 통신수단으로서 문자에 의한 통신내용 기록이 수신자에게 제공되는 방법으로 송신되는 것을 포함한다), 그 밖의 서면에 의하여야 한다.

③ 서면에 의한 계약에서 중재합의를 내용으로 하는 조항이 기재된 문서가 그 계약의 일부를 구성하는 것으로 인용된 경우에는 그 중재합의는 서면에 의한 것으로 본다.

④ 중재합의가 그 내용을 기록한 전자적 기록(전자적 방식, 자기적 방식, 그 밖에 사람의 지각으로 인식할 수 없는 방식으로 만들어진 기록으로서 컴퓨터에 의한 정보처리용으로 제공되는 것을 말한다)에 의하여 이루어진 경우에는 그 중재합의는 서면에 의한 것으로 본다.

⑤ 중재절차에서 어느 한쪽 당사자가 제출한 준비서면에 중재합의 내용이 기재되어 있고 이에 대하여 상대방 당사자가 제출한 준비서면에 이를 다투는 취지가 기재되지 아니한 때에는 그 중재합의는 서면에 의한 것으로 본다.

⑥ 중재합의를 포함한 하나의 계약에서 중재합의 이외의 계약조항이 무효, 취소, 그 밖의 사유에 의하여 효력을 상실하게 된 경우에도 중재합의의 효력에는 영향을 미치지 아니한다.

第十四条（仲裁合意と本案訴訟）

1 仲裁合意の対象となる民事上の紛争について訴えが提起されたときは、受訴裁判所は、被告の申立てにより、訴えを却下しなければならない。ただし、次に掲げる場合は、この限りでない。
　一　仲裁合意が無効、取消しその他の事由により効力を有しないとき。
　二　仲裁合意に基づく仲裁手続を行うことができないとき。
　三　当該申立てが、本案について、被告が弁論をし、又は弁論準備手続において申述をした後にされたものであるとき。
2 仲裁廷は、前項の訴えに係る訴訟が裁判所に係属する間においても、仲裁手続を開始し、又は続行し、かつ、仲裁判断をすることができる。

第十五条（仲裁合意と裁判所の保全処分）

仲裁合意は、その当事者が、当該仲裁合意の対象となる民事上の紛争に関して、仲裁手続の開始前又は進行中に、裁判所に対して保全処分の申立てをすること、及びその申立てを受けた裁判所が保全処分を命ずることを妨げない。

第三章　仲裁人

第十六条（仲裁人の数）

1 仲裁人の数は、当事者が合意により定めるところによる。
2 当事者の数が二人である場合において、前項の合意がないときは、仲裁人の数は、三人とする。
3 当事者の数が三人以上である場合において、第一項の合意がないときは、当事者の申立てにより、裁判所が仲裁人の数を定める。

第十七条（仲裁人の選任）

1 仲裁人の選任手続は、当事者が合意により定めるところによる。ただし、第五項又は第六項に規定するものについては、この限りでない。
2 当事者の数が二人であり、仲裁人の数が三人である場合において、前項の合意がないときは、当事者がそれぞれ一人の仲裁人を、当事者により選任された二人の仲裁人がその余の仲裁人を、選任する。この場合において、一方の当事者が仲裁人を選任した他方の当事者から仲裁人を選任すべき旨の催告を受けた日から三十日以内にその選任をしないときは当該当事者の申立てにより、当事者により選任された二人の仲裁人がその選任後三十日以内にその余の仲裁人を選任しないときは一方の当事

제14조 (중재합의와 본안소송)

① 중재합의의 대상인 민사상 분쟁에 관하여 소가 제기된 경우에 법원은 피고의 신청에 의하여 소를 각하하여야 한다. 다만 다음 각 호에 해당하는 경우에는 그러하지 아니하다.

  1. 중재합의가 무효, 취소, 그 밖의 사유에 의하여 효력을 상실하게 된 경우

  2. 중재합의에 기초한 중재절차를 진행할 수 없는 경우

  3. 해당 신청이 피고가 본안에 대한 변론을 하거나 변론준비 절차에서 진술을 한 후에 이루어진 경우

② 중재판정부는 제1항의 소에 관계된 소송이 법원에 계속중인 경우에도 중재절차를 개시 또는 진행하거나 중재판정을 내릴 수 있다.

제15조 (중재합의와 법원의 보전처분)

중재합의는 그 당사자가 그 중재합의의 대상이 되는 민사상 분쟁에 관하여 중재절차의 개시 전 또는 진행 중에 법원에 보전처분을 신청하거나 그 신청을 받은 법원이 보전처분을 명하는 것에 영향을 미치지 아니한다.

제3장   중재인

제16조 (중재인의 수)

① 중재인의 수는 당사자간에 합의로 정한다.

② 당사자의 수가 2명인 경우에 제1항의 합의가 없으면 중재인의 수는 3명으로 한다.

③ 당사자의 수가 3명 이상인 경우에 제1항의 합의가 없으면 당사자의 신청에 의하여 법원이 중재인의 수를 결정할 수 있다.

제17조 (중재인의 선정)

① 중재인의 선정절차는 당사자 간에 합의로 정한다. 다만, 제5항 및 제6항에서 규정하는 것에 대하여는 그러하지 아니하다.

② 당사자의 수가 2명이고 중재인의 수가 3명인 경우에 제1항의 합의가 없으면 당사자가 각각 1명의 중재인을 선정하고 당사자에 의하여 선정된 2명의 중재인이 나머지 중재인을 선정한다. 이 경우 어느 한쪽 당사자가 중재인을 선정한 상대방 당사자로부터 중재인을 선정하라는 취지의 통지를 받은 날부터 30일 이내에 중재인을 선정하지 아니한 때에는 그 당사자의 신청을 받아 법원이 중재인을 선정하고, 당사자에 의하여 선정된 2명의 중재인이 선정된 후 30일 이내에 나머지 중재인을 선정하지 아니한 때에는 어느 한쪽 당사자의 신청을 받아 법원이 그 중재인을 선정한다.

者の申立てにより、裁判所が仲裁人を選任する。

3 当事者の数が二人であり、仲裁人の数が一人である場合において、第一項の合意が
なく、かつ、当事者間に仲裁人の選任についての合意が成立しないときは、一方の
当事者の申立てにより、裁判所が仲裁人を選任する。

4 当事者の数が三人以上である場合において、第一項の合意がないときは、当事者の
申立てにより、裁判所が仲裁人を選任する。

5 第一項の合意により仲裁人の選任手続が定められた場合であっても、当該選任手続
において定められた行為がされないことその他の理由によって当該選任手続による
仲裁人の選任ができなくなったときは、一方の当事者は、裁判所に対し、仲裁人の
選任の申立てをすることができる。

6 裁判所は、第二項から前項までの規定による仲裁人の選任に当たっては、次に掲げ
る事項に配慮しなければならない。
一 当事者の合意により定められた仲裁人の要件
二 選任される者の公正性及び独立性
三 仲裁人の数を一人とする場合又は当事者により選任された二人の仲裁人が選任
すべき仲裁人を選任すべき場合にあっては、当事者双方の国籍と異なる国籍を
有する者を選任することが適当かどうか。

第十八条（忌避の原因等）

1 当事者は、仲裁人に次に掲げる事由があるときは、当該仲裁人を忌避することがで
きる。
一 当事者の合意により定められた仲裁人の要件を具備しないとき。
二 仲裁人の公正性又は独立性を疑うに足りる相当な理由があるとき。

2 仲裁人を選任し、又は当該仲裁人の選任について推薦その他これに類する関与をし
た当事者は、当該選任後に知った事由を忌避の原因とする場合に限り、当該仲裁人
を忌避することができる。

3 仲裁人への就任の依頼を受けてその交渉に応じようとする者は、当該依頼をした者
に対し、自己の公正性又は独立性に疑いを生じさせるおそれのある事実の全部を開
示しなければならない。

4 仲裁人は、仲裁手続の進行中、当事者に対し、自己の公正性又は独立性に疑いを生
じさせるおそれのある事実（既に開示したものを除く。）の全部を遅滞なく開示しな
ければならない。

第十九条（忌避の手続）

1 仲裁人の忌避の手続は、当事者が合意により定めるところによる。ただし、第四項

③ 당사자의 수가 2명이고 중재인의 수가 1명인 경우에 제1항의 합의가 없고 당사자 간에 중재인의 선정에 대한 합의가 성립되지 아니한 때에는 어느 한쪽 당사자의 신청을 받아 법원이 중재인을 선정한다.

④ 당사자의 수가 3명 이상인 경우에 제1항의 합의가 없는 때에는 당사자의 신청을 받아 법원이 중재인을 선정한다.

⑤ 제1항의 합의로 중재인 선정절차를 정한 경우라 하더라도 그 선정절차에서 정한 행위가 이루어지지 아니하거나 그 밖의 이유로 그 선정절차에 의하여 중재인을 선정하지 못한 때에 어느 한쪽 당사자는 법원에 중재인의 선정을 신청할 수 있다.

⑥ 법원은 제2항부터 제5항까지의 규정에 의한 중재인의 선정에 있어 다음 각 호에 해당하는 사항을 고려하여야 한다.

1. 당사자간에 합의로 정한 중재인의 요건
2. 선정된 자의 공정성 및 독립성
3. 중재인의 수를 1명으로 하는 경우 또는 당사자에 의하여 선정된 2명의 중재인이 나머지 중재인을 선정해야 하는 경우에 당사자 쌍방의 국적과 다른 국적을 가진 자를 선정하는 것이 타당한지 여부

제18조 (기피의 원인 등)

① 당사자는 중재인에게 다음 각 호에 해당하는 사유가 있을 때에는 그 중재인을 기피할 수 있다.

1. 당사자들이 합의한 중재인의 요건을 갖추지 못한 경우
2. 중재인의 공정성 또는 독립성을 의심을 살 만한 적절한 이유가 있는 경우

② 중재인 선정, 또는 그 중재인의 선정에 대하여 추천이나 그 밖에 이와 유사한 관여를 한 당사자는 선정 후에 알게 된 사유를 기피의 원인으로 하는 경우에만 그 중재인을 기피할 수 있다.

③ 중재인으로 취임할 것을 의뢰 받고 이를 승낙하려고 하는 자는 그 의뢰를 한 자에게 자신의 공정성 또는 독립성에 의심을 야기할 우려가 있는 사실의 전부를 고지하여야 한다.

④ 중재인은 중재절차 진행중에 당사자에게 자신의 공정성 또는 독립성에 의심을 야기할 우려가 있는 사실(이미 고지한 것을 제외한다)의 전부를 지체 없이 고지하여야 한다.

제19조 (기피절차)

① 중재인의 기피절차는 당사자 간에 합의로 정한다. 다만, 제4항에 규정한 것에 대하여는 그러하지 아니하다.

に規定するものについては、この限りでない。

2 前項の合意がない場合において、仲裁人の忌避についての決定は、当事者の申立てにより、仲裁廷が行う。

3 前項の申立てをしようとする当事者は、仲裁廷が構成されたことを知った日又は前条第一項各号に掲げる事由のいずれかがあることを知った日のいずれか遅い日から十五日以内に、忌避の原因を記載した申立書を仲裁廷に提出しなければならない。この場合において、仲裁廷は、当該仲裁人に忌避の原因があると認めるときは、忌避を理由があるとする決定をしなければならない。

4 前三項に規定する忌避の手続において仲裁人の忌避を理由がないとする決定がされた場合には、その忌避をした当事者は、当該決定の通知を受けた日から三十日以内に、裁判所に対し、当該仲裁人の忌避の申立てをすることができる。この場合において、裁判所は、当該仲裁人に忌避の原因があると認めるときは、忌避を理由があるとする決定をしなければならない。

5 仲裁廷は、前項の忌避の申立てに係る事件が裁判所に係属する間においても、仲裁手続を開始し、又は続行し、かつ、仲裁判断をすることができる。

第二十条（解任の申立て）

当事者は、次に掲げる事由があるときは、裁判所に対し、仲裁人の解任の申立てをすることができる。この場合において、裁判所は、当該仲裁人にその申立てに係る事由があると認めるときは、当該仲裁人を解任する決定をしなければならない。

　一　仲裁人が法律上又は事実上その任務を遂行することができなくなったとき。

　二　前号の場合を除くほか、仲裁人がその任務の遂行を不当に遅滞させたとき。

第二十一条（仲裁人の任務の終了）

1 仲裁人の任務は、次に掲げる事由により、終了する。

　一　仲裁人の死亡

　二　仲裁人の辞任

　三　当事者の合意による仲裁人の解任

　四　第十九条第一項から第四項までに規定する忌避の手続においてされた忌避を理由があるとする決定

　五　前条の規定による仲裁人の解任の決定

2 第十九条第一項から第四項までに規定する忌避の手続又は前条の規定による解任の手続の進行中に、仲裁人が辞任し、又は当事者の合意により仲裁人が解任されたという事実のみから、当該仲裁人について第十八条第一項各号又は前条各号に掲げる事由があるものと推定してはならない。

② 제1항의 합의가 없으면 중재인의 기피에 대한 결정은 당사자의 신청에 의하여 중재판정부가 내린다.

③ 제2의 신청을 하려는 당사자는 중재판정부가 구성된 것을 안 날 또는 제18조 제1항 각 호의 어느 하나에 해당하는 사유가 있음을 안 날 중 늦은 날부터 15일 이내에 기피의 원인을 기재한 신청서를 중재판정부에 제출하여야 한다. 이 경우 중재판정부는 해당 중재인에게 기피의 원인이 있다고 인정하는 때에는 기피가 이유 있다는 결정을 내려야 한다.

④ 제1항부터 제3항까지에 규정한 기피절차에서 중재인의 기피가 이유 없다는 결정을 내린 경우 그 기피를 한 당사자는 해당 결정을 통지받은 날부터 30일 이내에 법원에 해당 중재인의 기피를 신청할 수 있다. 이 경우 법원은 해당 중재인에게 기피의 원인이 있다고 인정하는 때에는 기피가 이유 있다는 결정을 내려야 한다.

⑤ 중재판정부는 제4항의 기피 신청에 관계된 사건이 법원에 계속 중인 경우에도 중재절차를 개시 또는 진행하거나 중재판정을 내릴 수 있다.

제20조 (해임 신청)

당사자는 다음 각 호의 해당하는 사유가 있는 경우에는 법원에 중재인의 해임을 신청할 수 있다. 이 경우 법원은 해당 중재인에게 그 신청에 관계된 사유가 있다고 인정하는 때에는 해당 중재인을 해임하는 결정을 내려야 한다.

1. 중재인이 법률상 또는 사실상 그 직무를 수행할 수 없게 된 경우
2. 제1호의 경우 이외에 중재인이 그 직무 수행을 부당하게 지체한 경우

제21조 (중재인의 직무 종료)

① 중재인의 직무는 다음 각호에 대항하는 사유에 의하여 종료한다.
1. 중재인의 사망
2. 중재인의 사임
3. 당사자의 합의에 의한 중재인의 해임
4. 제19조 제1항부터 제4항까지에 규정한 기피절차에서 기피가 이유 있다는 결정
5. 제20조의 규정에 의한 중재인의 해임 결정

② 제19조 제1항부터 제4항까지에 규정한 기피 절차 또는 제20조의 규정에 의한 해임절차의 진행 중에 중재인이 사임하거나 당사자의 합의로 중재인이 해임되었다는 사실만으로 해당 중재인에 대하여 제18조 제1항 각 호 또는 제20조 각 호에 해당하는 사유가 있는 것으로 추정되지 아니한다.

第二十二条（後任の仲裁人の選任方法）

前条第一項各号に掲げる事由により仲裁人の任務が終了した場合における後任の仲裁
人の選任の方法は、当事者間に別段の合意がない限り、任務が終了した仲裁人の選任
に適用された選任の方法による。

第四章 仲裁廷の特別の権限

第二十三条（自己の仲裁権限の有無についての判断）

1 仲裁廷は、仲裁合意の存否又は効力に関する主張についての判断その他自己の仲裁
 権限（仲裁手続における審理及び仲裁判断を行う権限をいう。以下この条において
 同じ。）の有無についての判断を示すことができる。

2 仲裁手続において、仲裁廷が仲裁権限を有しない旨の主張は、その原因となる事由
 が仲裁手続の進行中に生じた場合にあってはその後速やかに、その他の場合にあっ
 ては本案についての最初の主張書面の提出の時（口頭審理において口頭で最初に本
 案についての主張をする時を含む。）までに、しなければならない。ただし、仲裁
 権限を有しない旨の主張の遅延について正当な理由があると仲裁廷が認めるとき
 は、この限りでない。

3 当事者は、仲裁人を選任し、又は仲裁人の選任について推薦その他これに類する関
 与をした場合であっても、前項の主張をすることができる。

4 仲裁廷は、適法な第二項の主張があったときは、次の各号に掲げる区分に応じ、そ
 れぞれ当該各号に定める決定又は仲裁判断により、当該主張に対する判断を示さな
 ければならない。

　一 自己が仲裁権限を有する旨の判断を示す場合　仲裁判断前の独立の決定又は仲
　　裁判断

　二 自己が仲裁権限を有しない旨の判断を示す場合　仲裁手続の終了決定

5 仲裁廷が仲裁判断前の独立の決定において自己が仲裁権限を有する旨の判断を示し
 たときは、当事者は、当該決定の通知を受けた日から三十日以内に、裁判所に対
 し、当該仲裁廷が仲裁権限を有するかどうかについての判断を求める申立てをする
 ことができる。この場合において、当該申立てに係る事件が裁判所に係属する場合
 であっても、当該仲裁廷は、仲裁手続を続行し、かつ、仲裁判断をすることができ
 る。

제22조 (보궐중재인의 선정방법)

제21조 제1항 각 호에 해당하는 사유에 의하여 중재인의 직무가 종료된 경우 보궐중재인의 선정방법은 당사자간에 별도의 합의가 없으면 직무가 종료된 중재인의 선정에 적용된 선정방법에 따른다.

제4장 중재판정부의 특별권한

제23조 (자신의 중재권한 유무에 대한 판단)

① 중재판정부는 중재합의의 존재 여부 또는 유효성에 관한 주장에 대하여 판단하거나 그 밖에 자신의 중재권한(중재절차에서 심리 및 중재판정을 내리는 권한을 말한다. 이하 이 조에서 같다)의 유무에 대하여 판단할 수 있다.

② 중재절차에서 중재판정부가 중재권한을 갖지 아니한다는 취지의 주장은 그 원인이 된 사유가 중재절차 진행 중에 발생한 경우에는 그 후 신속하게, 그 밖의 경우에는 본안에 대한 최초의 준비서면 제출 때(구술심리에서 본안에 대한 주장을 처음 구술하는 때를 포함한다)까지는 하여야 한다. 다만, 중재권한을 갖지 아니한다는 취지의 주장이 지연된 데에 정당한 이유가 있다고 중재판정부가 인정하는 때에는 그러하지 아니하다.

③ 당사자는 중재인을 선정하거나 중재인의 선정에 대하여 추천이나 그 밖에 이와 유사한 관여를 한 경우에도 제2항의 주장을 할 수 있다.

④ 중재판정부는 적법한 제2항의 주장이 있는 경우 다음 각 호에 해당하는 구분에 따라 각각 해당 각 호에서 정하는 결정 또는 중재판정에 따라 그 주장에 대한 판단을 하여야 한다.

 1. 자신이 중재권한을 가진다는 취지의 판단을 내리는 경우: 중재판정 전의 독립된 결정 또는 중재판정
 2. 자신이 중재권한을 갖지 아니한다는 취지의 판단을 내리는 경우: 중재절차 종료 결정

⑤ 중재판정부가 중재판정 전의 독립된 결정에서 자신이 중재권한을 가진다는 취지의 판단을 내린 경우 당사자는 그 결정을 통지받은 날부터 30일 이내에 법원에 해당 중재판정부가 중재권한을 가지는지 여부에 대한 판단을 구하는 신청을 할 수 있다. 이 경우 해당 신청에 관계된 사건이 법원에 계속중인 경우에도 해당 중재판정부는 중재절차를 진행하거나 중재판정을 내릴 수 있다.

第二十四条（暫定措置又は保全措置）

1 仲裁廷は、当事者間に別段の合意がない限り、その一方の申立てにより、いずれの当事者に対しても、紛争の対象について仲裁廷が必要と認める暫定措置又は保全措置を講ずることを命ずることができる。
2 仲裁廷は、いずれの当事者に対しても、前項の暫定措置又は保全措置を講ずるについて、相当な担保を提供すべきことを命ずることができる。

第五章　仲裁手続の開始及び仲裁手続における審理

第二十五条（当事者の平等待遇）

1 仲裁手続においては、当事者は、平等に取り扱われなければならない。
2 仲裁手続においては、当事者は、事案について説明する十分な機会が与えられなければならない。

第二十六条（仲裁手続の準則）

1 仲裁廷が従うべき仲裁手続の準則は、当事者が合意により定めるところによる。ただし、この法律の公の秩序に関する規定に反してはならない。
2 前項の合意がないときは、仲裁廷は、この法律の規定に反しない限り、適当と認める方法によって仲裁手続を実施することができる。
3 第一項の合意がない場合における仲裁廷の権限には、証拠に関し、証拠としての許容性、取調べの必要性及びその証明力についての判断をする権限が含まれる。

第二十七条（異議権の放棄）

仲裁手続においては、当事者は、この法律の規定又は当事者間の合意により定められた仲裁手続の準則（いずれも公の秩序に関しないものに限る。）が遵守されていないことを知りながら、遅滞なく（異議を述べるべき期限についての定めがある場合にあっては、当該期限までに）異議を述べないときは、当事者間に別段の合意がない限り、異議を述べる権利を放棄したものとみなす。

第二十八条（仲裁地）

1 仲裁地は、当事者が合意により定めるところによる。
2 前項の合意がないときは、仲裁廷は、当事者の利便その他の紛争に関する事情を考慮して、仲裁地を定める。
3 仲裁廷は、当事者間に別段の合意がない限り、前二項の規定による仲裁地にかかわ

제24조 (임시조치 또는 보전조치)

① 중재판정부는 당사자 간에 다른 합의가 없는 경우에 그 한쪽의 신청에 따라 각각의 당사자에게 분쟁의 대상에 관하여 중재판정부가 필요하다고 인정하는 임시조치 또는 보전조치를 취하도록 명할 수 있다.

② 중재판정부는 각각의 당사자에게 제1항의 임시조치 또는 보전조치에 대하여 적절한 담보를 제공하도록 명할 수 있다.

제5장 중재절차의 개시 및 중재절차에서의 심리

제25조 (당사자에 대한 평등대우)

① 중재절차에서 당사자는 평등하게 대우를 받아야 한다.

② 중재절차에서 당사자는 사안에 대하여 설명할 수 있는 충분한 기회를 가져야 한다.

제26조 (중재절차의 준칙)

① 중재판정부가 따라야 할 중재절차의 준칙은 당사자간에 합의로 정한다. 다만, 이 법률의 공공질서에 관한 규정에 반하지 아니하여야 한다.

② 제1항의 합의가 없는 경우에 중재판정부는 이 법률의 규정에 반하지 않는 한, 적당하다고 인정되는 방법에 따라 중재절차를 진행할 수 있다.

③ 제1항의 합의가 없는 경우에 중재판정부의 증거에 관한 권한에는 증거로서의 허용성, 조사의 필요성 및 그 증명력에 대한 판단 권한을 포함한다.

제27조 (이의신청권의 포기)

중재절차에서 당사자는 이 법률의 규정 또는 당사자 간에 합의로 정한 중재절차의 준칙(모두 공공질서에 관련되지 아니한 것에 한한다)이 준수되지 아니한 사실을 알고도 지체 없이 (이의를 제기하여야 하는 기한에 대하여 정한 경우에는 그 기한까지) 이의를 제기하지 아니한 경우에는 당사자 간에 다른 합의가 없는 한 이의신청권을 포기한 것으로 본다.

제28조 (중재지)

① 중재지는 당사자 간에 합의로 정한다.

② 제1항의 합의가 없는 경우에 중재판정부는 당사자의 편의와 그 밖의 분쟁에 관한 사정을 고려하여 중재지를 정한다.

③ 중재판정부는 당사자 간의 다른 합의가 없는 경우 제1항 및 제2항의 규정에 따른 중재지에 불구하고 적당하다고 인정되는 장소에서도 다음 각 호에 해당하는 절차를 진행할

らず、適当と認めるいかなる場所においても、次に掲げる手続を行うことができる。

一 合議体である仲裁廷の評議

二 当事者、鑑定人又は第三者の陳述の聴取

三 物又は文書の見分

第二十九条（仲裁手続の開始及び時効の中断）

1 仲裁手続は、当事者間に別段の合意がない限り、特定の民事上の紛争について、一方の当事者が他方の当事者に対し、これを仲裁手続に付する旨の通知をした日に開始する。

2 仲裁手続における請求は、時効中断の効力を生ずる。ただし、当該仲裁手続が仲裁判断によらずに終了したときは、この限りでない。

第三十条（言語）

1 仲裁手続において使用する言語及びその言語を使用して行うべき手続は、当事者が合意により定めるところによる。

2 前項の合意がないときは、仲裁廷が、仲裁手続において使用する言語及びその言語を使用して行うべき手続を定める。

3 第一項の合意又は前項の決定において、定められた言語を使用して行うべき手続についての定めがないときは、その言語を使用して行うべき手続は、次に掲げるものとする。

一 口頭による手続

二 当事者が行う書面による陳述又は通知

三 仲裁廷が行う書面による決定（仲裁判断を含む。）又は通知

4 仲裁廷は、すべての証拠書類について、第一項の合意又は第二項の決定により定められた言語（翻訳文について使用すべき言語の定めがある場合にあっては、当該言語）による翻訳文を添付することを命ずることができる。

第三十一条（当事者の陳述の時期的制限）

1 仲裁申立人（仲裁手続において、これを開始させるための行為をした当事者をいう。以下同じ。）は、仲裁廷が定めた期間内に、申立ての趣旨、申立ての根拠となる事実及び紛争の要点を陳述しなければならない。この場合において、仲裁申立人は、取り調べる必要があると思料するすべての証拠書類を提出し、又は提出予定の証拠書類その他の証拠を引用することができる。

2 仲裁被申立人（仲裁申立人以外の仲裁手続の当事者をいう。以下同じ。）は、仲裁廷

수 있다.

1. 중재인이 여러 명인 중재판정부의 회의
2. 당사자, 감정인 또는 제3자의 진술 청취
3. 물품 또는 문서의 실지조사

제29조 (중재절차의 개시 및 시효의 중단)

① 당사자 간에 다른 합의가 없는 경우 중재절차는 특정의 민사상 분쟁에 대하여 어느 한
쪽 당사자가 상대방에 대하여 이를 중재절차에 부치는 취지의 통지를 한 날부터 개시
된다.

② 중재절차에서의 청구는 시효중단의 효력이 있다. 다만, 해당 중재절차가 중재판정에 의
하지 아니하고 종료된 때에는 그러하지 아니하다.

제30조 (언어)

① 중재절차에서 사용되는 언어 및 그 언어를 사용하여 진행할 절차는 당사자간에 합의로
정한다.

② 제1항의 합의가 없는 경우에 중재판정부가 중재절차에서 사용되는 언어 및 그 언어를
사용하여 진행할 절차를 정한다.

③ 제1항의 합의 또는 제2항의 결정에서 정해진 언어를 사용하여 진행할 절차에 관하여 정
하지 아니한 때에는 그 언어를 사용하여 진행할 절차는 다음 각 호에 해당하는 것으로
한다.

1. 구술에 의한 절차
2. 당사자의 서면에 의한 진술 또는 통지
3. 중재판정부의 서면에 의한 결정(중재판정을 포함한다) 또는 통지

④ 중재판정부는 모든 증거서류에 대하여 제1항의 합의 또는 제2항의 결정에 따라 정해진
언어(번역문에 사용될 언어를 정한 경우에는 해당 언어)로 작성된 번역문을 첨부하도
록 명할 수 있다.

제31조 (당사자 진술의 시기적 제한)

① 중재신청인(중재절차를 개시하기 위한 행위를 한 당사자를 말한다. 이하 같다)은 중재
판정부가 정한 기간 내에 신청의 취지, 신청의 근거가 되는 사실 및 분쟁의 요지를 진
술하여야 한다. 이 경우 중재신청인은 조사할 필요가 있다고 사료되는 모든 증거서류를
제출하거나 제출 예정인 증거서류 또는 그 밖의 증거를 인용할 수 있다.

② 중재피신청인(중재신청인 이외의 중재절차의 당사자를 말한다. 이하 같다)은 중재판정
부가 정한 기간 내에 제1항의 규정에 따라 진술된 사항에 대하여 자신의 주장을 진술하
여야 한다. 이 경우에 같은 항 후단의 규정을 준용한다.

が定めた期間内に、前項の規定により陳述された事項についての自己の主張を陳述しなければならない。この場合においては、同項後段の規定を準用する。

3 すべての当事者は、仲裁手続の進行中において、自己の陳述の変更又は追加をすることができる。ただし、当該変更又は追加が時機に後れてされたものであるときは、仲裁廷は、これを許さないことができる。

4 前三項の規定は、当事者間に別段の合意がある場合には、適用しない。

第三十二条（審理の方法）

1 仲裁廷は、当事者に証拠の提出又は意見の陳述をさせるため、口頭審理を実施することができる。ただし、一方の当事者が第三十四条第三項の求めその他の口頭審理の実施の申立てをしたときは、仲裁手続における適切な時期に、当該口頭審理を実施しなければならない。

2 前項の規定は、当事者間に別段の合意がある場合には、適用しない。

3 仲裁廷は、意見の聴取又は物若しくは文書の見分を行うために口頭審理を行うときは、当該口頭審理の期日までに相当な期間をおいて、当事者に対し、当該口頭審理の日時及び場所を通知しなければならない。

4 当事者は、主張書面、証拠書類その他の記録を仲裁廷に提供したときは、他の当事者がその内容を知ることができるようにする措置を執らなければならない。

5 仲裁廷は、仲裁判断その他の仲裁廷の決定の基礎となるべき鑑定人の報告その他の証拠資料の内容を、すべての当事者が知ることができるようにする措置を執らなければならない。

第三十三条（不熱心な当事者がいる場合の取扱い）

1 仲裁廷は、仲裁申立人が第三十一条第一項の規定に違反したときは、仲裁手続の終了決定をしなければならない。ただし、違反したことについて正当な理由がある場合は、この限りでない。

2 仲裁廷は、仲裁被申立人が第三十一条第二項の規定に違反した場合であっても、仲裁被申立人が仲裁申立人の主張を認めたものとして取り扱うことなく、仲裁手続を続行しなければならない。

3 仲裁廷は、一方の当事者が口頭審理の期日に出頭せず、又は証拠書類を提出しないときは、その時までに収集された証拠に基づいて、仲裁判断をすることができる。ただし、当該当事者が口頭審理に出頭せず、又は証拠書類を提出しないことについて正当な理由がある場合は、この限りでない。

4 前三項の規定は、当事者間に別段の合意がある場合には、適用しない。

③ 모든 당사자는 중재절차 진행 중에 자신의 진술을 변경하거나 추가할 수 있다. 다만, 그 변경 또는 추가가 시기적으로 뒤늦게 이루어진 경우에 중재판정부는 이를 허용하지 아니할 수 있다.

④ 제1항부터 제3항까지의 규정은 당사자간에 다른 합의가 있는 경우에는 적용되지 아니한다.

제32조 (심리의 방법)

① 중재판정부는 당사자로 하여금 증거를 제출하거나 의견을 진술하도록 하기 위하여 구술심리를 할 수 있다. 다만 어느 한쪽 당사자가 제34조 제3항의 청구를 하거나 그 밖의 구술심리를 신청한 경우에는 중재절차 중 적절한 시기에 해당 구술심리를 하여야 한다.

② 제1항의 규정은 당사자간에 다른 합의가 있는 경우에는 적용되지 아니한다.

③ 중재판정부는 의견의 청취 또는 물품이나 문서의 실지조사를 위하여 구술심리를 하는 때에는 해당 구술심리의 기일까지 적절한 기간을 두고 당사자에게 해당 구술심리의 일시 및 장소를 통지하여야 한다.

④ 당사자는 준비서면, 증거서류, 그 밖의 기록을 중재판정부에 제출한 경우에 상대방 당사자가 그 내용을 알 수 있도록 조치를 취하여야 한다.

⑤ 중재판정부는 중재판정 또는 그 밖의 중재판정부 결정의 기초가 될 수 있는 감정인의 보고나 그 밖의 증거자료의 내용을 모든 당사자가 알 수 있도록 조치를 취하여야 한다.

제33조 (당사자가 해태한 경우의 취급)

① 중재판정부는 중재신청인이 제31조 제1항의 규정에 위반한 경우에 중재절차의 종료를 결정하여야 한다. 다만, 위반에 대하여 정당한 이유가 있는 경우에는 그러하지 아니하다.

② 중재판정부는 중재피신청인이 제31조 제2항의 규정에 위반한 경우에도 중재피신청인이 중재신청인의 주장을 인정한 것으로 취급하지 아니하고 중재절차를 계속 진행하여야 한다.

③ 중재판정부는 어느 한쪽 당사자가 구술심리의 기일에 출석하지 아니하거나 증거서류를 제출하지 아니한 경우에 그 때까지 수집된 증거를 기초로 중재판정을 내릴 수 있다. 다만, 해당 당사자가 구술심리에 출석하지 아니하거나 증거서류를 제출하지 아니한 것에 대하여 정당한 이유가 있는 경우에는 그러하지 아니하다.

④ 제1항부터 제3항까지의 규정은 당사자 간에 다른 합의가 있는 경우에는 적용되지 아니한다.

第三十四条（仲裁廷による鑑定人の選任等）

1 仲裁廷は、一人又は二人以上の鑑定人を選任し、必要な事項について鑑定をさせ、文書又は口頭によりその結果の報告をさせることができる。

2 前項の場合において、仲裁廷は、当事者に対し、次に掲げる行為をすることを求めることができる。

   一 鑑定に必要な情報を鑑定人に提供すること。

   二 鑑定に必要な文書その他の物を、鑑定人に提出し、又は鑑定人が見分をすることができるようにすること。

3 当事者の求めがあるとき、又は仲裁廷が必要と認めるときは、鑑定人は、第一項の規定による報告をした後、口頭審理の期日に出頭しなければならない。

4 当事者は、前項の口頭審理の期日において、次に掲げる行為をすることができる。

   一 鑑定人に質問をすること。

   二 自己が依頼した専門的知識を有する者に当該鑑定に係る事項について陳述をさせること。

5 前各項の規定は、当事者間に別段の合意がある場合には、適用しない。

第三十五条（裁判所により実施する証拠調べ）

1 仲裁廷又は当事者は、民事訴訟法 の規定による調査の嘱託、証人尋問、鑑定、書証（当事者が文書を提出してするものを除く。）及び検証（当事者が検証の目的を提示してするものを除く。）であって仲裁廷が必要と認めるものにつき、裁判所に対し、その実施を求める申立てをすることができる。ただし、当事者間にこれらの全部又は一部についてその実施を求める申立てをしない旨の合意がある場合は、この限りでない。

2 当事者が前項の申立てをするには、仲裁廷の同意を得なければならない。

3 第一項の申立てに係る事件は、第五条第一項の規定にかかわらず、次に掲げる裁判所の管轄に専属する。

   一 第五条第一項第二号に掲げる裁判所

   二 尋問を受けるべき者若しくは文書を所持する者の住所若しくは居所又は検証の目的の所在地を管轄する地方裁判所

   三 申立人又は被申立人の普通裁判籍の所在地を管轄する地方裁判所（前二号に掲げる裁判所がない場合に限る。）

4 第一項の申立てについての決定に対しては、即時抗告をすることができる。

5 第一項の申立てにより裁判所が当該証拠調べを実施するに当たり、仲裁人は、文書を閲読し、検証の目的を検証し、又は裁判長の許可を得て証人若しくは鑑定人（民

제34조 (중재판정부에 의한 감정인의 선임 등)

① 중재판정부는 1명 또는 2명 이상의 감정인을 선임하여 필요한 사항에 대한 감정을 시키고 문서 또는 구술에 의하여 그 결과를 보고하도록 할 수 있다.

② 제1항의 경우에 중재판정부는 당사자에게 다음 각호에 해당하는 행위를 요구할 수 있다.

1. 감정에 필요한 정보를 감정인에게 제공하는 것

2. 감정에 필요한 문서 또는 그 밖의 물품을 감정인에게 제출하거나 감정인이 실지조사를 할 수 있도록 하는 것

③ 당사자의 요구가 있거나 중재판정부가 필요하다고 인정하는 경우에 감정인은 제1항의 규정에 의한 보고를 한 후에 구술심리 기일에 출석하여야 한다.

④ 당사자는 제3항의 구술심리 기일에 다음 각 호에 해당하는 행위를 할 수 있다.

1. 감정인에게 질문을 하는 것

2. 자신이 의뢰한 전문적 지식을 가진 자로 하여금 해당 감정에 관련된 사항에 대하여 진술을 시키는 것

⑤ 제1항부터 제4항까지의 규정은 당사자 간에 다른 합의가 있는 경우에는 적용되지 아니한다.

제35조 (법원이 실시하는 증거조사)

① 중재판정부 또는 당사자는 『민사소송법』의 규정에 의한 조사의 촉탁, 증인신문, 감정, 서증(당사자가 문서를 제출한 것을 제외한다) 및 검증(당사자가 검증의 목적물을 제시한 것을 제외한다)에 있어 중재판정부가 필요하다고 인정하는 경우에는 법원에 그 실시를 요구하는 신청을 할 수 있다. 다만, 당사자 간에 이것의 전부나 일부에 대한 실시 요구 신청을 하지 아니한다고 합의한 경우에는 그러하지 아니하다.

② 당사자가 제1항의 신청을 하는 경우에는 중재판정부의 동의를 얻어야 한다.

③ 제1항의 신청에 관계된 사건은, 제5조 제1항의 규정에 불구하고 다음 각 호에 해당하는 법원이 관할한다.

1. 제5조 제1항 제2호에 해당하는 법원

2. 신문을 받아야 하거나 문서를 소지한 자의 주소나 거소 또는 검증 목적물의 소재지를 관할하는 지방법원

3. 신청인 또는 피신청인의 보통재판적 소재지를 관할하는 지방법원(제1호 및 제2호에 해당하는 법원이 없는 경우에 한한다)

④ 제1항의 신청에 관한 결정에 대하여는 즉시항고를 할 수 있다.

⑤ 제1항의 신청에 의하여 법원의 해당 증거조사 실시에 즈음하여 중재인은 문서를 열람하고 검증의 목적물을 검증하거나 재판장의 허가를 얻어 증인 또는 감정인(『민사소송

事訴訟法第二百十三条 に規定する鑑定人をいう。）に対して質問をすることができる。

6 裁判所書記官は、第一項の申立てにより裁判所が実施する証拠調べについて、調書を作成しなければならない。

第六章　仲裁判断及び仲裁手続の終了

第三十六条（仲裁判断において準拠すべき法）

1 仲裁廷が仲裁判断において準拠すべき法は、当事者が合意により定めるところによる。この場合において、一の国の法令が定められたときは、反対の意思が明示された場合を除き、当該定めは、抵触する内外の法令の適用関係を定めるその国の法令ではなく、事案に直接適用されるその国の法令を定めたものとみなす。

2 前項の合意がないときは、仲裁廷は、仲裁手続に付された民事上の紛争に最も密接な関係がある国の法令であって事案に直接適用されるべきものを適用しなければならない。

3 仲裁廷は、当事者双方の明示された求めがあるときは、前二項の規定にかかわらず、衡平と善により判断するものとする。

4 仲裁廷は、仲裁手続に付された民事上の紛争に係る契約があるときはこれに定められたところに従って判断し、当該民事上の紛争に適用することができる慣習があるときはこれを考慮しなければならない。

第三十七条（合議体である仲裁廷の議事）

1 合議体である仲裁廷は、仲裁人の互選により、仲裁廷の長である仲裁人を選任しなければならない。

2 合議体である仲裁廷の議事は、仲裁廷を構成する仲裁人の過半数で決する。

3 前項の規定にかかわらず、仲裁手続における手続上の事項は、当事者双方の合意又は他のすべての仲裁人の委任があるときは、仲裁廷の長である仲裁人が決することができる。

4 前三項の規定は、当事者間に別段の合意がある場合には、適用しない。

第三十八条（和解）

1 仲裁廷は、仲裁手続の進行中において、仲裁手続に付された民事上の紛争について当事者間に和解が成立し、かつ、当事者双方の申立てがあるときは、当該和解における合意を内容とする決定をすることができる。

법』 제213조에 규정하는 감정인을 말한다)에 대하여 질문을 할 수 있다.

⑥ 법원 서기는 제1항의 신청에 의하여 법원이 실시하는 증거조사에 대하여 조서를 작성하여야 한다.

제6장   중재판정 및 중재절차의 종료

제36조 (중재판정에 적용될 법)

① 중재판정부가 중재절차에 적용할 법은 당사자간에 합의로 정한다. 이 경우 특정 국가의 법령이 지정된 때에는 달리 명시된 경우가 아니면 해당 지정은 그 국가의 국제사법이 아니라 사안에 직접 적용되는 그 국가의 법령을 지정한 것으로 본다.

② 제1항의 합의가 없는 경우에 중재판정부는 중재절차에 부쳐진 민사상 분쟁과 가장 밀접한 관련이 있는 국가의 법령으로서 사안에 직접 적용되어야 하는 것을 적용하여야 한다.

③ 중재판정부는 당사자 쌍방의 명시적인 요구가 있는 경우에는 제1항 및 제2항의 규정에 불구하고 형평과 선에 따라 판정을 내린다.

④ 중재판정부는 중재절차에 부쳐진 민사상 분쟁에 관련된 계약이 있는 경우에는 그에 정한 바에 따라 판단하고, 해당 민사상 분쟁에 적용될 수 있는 관습이 있는 경우에는 이를 고려하여야 한다.

제37조 (중재인이 여러 명인 중재판정부의 의사결정)

① 중재인이 여러 명인 중재판정부는 중재인의 호선에 의하여 중재판정부의 의장중재인을 선정하여야 한다.

② 중재인이 여러 명인 중재판정부의 의사는 중재판정부를 구성하는 중재인의 과반수의 결의에 따른다.

③ 제2항의 규정에 불구하고 중재절차에서의 절차적 사항은 당사자 쌍방의 합의가 있거나 다른 중재인 전원이 권한을 부여하는 경우에는 중재판정부의 의장중재인이 결정할 수 있다.

④ 제1항부터 제3항까지의 규정은 당사자간에 다른 합의가 있는 경우에는 적용되지 아니한다.

제38조 (화해)

① 중재판정부는 중재절차 진행 중에 중재절차에 부쳐진 민사상 분쟁에 관하여 당사자간에 화해가 성립되고 당사자 쌍방의 신청이 있는 경우에는 그 화해에서의 합의를 내용으로 하는 결정을 내릴 수 있다.

2 前項の決定は、仲裁判断としての効力を有する。

3 第一項の決定をするには、次条第一項及び第三項の規定に従って決定書を作成し、かつ、これに仲裁判断であることの表示をしなければならない。

4 当事者双方の承諾がある場合には、仲裁廷又はその選任した一人若しくは二人以上の仲裁人は、仲裁手続に付された民事上の紛争について、和解を試みることができる。

5 前項の承諾又はその撤回は、当事者間に別段の合意がない限り、書面でしなければならない。

第三十九条（仲裁判断書）

1 仲裁判断をするには、仲裁判断書を作成し、これに仲裁判断をした仲裁人が署名しなければならない。ただし、仲裁廷が合議体である場合には、仲裁廷を構成する仲裁人の過半数が署名し、かつ、他の仲裁人の署名がないことの理由を記載すれば足りる。

2 仲裁判断書には、理由を記載しなければならない。ただし、当事者間に別段の合意がある場合は、この限りでない。

3 仲裁判断書には、作成の年月日及び仲裁地を記載しなければならない。

4 仲裁判断は、仲裁地においてされたものとみなす。

5 仲裁廷は、仲裁判断がされたときは、仲裁人の署名のある仲裁判断書の写しを送付する方法により、仲裁判断を各当事者に通知しなければならない。

6 第一項ただし書の規定は、前項の仲裁判断書の写しについて準用する。

第四十条（仲裁手続の終了）

1 仲裁手続は、仲裁判断又は仲裁手続の終了決定があったときに、終了する。

2 仲裁廷は、第二十三条第四項第二号又は第三十三条第一項の規定による場合のほか、次に掲げる事由のいずれかがあるときは、仲裁手続の終了決定をしなければならない。

一 仲裁申立人がその申立てを取り下げたとき。ただし、仲裁被申立人が取下げに異議を述べ、かつ、仲裁手続に付された民事上の紛争の解決について仲裁被申立人が正当な利益を有すると仲裁廷が認めるときは、この限りでない。

二 当事者双方が仲裁手続を終了させる旨の合意をしたとき。

三 仲裁手続に付された民事上の紛争について、当事者間に和解が成立したとき（第三十八条第一項の決定があったときを除く。）。

四 前三号に掲げる場合のほか、仲裁廷が、仲裁手続を続行する必要がなく、又は仲裁手続を続行することが不可能であると認めたとき。

② 제1항의 결정은 중재판정으로서의 효력을 가진다.

③ 제1항의 결정을 하는 경우에는 제39조 제1항 및 제3항의 규정에 따라 결정서를 작성하고 이것에 중재판정임을 표시하여야 한다.

④ 당사자 쌍방의 승낙이 있는 경우에 중재판정부 또는 선정된 1명 또는 2명 이상의 중재인은 중재절차에 부쳐진 민사상 분쟁에 관하여 화해를 시도할 수 있다.

⑤ 제4항의 승낙 또는 그 철회는 당사자간에 다른 합의가 없는 한 서면으로 하여야 한다.

제39조 (중재판정문)

① 중재판정을 하는 경우 중재판정문을 작성하고 이에 중재판정을 한 중재인이 서명하여야 한다. 다만, 중재판정부가 여러 명의 중재인으로 구성된 경우에는 그 중재인의 과반수가 서명하고 다른 중재인의 서명이 없는 이유를 기재하면 된다.

② 중재판정문에는 이유를 기재하여야 한다. 다만, 당사자 간에 다른 합의가 있는 경우에는 그러하지 아니하다.

③ 중재판정문에는 작성연월일 및 중재지를 기재하여야 한다.

④ 중재판정은 중재지에서 내려진 것으로 본다.

⑤ 중재판정부는 중재판정이 이루어진 때에 중재인의 서명이 있는 중재판정문 사본을 송부하는 방법으로 중재판정을 각 당사자에게 통지하여야 한다.

⑥ 제1항의 단서 규정은 제5항의 중재판정문의 사본에 대하여 준용한다.

제40조 (중재절차의 종료)

① 중재절차는 중재판정 또는 중재절차의 종료 결정이 있는 경우에 종료된다.

② 중재판정부는 제23조 제4항 제2호 또는 제33조 제1항의 규정에 의한 경우 외에 다음 각호의 어느 하나에 해당하는 사유가 있는 경우에는 중재절차의 종료결정을 하여야 한다.

  1. 중재신청인이 그 신청을 취하한 경우. 다만, 중재피신청인이 취하에 이의를 제기하고 중재판정부가 중재절차에 부쳐진 민사상 분쟁의 해결에 관하여 중재피신청인에게 정당한 이익이 있다고 인정하는 경우에는 그러하지 아니하다.

  2. 당사자 쌍방이 중재절차를 종료하기로 합의한 경우

  3. 중재절차에 부쳐진 민사상 분쟁에 대하여 당사자 간에 화해가 성립된 경우(제38조제1항의 결정이 있었던 경우를 제외한다)

  4. 제1호부터 제3호까지에 해당하는 경우 외에 중재판정부가 중재절차를 계속 진행할 필요가 없거나 중재절차를 계속 진행하는 것이 불가능하다고 인정하는 경우

3 仲裁手続が終了したときは、仲裁廷の任務は、終了する。ただし、次条から第四十三条までの規定による行為をすることができる。

第四十一条（仲裁判断の訂正）

1 仲裁廷は、当事者の申立てにより又は職権で、仲裁判断における計算違い、誤記その他これらに類する誤りを訂正することができる。

2 前項の申立ては、当事者間に別段の合意がない限り、仲裁判断の通知を受けた日から三十日以内にしなければならない。

3 当事者は、第一項の申立てをするときは、あらかじめ、又は同時に、他の当事者に対して、当該申立ての内容を記載した通知を発しなければならない。

4 仲裁廷は、第一項の申立ての日から三十日以内に、当該申立てについての決定をしなければならない。

5 仲裁廷は、必要があると認めるときは、前項の期間を延長することができる。

6 第三十九条の規定は、仲裁判断の訂正の決定及び第一項の申立てを却下する決定について準用する。

第四十二条（仲裁廷による仲裁判断の解釈）

1 当事者は、仲裁廷に対し、仲裁判断の特定の部分の解釈を求める申立てをすることができる。

2 前項の申立ては、当事者間にかかる申立てをすることができる旨の合意がある場合に限り、することができる。

3 前条第二項及び第三項の規定は第一項の申立てについて、第三十九条並びに前条第四項及び第五項の規定は第一項の申立てについての決定について、それぞれ準用する。

第四十三条（追加仲裁判断）

1 当事者は、仲裁手続における申立てのうちに仲裁判断において判断が示されなかったものがあるときは、当事者間に別段の合意がない限り、仲裁廷に対し、当該申立てについての仲裁判断を求める申立てをすることができる。この場合においては、第四十一条第二項及び第三項の規定を準用する。

2 仲裁廷は、前項の申立ての日から六十日以内に、当該申立てについての決定をしなければならない。この場合においては、第四十一条第五項の規定を準用する。

3 第三十九条の規定は、前項の決定について準用する。

③ 중재절차가 종료된 때에 중재판정부의 임무는 종료한다. 다만, 제41조부터 제43조까지의 규정에 의한 행위는 가능하다.

제41조 (중재판정의 정정)

① 중재판정부는 당사자의 신청에 의하거나 직권으로 중재판정에서의 계산착오, 오기, 그밖에 이와 비슷한 오류를 정정할 수 있다.

② 제1항의 신청은 당사자간에 다른 합의가 없는 한 중재판정을 통지받은 날부터 30일 이내에 하여야 한다.

③ 당사자는 제1항의 신청을 하는 경우에 사전에 또는 동시에 상대방 당사자에게 그 신청의 내용을 기재한 통지를 발송하여야 한다.

④ 중재판정부는 제1항의 신청일부터 30일 이내에 그 신청에 대한 결정을 하여야 한다.

⑤ 중재판정부는 필요하다고 인정하는 경우에는 제4항의 기간을 연장할 수 있다.

⑥ 제39조의 규정은 중재판정의 정정 결정 및 제1항의 신청을 각하하는 결정에 대하여 준용한다.

제42조 (중재판정부에 의한 중재판정의 해석)

① 당사자는 중재판정부에 중재판정의 특정한 부분에 대한 해석을 신청할 수 있다.

② 제1항의 신청은 당사자간에 관련 신청을 할 수 있다고 합의한 경우에만 가능하다.

③ 제41조 제2항 및 제3항의 규정은 제1항의 신청에 대하여, 제39조와 제41조 제4항 및 제5항의 규정은 제1항의 신청에 관한 결정에 대하여 각각 준용한다.

제43조 (추가 중재판정)

① 당사자는 중재절차에서 청구하였으나 중재판정에 포함되지 아니한 것이 있는 경우에 당사자간에 다른 합의가 없는 한 중재판정부에 해당 청구에 대한 중재판정을 신청할 수 있다. 이 경우에는 제41조 제2항 및 제3항의 규정을 준용한다.

② 중재판정부는 제1항의 신청일부터 60일 이내에 그 신청에 관한 결정을 내려야 한다. 이 경우에는 제41조 제5항의 규정을 준용한다.

③ 제39조의 규정은 제2항의 결정에 대하여 준용한다.

第七章　仲裁判断の取消し

第四十四条

1　当事者は、次に掲げる事由があるときは、裁判所に対し、仲裁判断の取消しの申立てをすることができる。

　一　仲裁合意が、当事者の行為能力の制限により、その効力を有しないこと。

　二　仲裁合意が、当事者が合意により仲裁合意に適用すべきものとして指定した法令（当該指定がないときは、日本の法令）によれば、当事者の行為能力の制限以外の事由により、その効力を有しないこと。

　三　申立人が、仲裁人の選任手続又は仲裁手続において、日本の法令（その法令の公の秩序に関しない規定に関する事項について当事者間に合意があるときは、当該合意）により必要とされる通知を受けなかったこと。

　四　申立人が、仲裁手続において防御することが不可能であったこと。

　五　仲裁判断が、仲裁合意又は仲裁手続における申立ての範囲を超える事項に関する判断を含むものであること。

　六　仲裁廷の構成又は仲裁手続が、日本の法令（その法令の公の秩序に関しない規定に関する事項について当事者間に合意があるときは、当該合意）に違反するものであったこと。

　七　仲裁手続における申立てが、日本の法令によれば、仲裁合意の対象とすることができない紛争に関するものであること。

　八　仲裁判断の内容が、日本における公の秩序又は善良の風俗に反すること。

2　前項の申立ては、仲裁判断書（第四十一条から前条までの規定による仲裁廷の決定の決定書を含む。）の写しの送付による通知がされた日から三箇月を経過したとき、又は第四十六条の規定による執行決定が確定したときは、することができない。

3　裁判所は、第一項の申立てに係る事件がその管轄に属する場合においても、相当と認めるときは、申立てにより又は職権で、当該事件の全部又は一部を他の管轄裁判所に移送することができる。

4　第一項の申立てに係る事件についての第五条第三項又は前項の規定による決定に対しては、即時抗告をすることができる。

5　裁判所は、口頭弁論又は当事者双方が立ち会うことができる審尋の期日を経なければ、第一項の申立てについての決定をすることができない。

6　裁判所は、第一項の申立てがあった場合において、同項各号に掲げる事由のいずれ

제7장　중재판정의 취소

제44조 (중재판정의 취소)

① 당사자는 다음 각 호에 해당하는 사유가 있는 경우 법원에 중재판정의 취소를 신청할 수 있다.

1. 중재합의가 당사자의 행위능력 제한으로 인하여 그 효력을 상실한 경우

2. 중재합의가 당사자간의 합의로 중재합의에 적용되도록 지정한 법령(그 지정이 없으면 일본의 법령)에 따라 당사자의 행위능력 제한 이외의 사유로 인하여 그 효력을 상실한 경우

3. 신청인이 중재인 선정절차 또는 중재절차에서 일본의 법령(그 법령의 공공질서에 관계없는 규정에 관한 사항에 대하여 당사자간에 합의가 있는 때에는 그 합의)에 따라 적절한 통지를 받지 못한 경우

4. 신청인이 중재절차에서 본안에 관한 변론을 할 수 없었던 경우

5. 중재판정이 중재합의 또는 중재절차상의 신청범위를 벗어난 사항에 관한 판정을 포함하고 있는 경우

6. 중재판정부의 구성 또는 중재절차가 일본의 법령(그 법령의 공공질서에 관계없는 규정에 관한 사항에 대하여 당사자 간에 합의가 있는 때에는 그 합의)에 위반된 바가 있는 경우

7. 중재절차에서의 신청이 일본 법령에 의하면 중재합의의 대상이 될 수 없는 분쟁에 관한 것인 경우

8. 중재판정의 내용이 일본에서의 공공질서 또는 선량한 풍속에 반하는 경우

② 제1항의 신청은 중재판정문(제41조부터 제43조까지의 규정에 의하여 중재판정부가 결정한 결정문을 포함한다)의 사본 송부에 의하여 통지된 날부터 3개월을 경과하거나 제46조의 규정에 의한 집행결정이 확정된 때에는 제기할 수 없다.

③ 법원은 제1항의 신청에 관계된 사건이 그 관할에 속하는 경우라도 적절하다고 인정하는 때에는 신청에 의하거나 직권으로 해당 사건의 전부 또는 일부를 다른 관할법원에 이송할 수 있다.

④ 제1항의 신청에 관계된 사건에 대한 제5조 제3항 또는 이 조 제3항의 결정에 대하여는 즉시항고를 할 수 있다.

⑤ 법원은 구술변론 또는 당사자 쌍방이 입회할 수 있는 심문 기일을 경과하지 아니한 경우에는 제1항의 신청에 대한 결정을 내릴 수 없다.

⑥ 법원은 제1항의 신청이 있는 경우에 같은 항 각 호의 어느 하나에 해당하는 사유가 있

かがあると認めるとき（同項第一号から第六号までに掲げる事由にあっては、申立人が当該事由の存在を証明した場合に限る。）は、仲裁判断を取り消すことができる。

7 第一項第五号に掲げる事由がある場合において、当該仲裁判断から同号に規定する事項に関する部分を区分することができるときは、裁判所は、仲裁判断のうち当該部分のみを取り消すことができる。

8 第一項の申立てについての決定に対しては、即時抗告をすることができる。

第八章　仲裁判断の承認及び執行決定

第四十五条（仲裁判断の承認）

1 仲裁判断（仲裁地が日本国内にあるかどうかを問わない。以下この章において同じ。）は、確定判決と同一の効力を有する。ただし、当該仲裁判断に基づく民事執行をするには、次条の規定による執行決定がなければならない。

2 前項の規定は、次に掲げる事由のいずれかがある場合（第一号から第七号までに掲げる事由にあっては、当事者のいずれかが当該事由の存在を証明した場合に限る。）には、適用しない。

一 仲裁合意が、当事者の行為能力の制限により、その効力を有しないこと。

二 仲裁合意が、当事者が合意により仲裁合意に適用すべきものとして指定した法令（当該指定がないときは、仲裁地が属する国の法令）によれば、当事者の行為能力の制限以外の事由により、その効力を有しないこと。

三 当事者が、仲裁人の選任手続又は仲裁手続において、仲裁地が属する国の法令の規定（その法令の公の秩序に関しない規定に関する事項について当事者間に合意があるときは、当該合意）により必要とされる通知を受けなかったこと。

四 当事者が、仲裁手続において防御することが不可能であったこと。

五 仲裁判断が、仲裁合意又は仲裁手続における申立ての範囲を超える事項に関する判断を含むものであること。

六 仲裁廷の構成又は仲裁手続が、仲裁地が属する国の法令の規定（その法令の公の秩序に関しない規定に関する事項について当事者間に合意があるときは、当該合意）に違反するものであったこと。

七 仲裁地が属する国（仲裁手続に適用された法令が仲裁地が属する国以外の国の法令である場合にあっては、当該国）の法令によれば、仲裁判断が確定していないこと、又は仲裁判断がその国の裁判機関により取り消され、若しくは効力を停止されたこと。

다고 인정하는 때(같은 항 제1호부터 제6호까지에 해당하는 사유에 있어서는 신청인이 그 사유의 존재를 증명한 경우에 한한다)에는 중재판정을 취소할 수 있다.

⑦ 제1항 제5호에 해당하는 사유가 있는 경우에 해당 중재판정으로부터 같은 호에 규정된 사항의 관련부분을 분리할 수 있는 때에는 법원은 중재판정 중의 해당 부분을 취소할 수 있다.

⑧ 제1항의 신청에 관한 결정에 대하여는 즉시항고를 할 수 있다.

제8장 중재판정의 승인 및 집행결정

제45조 (중재판정의 승인)

① 중재판정(중재지가 일본 국내인지 여부를 불문한다. 이하 이 장에서 같다)은 확정판결과 동일한 효력을 가진다. 다만, 해당 중재판정에 기초한 민사집행을 하려면 제46조의 규정에 의한 집행결정이 있어야 한다.

② 제1항의 규정은 다음 각 호의 어느 하나에 해당하는 사유가 있는 경우(제1호부터 제7호까지에 해당하는 사유는 당사자의 어느 한쪽이 그 사유의 존재를 증명한 경우에 한한다)에는 적용하지 아니한다.

1. 중재합의가 당사자의 행위능력 제한으로 인하여 그 효력을 상실한 경우

2. 중재합의가 당사자간의 합의로 중재합의에 적용되도록 지정한 법령(그 지정이 없으면 중재지가 속한 국가의 법령)에 따라 당사자의 행위능력 제한 이외의 사유로 인하여 그 효력을 상실한 경우

3. 당사자가 중재인 선정절차 또는 중재절차에서 중재지가 속한 국가의 법령 규정(그 법령의 공공질서에 관계없는 규정에 관한 사항에 대하여 당사자간에 합의가 있는 때에는 그 합의)에 따라 적절한 통지를 받지 못한 경우

4. 당사자가 중재절차에서 본안에 관한 변론을 할 수 없었던 경우

5. 중재판정이 중재합의 또는 중재절차상의 신청범위를 벗어난 사항에 관한 판정을 포함하고 있는 경우

6. 중재판정의 구성 또는 중재절차가 중재지가 속한 국가의 법령 규정(그 법령의 공공질서에 관계없는 규정에 관한 사항에 대하여 당사자간에 합의가 있는 때에는 그 합의)에 위반된 바가 있는 경우

7. 중재지가 속한 국가(중재절차에 적용된 법령이 중재지가 속한 국가 이외 국가의 법령인 경우에는 그 국가)의 법령에 따라 중재판정이 확정되지 아니한 경우 또는 중재판정이 그 국가의 법원에 의하여 취소되거나 효력이 정지된 경우

　　八　仲裁手続における申立てが、日本の法令によれば、仲裁合意の対象とすること
　　　　ができない紛争に関するものであること。

　　九　仲裁判断の内容が、日本における公の秩序又は善良の風俗に反すること。

　3　前項第五号に掲げる事由がある場合において、当該仲裁判断から同号に規定する事
　　　項に関する部分を区分することができるときは、当該部分及び当該仲裁判断のその
　　　他の部分をそれぞれ独立した仲裁判断とみなして、同項の規定を適用する。

第四十六条（仲裁判断の執行決定）

　1　仲裁判断に基づいて民事執行をしようとする当事者は、債務者を被申立人として、
　　　裁判所に対し、執行決定（仲裁判断に基づく民事執行を許す旨の決定をいう。以下
　　　同じ。）を求める申立てをすることができる。

　2　前項の申立てをするときは、仲裁判断書の写し、当該写しの内容が仲裁判断書と同
　　　一であることを証明する文書及び仲裁判断書（日本語で作成されたものを除く。）の
　　　日本語による翻訳文を提出しなければならない。

　3　第一項の申立てを受けた裁判所は、前条第二項第七号に規定する裁判機関に対して
　　　仲裁判断の取消し又はその効力の停止を求める申立てがあった場合において、必要
　　　があると認めるときは、第一項の申立てに係る手続を中止することができる。この
　　　場合において、裁判所は、同項の申立てをした者の申立てにより、他の当事者に対
　　　し、担保を立てるべきことを命ずることができる。

　4　第一項の申立てに係る事件は、第五条第一項の規定にかかわらず、同項各号に掲げ
　　　る裁判所及び請求の目的又は差し押さえることができる債務者の財産の所在地を管
　　　轄する地方裁判所の管轄に専属する。

　5　裁判所は、第一項の申立てに係る事件がその管轄に属する場合においても、相当と
　　　認めるときは、申立てにより又は職権で、当該事件の全部又は一部を他の管轄裁判
　　　所に移送することができる。

　6　第一項の申立てに係る事件についての第五条第三項又は前項の規定による決定に対
　　　しては、即時抗告をすることができる。

　7　裁判所は、次項又は第九項の規定により第一項の申立てを却下する場合を除き、執
　　　行決定をしなければならない。

　8　裁判所は、第一項の申立てがあった場合において、前条第二項各号に掲げる事由
　　　のいずれかがあると認める場合（同項第一号から第七号までに掲げる事由にあって
　　　は、被申立人が当該事由の存在を証明した場合に限る。）に限り、当該申立てを却
　　　下することができる。

　9　前条第三項の規定は、同条第二項第五号に掲げる事由がある場合における前項の規
　　　定の適用について準用する。

8. 중재절차에서의 신청이 일본 법령에 따라 중재합의의 대상이 될 수 없는 분쟁에 관한 것인 경우

9. 중재판정의 내용이 일본에서의 공공질서 또는 선량한 풍속에 반하는 경우

③ 제2항 제5호에 해당하는 사유가 있는 경우에 해당 중재판정으로부터 같은 호에 규정된 사항의 관련부분을 분리할 수 있는 때에는 그 부분 및 해당 중재판정의 그 밖의 부분을 각각 독립된 중재판정으로 보아 같은 항의 규정을 적용한다.

제46조 (중재판정의 집행결정)

① 중재판정에 기초하여 민사집행을 하려는 당사자는 채무자를 피신청인으로 하여 법원에 집행결정(중재판정에 기초한 민사집행을 허가하는 취지의 결정을 말한다. 이하 같다)을 구하는 신청을 할 수 있다.

② 제1항의 신청을 하는 경우에 중재판정문 사본, 그 사본의 내용이 중재판정문과 동일함을 증명하는 문서 및 중재판정문(일본어로 작성된 것을 제외한다)의 일본어 번역문을 제출하여야 한다.

③ 제1항의 신청을 받은 법원은 제45조 제2항 제7호에 규정하는 법원에 중재판정의 취소 또는 그 효력의 정지를 구하는 신청이 있는 경우로서 필요하다고 인정되는 경우에 제1항의 신청에 관계된 절차를 중지할 수 있다. 이 경우 법원은 같은 항의 신청을 한 자의 신청에 의하여 상대방 당사자에게 담보를 제공하도록 명할 수 있다.

④ 제1항의 신청에 관계된 사건은 제5조 제1항의 규정에 불구하고, 같은 항 각 호에 해당하는 법원 및 청구의 목적물 또는 압류할 수 있는 채무자 재산의 소재지를 관할하는 지방법원이 관할한다.

⑤ 법원은 제1항의 신청에 관계된 사건이 그 관할에 속하는 경우에도 적절하다고 인정하는 때에는 신청에 의하거나 직권으로 해당 사건의 전부 또는 일부를 다른 관할법원에 이송할 수 있다.

⑥ 제1항의 신청에 관계된 사건에 대한 제5조 제3항 또는 이 조 제5항의 규정에 의한 결정에 대하여는 즉시항고를 할 수 있다.

⑦ 법원은 제8항 또는 제9항의 규정에 의하여 제1항의 신청을 각하하는 경우가 아니면 집행결정을 내려야 한다.

⑧ 법원은 제1항의 신청이 있는 경우에 제45조 제2항 각 호의 어느 하나에 해당하는 사유가 있다고 인정되는 경우(같은 항 제1호부터 제7호까지에 해당하는 사유에 있어서는 피신청인이 해당 사유의 존재를 증명한 경우에 한한다)에 한하여 해당 신청을 각하할 수 있다.

⑨ 제45조 제3항의 규정은 같은 조 제2항 제5호에 해당하는 사유가 있는 경우에 제8항의 규정 적용에 대하여 준용한다.

10 第四十四条第五項及び第八項の規定は、第一項の申立てについての決定について準用する。

第九章　雑則

第四十七条（仲裁人の報酬）

1 仲裁人は、当事者が合意により定めるところにより、報酬を受けることができる。
2 前項の合意がないときは、仲裁廷が、仲裁人の報酬を決定する。この場合において、当該報酬は、相当な額でなければならない。

第四十八条（仲裁費用の予納）

1 仲裁廷は、当事者間に別段の合意がない限り、仲裁手続の費用の概算額として仲裁廷の定める金額について、相当の期間を定めて、当事者に予納を命ずることができる。
2 仲裁廷は、前項の規定により予納を命じた場合において、その予納がないときは、当事者間に別段の合意がない限り、仲裁手続を中止し、又は終了することができる。

第四十九条（仲裁費用の分担）

1 当事者が仲裁手続に関して支出した費用の当事者間における分担は、当事者が合意により定めるところによる。
2 前項の合意がないときは、当事者が仲裁手続に関して支出した費用は、各自が負担する。
3 仲裁廷は、当事者間に合意があるときは、当該合意により定めるところにより、仲裁判断又は独立の決定において、当事者が仲裁手続に関して支出した費用の当事者間における分担及びこれに基づき一方の当事者が他方の当事者に対して償還すべき額を定めることができる。
4 独立の決定において前項に規定する事項を定めた場合においては、当該決定は、仲裁判断としての効力を有する。
5 第三十九条の規定は、前項の決定について準用する。

⑩ 제44조 제5항 및 제8항의 규정은 제1항의 신청에 관한 결정에 대하여 준용한다.

제9장 보칙

제47조 (중재인의 보수)

① 중재인은 당사자간에 합의로 정하는 바에 따라 보수를 받을 수 있다.

② 제1항의 합의가 없는 경우에는 중재판정부가 중재인의 보수를 결정한다. 이 경우 해당 보수는 적절한 금액이어야 한다.

제48조 (중재비용의 예납)

① 중재판정부는 당사자간에 다른 합의가 없으면 중재절차 비용의 개산액으로 중재판정부가 정한 금액에 대하여 적절한 기간을 정하여 당사자에게 예납을 명할 수 있다.

② 중재판정부는 제1항의 규정에 따라 예납을 명한 경우로서 예납이 이루어지지 않은 때에는 당사자간에 다른 합의가 없으면 중재절차를 중지하거나 종료할 수 있다.

제49조 (중재비용의 분담)

① 당사자가 중재절차에 관하여 지출한 비용의 당사자간 분담은 당사자간에 합의로 정한다.

② 제1항의 합의가 없는 경우에 당사자가 중재절차에 관하여 지출한 비용은 각자가 부담한다.

③ 중재판정부는 당사자간에 합의가 있는 경우에는 해당 합의로 정해진 바에 따라 당사자가 중재절차에 관하여 지출한 비용의 당사자간 분담 및 그에 기초하여 어느 한쪽 당사자가 상대방에게 상환하여야 할 금액을 중재판정 또는 독립된 결정에서 정할 수 있다.

④ 독립된 결정에서 제3항에서 규정한 사항을 정한 경우에 당해 결정은 중재판정으로서의 효력을 가진다.

⑤ 제39조의 규정은 제4항의 결정에 대하여 준용한다.

第十章 罰則

第五十条（収賄、受託収賄及び事前収賄）

1 仲裁人が、その職務に関し、賄賂を収受し、又はその要求若しくは約束をしたときは、五年以下の懲役に処する。この場合において、請託を受けたときは、七年以下の懲役に処する。

2 仲裁人になろうとする者が、その担当すべき職務に関し、請託を受けて、賄賂を収受し、又はその要求若しくは約束をしたときは、仲裁人となった場合において、五年以下の懲役に処する。

第五十一条（第三者供賄）

仲裁人が、その職務に関し、請託を受けて、第三者に賄賂を供与させ、又はその供与の要求若しくは約束をしたときは、五年以下の懲役に処する。

第五十二条（加重収賄及び事後収賄）

1 仲裁人が前二条の罪を犯し、よって不正な行為をし、又は相当の行為をしなかったときは、一年以上の有期懲役に処する。

2 仲裁人が、その職務上不正な行為をしたこと又は相当の行為をしなかったことに関し、賄賂を収受し、若しくはその要求若しくは約束をし、又は第三者にこれを供与させ、若しくはその供与の要求若しくは約束をしたときも、前項と同様とする。

3 仲裁人であった者が、その在職中に請託を受けて職務上不正な行為をしたこと又は相当の行為をしなかったことに関し、賄賂を収受し、又はその要求若しくは約束をしたときは、五年以下の懲役に処する。

第五十三条（没収及び追徴）

犯人又は情を知った第三者が収受した賄賂は、没収する。その全部又は一部を没収することができないときは、その価額を追徴する。

第五十四条（贈賄）

第五十条から第五十二条までに規定する賄賂を供与し、又はその申込み若しくは約束をした者は、三年以下の懲役又は二百五十万円以下の罰金に処する。

第五十五条（国外犯）

1 第五十条から第五十三条までの規定は、日本国外において第五十条から第五十二条までの罪を犯した者にも適用する。

제10장 벌칙

제50조 (수뢰, 청탁수뢰 및 사전수뢰)

① 중재인이 그 직무에 관하여 뇌물을 수수하거나 그 요구 또는 약속을 한 때에는 5년 이하의 징역에 처한다. 이 경우 청탁을 받았을 때는 7년 이하의 징역에 처한다.

② 중재인이 되려는 자가 그 담당하게 될 직무에 관하여 청탁을 받고 뇌물을 수수하거나 그 요구 또는 약속을 한 때에는 중재인이 된 경우에 5년 이하의 징역에 처한다.

제51조 (제3자 뇌물공여)

중재인이 그 직무에 관하여 청탁을 받고 제3자에게 뇌물을 공여토록 하거나 그 공여를 요구 또는 약속한 때에는 5년 이하의 징역에 처한다.

제52조 (가중수뢰 및 사후수뢰)

① 중재인이 제50조 및 제51조의 죄를 범하고, 연이어 부정한 행위를 하거나 적절한 행위를 하지 아니한 때에는 1년 이상의 유기징역에 처한다.

② 중재인이 그 직무상 부정한 행위를 하거나 적절한 행위를 하지 아니한 것과 관련하여 뇌물을 수수하거나 그 요구 또는 약속을 하거나 제3자에게 이를 공여토록 하거나 그 공여를 요구 또는 약속한 때에도 제1항과 같이 처리한다.

③ 중재인이었던 자가 그 재직 중에 청탁을 받고 직무상 부정한 행위를 하거나 적절한 행위를 하지 아니한 것과 관련하여 뇌물을 수수하거나 그 요구 또는 약속을 한 때에는 5년 이하의 징역에 처한다.

제53조 (몰수 및 추징)

범인 또는 사정을 아는 제3자가 수수한 뇌물은 몰수한다. 그 전부 또는 일부를 몰수할 수 없는 경우에는 그 가액을 추징한다.

제54조 (뇌물공여)

제50조부터 제52조까지에 규정하는 뇌물을 공여하거나 이를 요구 또는 약속한 자는 3년 이하의 징역 또는 250만엔 이하의 벌금에 처한다.

제55조 (국외범)

① 제50조부터 제53조까지의 규정은 일본 국외에서 제50조부터 제52조까지의 죄를 범한 자에게도 적용한다.

2　前条の罪は、刑法（明治四十年法律第四十五号）第二条 の例に従う。

附 則 抄

第一条（施行期日）

この法律は、公布の日から起算して九月を超えない範囲内において政令で定める日から施行する。

第二条（仲裁合意の方式に関する経過措置）

この法律の施行前に成立した仲裁合意の方式については、なお従前の例による。

第三条（消費者と事業者との間に成立した仲裁合意に関する特例）

1 消費者（消費者契約法（平成十二年法律第六十一号）第二条第一項に規定する消費者をいう。以下この条において同じ。）と事業者（同条第二項に規定する事業者をいう。以下この条において同じ。）の間の将来において生ずる民事上の紛争を対象とする仲裁合意（次条に規定する仲裁合意を除く。以下この条において「消費者仲裁合意」という。）であって、この法律の施行後に締結されたものに関しては、当分の間、次項から第七項までに定めるところによる。

2 消費者は、消費者仲裁合意を解除することができる。ただし、消費者が当該消費者仲裁合意に基づく仲裁手続の仲裁申立人となった場合は、この限りでない。

3 事業者が消費者仲裁合意に基づく仲裁手続の仲裁申立人となる場合においては、当該事業者は、仲裁廷が構成された後遅滞なく、第三十二条第一項の規定による口頭審理の実施の申立てをしなければならない。この場合において、仲裁廷は、口頭審理を実施する旨を決定し、当事者双方にその日時及び場所を通知しなければならない。

4 仲裁廷は、当該仲裁手続における他のすべての審理に先立って、前項の口頭審理を実施しなければならない。

5 消費者である当事者に対する第三項の規定による通知は、次に掲げる事項を記載した書面を送付する方法によってしなければならない。この場合において、仲裁廷は、第二号から第五号までに掲げる事項については、できる限り平易な表現を用いるように努めなければならない。

　一　口頭審理の日時及び場所

　二　仲裁合意がある場合には、その対象となる民事上の紛争についての仲裁判断には、確定判決と同一の効力があるものであること。

　三　仲裁合意がある場合には、仲裁判断の前後を問わず、その対象となる民事上の紛争について提起した訴えは、却下されるものであること。

② 제54조의 죄는 『형법』(1907년 법률 제45호) 제2조의 예에 따른다.

부칙 (발췌)

제1조 (시행일)

이 법률은 공포일부터 기산하여 9월을 넘지 아니하는 범위 내에서 각령으로 정하는 날부터 시행한다.

제2조 (중재합의의 방식에 관한 경과조치)

이 법률 시행전에 성립된 중재합의의 방식에 대하여는 종전의 예에 따른다.

제3조 (소비자와 사업자 간에 성립한 중재합의에 관한 특례)

① 소비자(『소비자계약법』(2000년 법률 제61호) 제2조 제1항에서 규정하는 소비자를 말한다. 이하 이 조에서 같다)와 사업자(같은 조 제2항에서 규정하는 사업자를 말한다. 이하 이 조에서 같다) 간에 장래에 발생하는 민사상 분쟁을 대상으로 하는 중재합의(부칙 제4조에 규정하는 중재합의를 제외한다. 이하 이 조에서 "소비자 중재합의"라 한다)에 있어, 이 법률 시행후에 체결된 것에 관하여는 당분간 제2항부터 제7항까지 정하는 바에 따른다.

② 소비자는 소비자 중재합의를 해제할 수 있다. 다만, 소비자가 해당 소비자 중재합의에 기초한 중재절차의 중재신청인이 된 경우에는 그러하지 아니하다.

③ 사업자가 소비자 중재합의에 기초한 중재절차의 중재신청인이 되는 경우에 해당 사업자는 중재판정부가 구성된 후 지체 없이 제32조 제1항의 규정에 의한 구술심리의 실시를 신청하여야 한다. 이 경우에 중재판정부는 구술심리를 실시한다는 취지를 결정하고 당사자 쌍방에 그 일시 및 장소를 통지하여야 한다.

④ 중재판정부는 해당 중재절차에서 다른 모든 심리에 앞서 제3항의 구술심리를 실시하여야 한다.

⑤ 소비자인 당사자에 대한 제3항의 규정에 의한 통지는 다음 각 호에 해당하는 사항을 기재한 서면을 송부하는 방법에 의하여야 한다. 이 경우에 중재판정부는 제2호부터 제5호까지에 해당하는 사항에 대하여는 가급적 평이한 표현을 사용하도록 노력하여야 한다.

1. 구술심리의 일시 및 장소
2. 중재합의가 있는 경우에는 그 대상이 되는 민사상 분쟁에 대한 중재판정에는 확정판결과 동일한 효력이 있다는 것
3. 중재합의가 있는 경우에는 중재판정의 전후를 불문하고 그 대상이 되는 민사상 분쟁에 대하여 제기된 소는 각하된다는 것

四　消費者は、消費者仲裁合意を解除することができること。

五　消費者である当事者が第一号の口頭審理の期日に出頭しないときは、消費者である当事者が消費者仲裁合意を解除したものとみなされること。

6　第三項の口頭審理の期日においては、仲裁廷は、まず、消費者である当事者に対し、口頭で、前項第二号から第四号までに掲げる事項について説明しなければならない。この場合において、当該消費者である当事者が第二項の規定による解除権を放棄する旨の意思を明示しないときは、当該消費者である当事者は、消費者仲裁合意を解除したものとみなす。

7　消費者である当事者が第三項の口頭審理の期日に出頭しないときは、当該消費者である当事者は、消費者仲裁合意を解除したものとみなす。

第四条（個別労働関係紛争を対象とする仲裁合意に関する特例）

当分の間、この法律の施行後に成立した仲裁合意であって、将来において生ずる個別労働関係紛争（個別労働関係紛争の解決の促進に関する法律（平成十三年法律第百十二号）第一条に規定する個別労働関係紛争をいう。）を対象とするものは、無効とする。

第五条（仲裁手続に関する経過措置）

この法律の施行前に開始した仲裁手続及び当該仲裁手続に関して裁判所が行う手続（仲裁判断があった後に開始されるものを除く。）については、なお従前の例による。

第六条（仲裁人忌避の訴えに関する経過措置）

前条に定めるもののほか、この法律の施行前に提起された仲裁人忌避の訴えについては、なお従前の例による。

第七条（仲裁廷に対する忌避の申立てに関する経過措置）

前二条に定めるもののほか、当事者が、この法律の施行前に、仲裁廷が構成されたこと及び仲裁人に第十八条第一項各号に掲げる事由のいずれかがあることを知った場合における第十九条第三項の規定の適用については、同項中「仲裁廷が構成されたことを知った日又は前条第一項各号に掲げる事由のいずれかがあることを知った日のいずれか遅い日」とあるのは、「この法律の施行の日」とする。

第八条（仲裁判断の効力に関する経過措置）

この法律の施行前に仲裁判断があった場合においては、当該仲裁判断の裁判所への預置き、当該仲裁判断の効力、当該仲裁判断の取消しの訴え及び当該仲裁判断に基づく民事執行については、なお従前の例による。

4. 소비자는 소비자 중재합의를 해제할 수 있다는 것

5. 소비자인 당사자가 제1호의 구술심리 기일에 출두하지 아니한 때에는 소비자인 당사
   자가 소비자 중재합의를 해제한 것으로 보아야 한다는 것

⑥ 제3항의 구술심리 기일에 중재판정부는 먼저 소비자인 당사자에 대하여 제5항 제2호부
   터 제4호까지에 해당하는 사항에 대하여 구술로 설명하여야 한다. 이 경우에 해당 소비
   자인 당사자가 제2항의 규정에 의한 해제권을 포기한다는 의사를 명시하지 아니한 때
   에는 그 소비자인 당사자는 소비자 중재합의를 해제한 것으로 본다.

⑦ 소비자인 당사자가 제3항의 구술심리 기일에 출두하지 아니한 때에는 그 소비자인 당
   사자는 소비자 중재합의를 해제한 것으로 본다.

제4조 (개별 노동관계 분쟁을 대상으로 하는 중재합의에 관한 특례)

당분간 이 법률 시행 후에 성립된 중재합의에 있어 장래에 발생하는 개별 노동관계 분쟁
(『개별 노동관계 분쟁의 해결 촉진에 관한 법률』(2001년 법률 제112호) 제1조에서 규정하
는 개별 노동관계 분쟁을 말한다)을 대상으로 하는 것은 무효로 된다.

제5조 (중재절차에 관한 경과조치)

이 법률 시행 전에 개시된 중재절차 및 그 중재절차에 관한 법원의 절차(중재판정이 내려
진 후에 개시된 것을 제외한다)에 대하여는 종전의 예에 따른다.

제6조 (중재인 기피의 소에 관한 경과조치)

부칙 제5조에 정하는 것이 없으면 이 법률 시행 전에 제기된 중재인 기피의 소에 대하여는
종전의 예에 따른다.

제7조 (중재판정부에 대한 기피의 신청에 관한 경과조치)

부칙 제5조 및 제6조에 정하는 것이 없으면 당사자가 이 법률 시행 전에 중재판정부가 구
성된 것과 중재인에게 제18조 제1항 각 호의 어느 하나에 해당하는 사유가 있는 것을 알았
던 경우에 제19조 제3항 규정의 적용에 대하여는 같은 항의 "중재판정부가 구성된 것을 안
날 또는 제18조 제1항 각 호의 어느 하나에 해당하는 사유가 있음을 안 날 중 늦은 날"은
"이 법률의 시행일"로 한다.

제8조 (중재판정의 효력에 관한 경과조치)

이 법률 시행 전에 중재판정이 있던 경우에 그 중재판정의 법원에의 예치, 그 중재판정의
효력, 그 중재판정의 취소의 소 및 그 중재판정에 기초한 민사집행에 대하여는 종전의 예
에 따른다.

第十四条（罰則の適用に関する経過措置）

この法律の施行前にした行為及び附則第五条の規定によりなお従前の例によることとされる場合におけるこの法律の施行後にした行為に対する罰則の適用については、なお従前の例による。

附則(平成一六年一二月一日法律第一四七号)　抄

第一条（施行期日）

この法律は、公布の日から起算して六月を超えない範囲内において政令で定める日から施行する。

제14조 (벌칙의 적용에 관한 경과조치)

이 법률 시행 전에 한 행위 및 부칙 제5조의 규정에 의하여 종전의 예에 따르도록 한 경우에 이 법률의 시행 후에 한 행위에 대한 벌칙의 적용에 대하여는 종전의 예에 따른다.

부칙 (2004년 12월 1일 법률 제147호) 발췌

제1조 (시행일)

이 법률은 공포일부터 기산하여 6월을 넘지 아니하는 범위 내에서 각령으로 정하는 날부터 시행한다.

| 감수자 |

오원석

【학력】

1968. 3.~1973. 2. 성균관대학교 통계학과
1979. 8.~1980. 12. 미국 Thunderbird 대학원 국제경영학 석사
1981. 3.~1986. 2. 성균관대학교 대학원 무역경영전공 경제학박사

【경력】

1995~현 성균관대학교 교수
2009. 11.~현 대한상사중재원 중재인 겸 이사
2007~2008 성균관대학교 경영대학장 겸 경영전문대학원장
1994~2005 한국무역상무학회장 (제1대-제6대)
1998~2000 성균관대학교 무역연구소장
1981~1995 동아대학교 교수

허해관

【학력】

1987. 3.~1994. 2. 서울대학교 법과대학 법학사
1996. 2.~1998. 2. 성균관대학교 대학원 무역학과 경제학석사
1998. 3.~2003. 8. 성균관대학교 대학원 무역학과 경영학박사

【경력】

2012. 3.~현 숭실대학교 글로벌통상학과 조교수
2013. 3.~현 법무부 중재법 개정 특별분과위원회 위원
2013. 1.~현 한국중재학회 이사 및 중재연구 편집위원
2009. 1.~현 대한상사중재원 국제금융위원회 위원
2003. 3.~2012. 2. 성균관대학교 경영학부 및 대학원 무역학과 강사

| 편자 법무부 중재법개정자료발간팀 |

장준호 고려대학교 법과대학 졸업
        고려대학교 법과대학원 석사과정 수료
        법무부 법무심의관실 검사

임수민 서울대학교 법과대학 졸업
        서울대학교 법과대학원 박사과정 수료
        법무부 법무자문위원회 연구위원

세계중재법규총서 **1**

세계중재법규 제1권

2014년 11월 20일 초판 1쇄 인쇄
2014년 11월 25일 초판 1쇄 발행

발행   **법무부**
        황교안 법무부장관
        주소: 경기도 과천시 관문로 47 정부과천청사
        전화: 02-2110-3268
        팩스: 02-2110-0325
        홈페이지: http://www.moj.go.kr
기획   장준호 법무부 법무심의관실 검사

출판·판매 (주) **박영사**
        출판등록: 제300-1959-1호(倫)
        주소: 서울특별시 종로구 새문안로3길 36, 1601
        전화: 02) 733-6771
        팩스: 02) 736-4818
        홈페이지: www.pybook.co.kr

정가 25,000원   ISBN 979-11-86140-02-4
                            979-11-86140-01-7(세트)